KB107955

따라서 써보는 실전! 자기소개서

자기소개서 따라하기

내용을 따라해? No! 사례를 통해 문항별 작성 포인트를 따라하자!

이 도서의 국립중앙도서관 출판시도서목록(CIP)은 서지정보유통지원시스템(http://seoji.nl.go.kr)과 국가자료공동목록시스템(http://www.nl.go.kr/kolisnet)에서 이용하실 수 있습니다.

(CIP제어번호 : CIP2019021307)

일러두기

《자기소개서 따라하기》는 자기소개서 샘플북으로써 자기소개서의 합격과 불합격 수준을 대입 수험생 여러분이 쉽게 판단할 수 있도록 구성하였습니다. 본문에 소개된 수험생들의 글이 훼손되지 않도록 오탈자 위주로 교정하였습니다.

자기소개서
따라하기

초판 발행 · 2019년 6월 14일

지은이 · 이해웅 · 강인규 · 이성철 · 홍인호

발행처 · ㈜타임교육

발행인 · 이길호

편집인 · 김경문

편집, 디자인 · 이지음

제작 · 신인석 · 김진식 · 김진현 · 이난영 | 재무 · 강상원 · 이남구 · 진제성

마케팅 · 이태훈

타임북스는 ㈜타임교육의 단행본 출판 브랜드입니다.

출판등록 · 2009년 3월 4일 제322-2009-000050호

주소 · 서울시 성동구 광나루로 310 푸조비즈타워 1층, 5층

주문전화 · 1588-6066 | 팩스 · 02-395-0251 | 이메일 · timebookskr@naver.com

© 2019 by 이해웅 · 강인규 · 이성철 · 홍인호

ISBN 978-89-286-4554-1 (43370)

CIP 2019021307

따라서 써보는 실전! 자기소개서

자기소개서 따라하기

내용을 따라해? No! 사례를 통해 문항별 작성 포인트를 따라하자!

이해웅·강인규·이성철·홍인호 지음

목차

I. 서문 - 대입에서 자기소개서의 의미

자기소개서란 무엇인가?

사전적 의미 : 회사나 학교에서 신입 인원을 정성평가(定性評價)[1]하려고 요구하는 서류의 하나로 보통은 정해진 형식 없이 에세이 형태로 작성하는 것이 일반적이다. 하지만 우리나라 고등학생들은 여전히 수능 위주 문제 풀이 공부를 주로 하고 있어서 형식 없는 자기소개서(이하 자소서) 작성에 어려움을 겪는다. 이런 엄살(?, 이는 사실 익숙하지 않아서이지 결코 어렵거나 학생들의 수준이 낮아서는 아니다.) 때문에 현재 대입 자기소개서는 4개 문항(대교협 공통 문항 3개와 대학 자율 문항 1개)으로 문제가 있는 주관식의 형태로 구성되어 있다. 암기 위주 문제 풀이 교육의 폐해이다. 19세 나이에 자기소개 하나 못한다면 도대체 사회에 나가서 무슨 일을 할 수 있을지 걱정이다. 사실 청소년기에 제일 중요한 것이 자아정체성 확립인데 학교를 12년 다니고도 자기소개 하나 못하는 것은 심각한 문제이다.

---

1   숫자로 계량하기 어려운 성장 가능성, 인성, 충성도 등을 평가하는 것. 대학은 고등학교 성적도 중요하게 보지만 대학에 입학 후에 공부를 잘할 수 있냐가 더 중요하다고 생각한다. 고등학교 재학시절의 성적은 정량평가(定量評價)로 활용한다. 대학교 공부에 잘 적응하고 전공 공부를 잘할 수 있는 가능성이나 우리 대학에 입학하고 애정을 가지고 공부할 태도가 되어 있는지 등을 정성평가로 평가한다.

입시적 의미 : 익숙하지 않아서 낯설어 보이지만 사실은 매우 간단하고 쉬운 대입 서류 양식 중 하나이다. 논문도 아니고 1등을 할 필요도 없는 같은 모집단위에 지원한 학생끼리 상대적으로 경쟁하는 수시모집 학생부종합전형의 통과의례이다. 자기소개서로 입시 결과가 뒤집히는 사례는 절대 20%를 넘지 않는다. 대부분 19세인 우리나라 고3들이 작성한다. 누가 잘 쓸 수 있겠는가? 경쟁자 대부분은 나처럼 이런 것을 써본 경험이 없다. 수능 준비도 해야 하고 내신도 신경 써야 하는 그 와중에 자소서까지 잘 쓰는 학생은 극히 일부이다. 그 학생이 이상한 것이다. 그리고 그런 학생들은 대부분 서울대나 의대에 지원한다.

내가 지원하려는 대학과 학과에는 나와 실력 차가 많이 나는 학생은 지원하지 않는다. 내가 지원하려는 대학과 학과에는 나와 비슷한 친구들이 지원한다. 그래서 입시용 자소서는 합격할 정도로만 작성하면 그만이다. 남들만큼 쓰면 된다. 이 책은 어느 정도 자소서를 작성하면 합격이 가능한지 여러분에게 눈높이를 제공하려는 목적으로 세상에 내놓는다. 정보란 감추어져 있으면 대중은 공포에 휩싸이고 일부 정보를 독점한 자들이 득을 보게 되어 있다. 대표적 사례가 아직도 일제 강점기 한자로 만들어진 법전이 쉬운 한글로 바뀌지 않는 것이다. 그 어려운 한자어를 해석해주고 득을 보는 사람들이 많기 때문이다. '자소서를 잘 써서 대학에 합격했다.' 이런 학생이 얼마나 될까? '자소서로 내신 1등급을 뒤집어 드립니다.' 이건 사기다. 물론 서울대와 의대에 지원하는 학생들의 자소서는 좋다. 그러나 딱 그들의 성적만큼 좋다. 역시 자소서로 뒤집거나 자소서로 떨어지는 학생들은 극히 소수이다. 대부분은 성적이 부족해서 떨어진다. 수능 최저를 못 맞춰서 떨어지는 학생들이 훨씬 많다. 자소서의 핵심은 감점당하지 않는 것이다. 자소서 때문에 떨어지지만 않으면 된다.

자기소개서가 필요한 전형과 대학

수시모집은 크게 학생부 전형과 논술 전형으로 나뉜다. 이중 논술 전형은 정시와 마찬가지로 논술이란 시험이 있기 때문에 정성평가가 필요하지 않다. 그래서 대학 입시에서 유일하게 자소서가 필요한 전형은 학생부 전형이다. 학생부 전형은 또 두 가지로 구분되는데 학생부 중에 교과 성적만으로 평가하는 전형이 학생부 교과전형이고 성적과 나머지 학생부 모두를 평가하는 것이 학생부 종합전형이다. 이중 학생부종합전형이 자소서를 요구하는 전형이다. 학생부교과전형은 전적으로 교과 정적을 정량평가해서 선발하기 때문에 자소서가 필요하지 않다. 교과 전형 위주로 진학하려는 학생은 자소서 걱정을 하지 않아도 된다.

학생부종합전형(이하 학종)의 서류로는 학교생활기록부(이하 학생부), 자소서, 추천서이다. 현재 추천서는 줄이고 폐지되는 방향으로 가고 있기 때문에 사실상 학생부와 자소서만 남았다고 보면 된다.

그런데 학종에서도 자소서를 요구하지 않는 대학들도 있다. 한양대가 대표적이다. 한양대는 서울캠퍼스나 에리카(ERICA)캠퍼스나 모두 자소서가 필요 없다. 그러나 아직 서울·수도권 지역 대학과 지방 국립대 등은 자소서를 요구하는 경우가 많다. 매년 변화가 있기 때문에 반드시 입시요강에서 확인해야 한다. 그리고 학생들이 원서를 6장 써야 하니 보통 자소서를 써야 하는 경우가 생각보다 많다.

일부 학생들이 자소서가 쓰기 싫어서 지원만 하면 합격이 가능한 대학을 포기하는 경우가 있는데 매우 안타까운 일이다. 부디 이 책을 잘 활용해서 자소서의 고통에서 벗어나 자유롭게 수시 지원하기를 바란다. 분명히 말하지만 이 책은 의대나 서울대에 지원하는 학생들을 위한 것이 아니다. 사실 그렇게 자소서 때문에 공포에 떨거나 엄마와 갈등을 일으킬 필요가 없는 나머지 학생들을 위한 책이다.

"아 이렇게 쓰고도 합격하는구나!"
"내가 필요 이상으로 자소서에 떨고 있었구나!"

합격 자소서에 대한 환상을 깨서 두려움을 없애고 자신 있게 자소서를 쓰도록 도움을 주는 것을 목표로 한다. 그게 사실이니까.

자기소개서는 모집단위별로 평가된다.

아주 중요한 정보이다. 보통 학부모들이나 학생들은 자소서의 평가방식을 잘 이해하지 못하고 수능처럼 평가된다고 착각한다. 수능은 전국의 모든 학생이 동일한 기준으로 보는 시험이다. 60만 명이 시험 보면 1등부터 60만 등까지 한 줄로 등수가 매겨지는 것이다. 그러니 외대부고 전교 1등이 시험을 잘 보면 나는 손해를 보게 된다. 하지만 자소서는 외대부고 1등과 나와는 전혀 경쟁 관계가 아니다. 내가 KU 자기추천(건국대의 학종 이름)으로 건국대 건축학부에 지원한다면 나는 오로지 KU 자기추천으로 건국대 건축학부에 지원한 학생들과만 경쟁하면 된다. 외대부고 전교 1등이 여기에 지원할 가능성은 전무하니 나는 외대부고 전교 1등이 자소서를 잘 쓰든 말든 걱정할 일이 아니다. 일부 학생들은 자소서를 쓰면서 '우리 반 1등은 자소서를 아주 잘 쓰는데 나는 못 써서 어떻게 하지요?' 이런 걱정을 하는데 1등은 나랑 같은 대학 같은 과에 지원하지 않으니 걱정할 필요가 없다.

또 문과 애들이 자소서 잘 쓴다고 걱정하는 공대 지망생이 있는데 공대 지망생 역시 다 고만고만하니 걱정할 필요 없다.

학종으로 같은 대학 같은 학과에 지원한 학생들끼리 경쟁이다.

또 한 가지 같은 학과에 낸 학생 중에 나보다 월등하게 우수한 학생이 한두 명 있을 수 있다. 하지만 그 학생들은 대부분 나와 같은 대학에 합격은 해도 등록을 하지는 않을 가능성이 높다. 수시에 6곳에 지원하는 데 아마도 그런 학생들은 내가 지원한 대학보다 더 커트라인이 높은 대학에도 합격해서 그 대학으로 갈 가능성이 높다. 그래서 자소서 작성의 원리는 간단하다.

'곰과 나그네'란 이야기가 있다. 여러 버전 중에 다음과 같은 버전도 있다. 산길을 가던 세 친구가 있었는데 갑자기 곰이 나타나자 세 친구 중에 한 친구는 뒤도 보지 않고 이미 멀리 도망갔고 둘이 남았다. 둘 중 하나는 날씬하고 달리기를 좀 하는 편이고 나머지 친구는 뚱뚱하고 달리기를 못 했다. 뚱뚱한 친구가 도망가고 있는데 날씬한 친구는 신발을 고쳐 매고 있었다. 뚱뚱한 친구가 걱정되어 뒤돌아보며 '왜 도망치지 않냐'고 묻자 그 날씬한 친구는 이렇게 답했다. '나는 너만 이기면 되거든. 굳이 곰을 이길 필요는 없어. 이제 신발을 제대로 신었으니 뛰어볼까.'

물론 필자가 약간 각색한 이야기지만 자소서 쓰는 것은 위의 이야기와 비슷하다. 1등 할 필요가 없다. 합격할 만큼 쓰면 된다. 그런데 경쟁자는 나와 비슷한 수준이다. 나와 비슷한 수준의 경쟁자 중에서 한 발만 앞서면 된다. 심지어 글자 수만 맞추면 합격하는 경우도 있다.

자기소개서보다 영향력이 큰 것은 내신 등급과 수능 최저이다.

공부가 우선이다. 자소서는 딱 한나절 정도의 시간을 들여서 쓰면 된다. 작년 경북대 학종에서 이런 일이 벌어졌다. 경북대 공대에서 가장 '핫(hot)'한 학과인 모바일공학과는 5명을 모집하는데 24명이 지원했다. 경쟁률은 '4.8 : 1'이다. 그런데 수능 최저를 통과한 학생은 1명뿐이었고 이 1명조차도 등록을 하지 않았다. 최저만 맞추면 합격이었던 셈이다. 자소서는 무슨 의미였을까? 또 서울대 지역 균형 전형(이하 지균)에서 조경·지역시스템공학부는 10명 모집에 13명이 지원했다. 3명만 떨어지면 된다. 게다가 서울대는 1단계에서 떨어지는 것도 아니고 모두 면접을 보고 수능 최저인 국어, 수학(가), 영어, 과학(2과목 모두) 중에 3개 영역에서 2등급을 받으면 되는 전형이다. 하지만 전교 1등 중에도 이 최저를 못 맞추는 학생이 30% 정도로 추정된다. 그러면 역시 자소서가 아니라 수능 최저 맞추는 것이 더 중요한 셈이다. 물론 일부 사례라고 할 수도 있지만, 자소서에 쓸데없이 시간과 열정을 낭비하다 다른 것을 그르치면 안 된다는 점은 명심해야 한다.

자기소개서 평가는 '상중하'[2] 정도로 이루어진다.

자소서로 성적을 뒤집어서 합격하는 경우 또는 자소서를 너무 잘 써서 대학에서 모범 사례로 활용되는 경우 정도가 '상'수준 이라 하면 실제 지원자 중 이런 학생은 10% 미만이

---

2 원래 자소서는 종합평가이기 때문에 자소서만으로 따로 평가하지는 않는다. 다만 결과만 놓고 보면, 자소서를 잘 쓴 학생과 자소서 때문에 떨어진 학생을 상과 하로 나눌 때, 80% 이상은 자소서가 당락에 아무 영향을 미치지 않는 범위에 있다는 점을 강조하려고 이렇게 표현했다.

다. 서울대 의대나 서울대 문과 정도가 20% 정도 될 수 있겠다. 대부분의 대학은 5%도 안 될 것이다. 반대로 자소서를 정말 못 써서 그것 때문에 떨어지는 학생도 비슷한 수준이다. 결론적으로 80% 정도는 자소서가 당락에 영향을 주지 않는다. 대부분의 학생에게 자소서는 잘 써서 뒤집어야 하는 게 아니라 떨어지지 않을 정도로 작성하면 되는 것이다. 여기서 어른들의 말을 들으면 안 된다. 어른들은 이런 구조를 이해하고 있지 않다. 지인 중에 자소서를 과외처럼 봐주는 후배가 있다. 후배는 중위권 대학에 지원하는 학생의 자소서를 보고 너무 못 썼다고 비난을 퍼부었다. 하지만 그 후배는 글 쓰는 것으로 밥 먹고 사는 기자 출신이다. 당연히 학생이 그 친구의 기준에 맞출 수 없다. 그 후배는 고3이 어느 정도 잘 쓰기를 바라는지 기준도 없이 자소서를 지도한 셈이다. 그냥 감점당하지 않으면 성공이다. 대학에서 배우면 되고 글로 먹고살지 않으면 된다. 모든 어른은 자소서를 보고 절대 평가하려고 한다. 절대적 기준을 정해두고 못 썼나 잘 썼나를 논한다. 다 필요 없다. 감점만 당하지 않으면 된다. 합격하는 자소서란 없다. 떨어지지 않는 자소서만 존재한다. 여기서 예외인 학생은 재수를 각오하고라도 부족한 성적을 자소서로 뒤집어보자고 요행을 바라는 극히 일부의 학생이다. 대부분은 성적대로 대학에 진학한다. 자소서가 성적 수준과 일치하면 그만이다.

우리나라 고등학생이 자기소개서를 개성 있게 쓰는 것은 어렵다.

이유는 간단하다. 모든 학생이 비슷한 고교 생활을 했는데 어찌 개성이 있을 수가. 아침에 등교하고 저녁에 하교해서 학원 가고 집에 와서 숙제하고 잔다. 심지어 일부 학교들은 야간 자율학습(이하 야자)까지 한다. 도대체 뭐가 다른가? 또한 공부하는 내용도 똑같다. 고1은 공통과정이라 어쩔 수 없다 쳐도 고2, 고3은 모두 수능과목 문제 풀이에 매달린다. 환경미화, 수학여행 모두 동일하다. 봉사활동도 비슷하다. 진로 교육은 형식적이어서 모두 의대나 경영학과에 가야 한다. 자소서 1번부터 4번까지 다르게 쓸 방도가 없다. 결론은 자소서는 원래 비슷한 것이다. 그냥 학교 가서 열심히 공부한 내용을 쓰고 봉사활동에서 느낀 점을 쓰고 앞으로 뭐 하고 싶은지 비슷하게 쓰면 된다. 남들도 비슷하다. 뭔가 다른 것이 있지 않을까 생각하니 쓰기 어렵다. 대신 안 쓰면 떨어진다. 일단 쓰기만 하면 웬만하면 합격이다. 떨어지는 것은 성적이 모자라기 때문일 확률이 높다.

[易地思之] 내가 입학사정관이라면 자기소개서를 어떻게 읽고 평가할까?

나는 자소서를 내고 평가받는 사람이다. 그러니 평가자의 입장에서 자소서가 어떻게 평가되는지 입장을 바꿔서 한번 생각해볼 필요가 있다. 학종의 경쟁률이 평균적으로 '10 : 1'이 넘는다. 입학사정관 입장에서는 이것을 모두 읽고 평가하는 일이 쉽지만은 않을 것이다. 우선 대상을 분류할 가능성이 높다. 아주 정밀하게 읽고 검토할 대상과 일상적으로 읽을 대상과 아예 읽을 가치가 없는 대상 정도로 구분할 가능성이 높다. 실제 구분하는 행위를 하지 않더라도 읽다 보면 집중되는 대상이 있을 것이고 그냥 건성으로 읽는 경우도 있을 것이다. 일단 버려지는 대상은 형식에 맞지 않는 것들일 것이다. 자수가 부족하거나 지나치게 비문이 많은 경우, 맞춤법이 너무 틀린 경우가 대표적이다. 다음으로 성적이 너무 부족한 학생의 경우 주의를 끌기 어려울 것이다. 나머지 대부분은 비슷하다. 자소서만 집중적으로 읽는 기간에 입학사정관의 눈에는 거의 비슷하게 보일 것이다. 이런 자소서가 감점도 없고 가산점도 없는 대부분의 자소서다. 눈에 띄는 자소서는 당연히 정밀 분석의 대상이 되고 가산점도 받을 것이다. 그러나 이런 자소서는 소수이다. 시간도 부족한 고3 시기에 시간과 모든 신경을 투자해서 이렇게 눈에 띄는 자소서를 만드는 것이 효율적인지, 눈에 띄진 않으나 감점 당하지 않을 자소서를 작성하고 공부에 매진하는 게 효율적인지 판단해봐야 한다.

자기소개서 실전

1. 고등학교 재학 기간 중, 학업에 기울인 노력과 학습 경험을 자유롭게 기술하시오. (1,000자)

1번 항목이다. 고등학교 기간에 자기주도학습 한 내용을 기록하면 된다. 고등학생이 도대체 언제 자기주도학습을 할 시간이 있을까? 학교 수업, 학원 수업, 숙제, 시험을 빼면 시간이 없다. 그냥 우리나라 고등학생이 기록할 수 있는 것은 몇 가지 없다. 성적이 올라간 과목이 있으면 그 과목을 공부한 방법을 기록하면 좋다. 책을 읽고 공부에 힌트를 얻은 경우, 몰랐던 공부 방법을 배운 경우 등이 있으면 기록하자. 만약 이런 것이 없다면 수업 시간에 발표한 것, 동아리 시간에 뭔가 실험하거나 보고한 내용, 책을 읽으면서 느낀 점, 야자 시간에 공부한 것, 시험공부 하느라 밤샘을 해본 경험, 시험공부를 위해 자료를 수집한 경험, 선생님에게 질문한 것, 친구에게 질문하거나 질문을 받은 경험, 교과가 아니더라도 인터넷이나 유튜브를 통해 취미나 특기, 또는 춤 등 어떤 것이라도 찾아서 배워본 경험(드론 조립, 컴퓨터 조립, 새로운 메뉴를 배워서 요리해본 것, 전자기기의 설명서를 다운받아 활용법을 익힌 것 등)도 좋은 소재이다. 여행 가서 그 문화나 풍습을 보고 배운 것이 있다면 역시 소재로 활용하면 된다. 오사카 여행에서 오사카의 역사를 추적하다 보니 임진왜란 전후의 관계에 흥미를 느끼고 스스로 그 시기의 역사 공부를 했다면 좋은 소재가 된다.

2. 고등학교 재학 기간 중, 본인이 의미를 두고 노력했던 교내 활동(교과 및 비교과 포함)을 3개 이내로 기술하시오. 단 교외 활동 중 학교장의 허락을 받고 참여한 활동은 포함한다.(1,500자)

이것의 소재는 매우 많다. 환경미화, 소풍, 체육대회 등 학급 내에서의 활동이나 동아리, 스포츠클럽의 활동에서 소재를 찾아 무난하게 기록하면 된다. 억지로 전공과 연관성을 조작(?)하거나 녹여 쓴다는 미명하에 황당 스토리를 만들 필요 없다.

여기서 주목할 부분은 '의미를 두고 노력했던'이다. 고등학교 1, 2학년 때 의미를 두고 했던 활동이 없는 고교생이 대부분이다. 그러니 '그 당시에 의미를 두었던'이 아니라 '지금 생각해보니 조금이라도 의미가 있었던 것 같은' 것을 찾아서 써라.

3. 학교생활 중, 배려, 나눔, 협력, 갈등 관리 등을 실천한 사례, 그 과정을 통해 배우고 느낀 점을 구체적으로 기술하시오.(1,000자)

고등학생이 할 수 있는 배려는 급식 시간에 배고픈 친구에게 순서를 양보하는 것, 축구 시합에서 둘 다 공격하고 싶어 할 때 내가 수비하는 것, 화장실 이용하고 뒷사람을 생각해서 청결하게 사용하는 것, 나의 편리만이 아니라 다른 사람을 고려해서 행동하는 것 정도이다.

나눔은 작은 봉사활동이 전부이다.

협력은 공동체 생활에서 나만 앞세우지 않고 전체가 잘되도록 고려하고 행동하는 정도이다.

갈등 관리도 사실 싸우는 친구를 말리는 정도일 것이다.

그래서 3번의 경우 사례도 중요하지만 내가 무엇을 배우고 느꼈는지 잘 정리하면 된다. 사실 어른들도 이런 것을 통해 배우기 어렵다. 너무 위인전처럼 쓰지 않아도 된다. 작은 실천이 중요하단 점을 강조하면 된다. 영화와 같은 극적 반전은 필요 없다. 내가 동아리 회장을 양보해서 우리 동아리가 국가대표가 되는 일은 없다. 사실은 억울하지만 참았고 나중에 생각해보니 그게 뭐 큰 자리라고 억울했을까 반성하는 것이다. 사람은 누구나 약자에게 배려하면 뿌듯해진다. 원래 그렇다. 그저 다음번에 실천하기가 어려운 것이다. 이 뿌듯함을 앞으로도 지속해서 경험해보고 싶다고 다짐하는 것이다.

자 이제 실제 선배들이 작성하고 합격, 불합격의 결과가 나온 실제 자소서 샘플을 보게 될 것이다. 하지만 대부분은 성적 때문에, 최저를 못 맞춰서 당락이 갈린 점을 명심하면서 안심하고 자소서를 작성해보자.

이해웅 소장
현) 타임교육 입시연구소장

현재 타임교육 입시연구소장으로 학생들보다 학부모들 사이에서 더 유명한 최고의 입시 전문가이다. 1994년부터 강동 청산학원, 대치동 유레카학원 등에서 영어강사, 상담실장, 원장, 입시연구소장을 역임하며 변화 무쌍한 입시환경에 성공적으로 대처해왔다. 내일신문 브런치 강좌 강사로써 입시 관련 특강과 연재를 진행하고 있으며, 2008년부터는 학부모입시교실을 통해 수많은 학부모를 만나고 있다. 저서로는 《중장기학습 로드맵 설계》, 《명문대를 준비하는 중학생 공부법》, 《입시의 패턴을 풀다》, 《대치동 쌤들의 과학 토크 콘서트》, 《새 입시를 준비하는 2021 중학생 공부법》 등이 있다.

강인규 소장
전) 대치 미래탐구 입시연구소장 | 현) 미래탐구 영남입시소장 | 현) S병원 대표원장

'의사들이 찾는 의대 컨설턴트' 국내 유일 현직 의사 겸 입시컨설턴트로 현재 타임교육 입시연구소에서 의대입시를 전문으로 맡고 있다. 학창 시절부터 가르치는 일을 좋아했고 학생들이 꿈을 펼치는 모습에서 진정한 보람을 느껴 의사면허취득과 동시에 이해웅 소장님을 만나 타임교육에 입사하게 됐다. 현재 S병원 대표원장으로 매일 환자들을 만나고 있으며, 문이과 통합적 사고와 다양한 경험에서 나오는 공감능력으로 매년 수험생에게서 최대의 성과를 이끌어내고 있다. 특히 특정 의대 면접시험에서 매년 80퍼센트 이상의 합격률을 보여 의사들 사이에 입소문으로 찾아오는 의대 전문가로 알려져 있다. 앞으로 책과 블로그(http://blog.naver.com/kig80)를 통해 학생과 부모님들이 의대입시에 대한 올바른 이해를 할 수 있도록 소통하는 데에 더 많은 시간을 투자할 계획이다.

이성철 소장
전)대성학원 대입연구소 전)타임교육 모의고사 출제/감수 위원 현)미래탐구 대입연구소 현)미래탐구 영남2본부장

현재 타임교육 영남지역 본부장으로서 대성학원과 타임교육을 거치면서 20여 년을 입지도하고 있다. 매년 수백 명의 학생과 학부모를 만나면서 현장에서 입시지도를 하고 있으며, 입시 전문가 양성 교육에도 힘쓰고 있다. 중장기로드맵을 통한 학생의 진로를 설계하고, 최적화된 개인별 맞춤 컨설팅 프로그램 개발 및 학생부 분석, 자소서 첨삭, 비교과 관리 및 독서지도, 수시와 정시 컨설팅 등 멀티플 입시 전문가로서 활약하고 있다. 미래 사회가 요구하는 개인별 능력의 개발과 진로와 직업의 연계 등에 대한 연구를 토대로 진로적성검사, 다중인적성검사, 개별 교과학습성향 분석, 맞춤형 비교과 관리 등을 통해 수험생이 선호하는 관리형 모델을 개발해서 해마다 의치한 및 SKY등 상위권 대학에 많은 합격생을 배출하고 있다.

홍인호 소장
전) 유레카 논술 부산입시센터 팀장 | 현) 금정 미래탐구 대입전략실 실장 | 현) 자인 논술연구소 원장

현재 타임교육 부산 금정 미래탐구에서 입시연구소장으로 활동하며 부산-경남권 학생과 학부모들에게 복잡한 입시를 보다 이해하기 쉽게 풀어서 설명하는 입시 전문가이다. 2007년부터 유레카논술 부산입시센터, 하이스트, 자인논술학원 등에서 원장으로써 대입논술, 면접수업, 독서지도, 대입컨설팅을 하고 있으며 입시세미나 등을 통해 수험생들의 대학 합격을 위해 끊임없이 연구하고 있다.

II.
자기소개서
1번 문항 따라하기

자기소개서 1번 문항

고등학교 재학 기간 중 학업에 기울인 노력과 학습 경험을 통해, 배우고 느낀 점을 중심으로 기술해주시기 바랍니다(띄어쓰기 포함 1,000자 이내).

2-1 선생님들이
알려주는

사람을 만날 때에 첫인상이 중요한 것처럼 자기소개서에도 1번 문항이 제일 중요합니다. 평가자에게 학생에 대한 고정관념을 만들어버리니까요. 고등학교 생활 중에 자랑할 만한 학업 관련 아이템이 있다면 1번에 넣도록 하는 편이 좋을 것입니다. '학업'은 아주 넓은 개념입니다. 특정 과목에 관한 공부뿐만 아니라 대회 준비, 동아리 활동도 포함됩니다. 중위권 대학을 목표하는 학생들의 경우 주제선정 자체를 너무 힘들어합니다. 그럴 때는 학생부를 펴고, 내신 성적을 확인해보세요. 성적이 오른 과목이 있다면 그에 대해 약간의 '과장'을 포함하여 이야기를 풀어내는 것이 괜찮은 방법입니다. 노력했다면 성적의 상승으로 이어졌어야 말이 되니까요. 물론 그 과목이 진학하려는 과에서 중요시하는 과목이라면 너무 좋겠지만, 그런 경우가 아니라고 해서 크게 불리한 것은 아닙니다. 중위권대학은 학생의 성실성을 의심하고 평가해야 하기에, 아주 뛰어난 모습을 보여주려고 욕심을 부리지는 말아주세요.

1번 항목은 평가자가 피평가자에 대한 전체 윤곽을 그리는 글이기 때문에 자신만의 색깔을 분명하게 낼 수 있어야 합니다. 우선 학업에 기울인 노력과 학습경험에 관한 글을 써야 하므로 학업과 학습의 구분이 필요합니다. 학업은 학교생활 전반에 관한 포괄적 개념이고 그 과정에서의 노력이 중요하게 작용합니다. 학습은 교과 공부와 관련된 내용과 꼭 전공과 관련된 과목이 아니어도 무방합니다. 학교생활을 충실히 하면서 공부를 부지런히 했다는 자신만의 이야기를 잘 표현하는 방향으로 작성하면 됩니다. 평가자가 만나는 첫 글이므로 강한 인상을 남길 수 있거나, 선명한 이미지를 주어서 면접이 있는 경우 꼭 만나고 싶은 학생의 이미지를 주는 것이 중요합니다.

작성 포인트

홍 선생님

'학업에 기울인 노력과 학습 경험을 통해~'라는 문구가 자기소개서 1번 문항 무엇을 물어보고자 하는지를 보여줍니다. 즉, 학업에 대한 역량 및 잠재능력을 평가하기 위한 문항이라고 볼 수 있습니다. 교과 성적이 높거나 향상된 학생, 교과 연계 동아리 또는 책을 읽은 학생들은 지적 확대를 통한 역량을 보여주기 쉬운 편입니다. 하지만 대부분의 학생은 그렇지 못하기에 1번 문항을 힘들어합니다. 그리고 무언가 특별함이 있어야 한다고 생각하기에 쉽게 접근하지 못합니다. 하지만 대한민국 일반고 3년을 다니면서 특별한 활동은 거의 없습니다. 그렇기에 일반고에서 학업역량을 보여주는 데 성적 향상만큼 가장 큰 소재는 없습니다. 남들은 '특별함'을 가질 수 있다는 착각을 버리고, 교과에서 자신한테만 의미 있었던 것을 기술하는 것이 중요합니다. 그 의미가 꾸준하면 좋지만 짧은 기간이라도 자신에게 강한 의미를 주었다면 그것 또한 중요합니다. 같은 조건임을 잊지 맙시다. 또 지나치게 전공적성과 연결하려 하기보다는 학업 분야의 장점을 부각하는 것이 좋습니다.

2-2 학생 원본 vs 선생님 첨삭본

첨삭 지도 1 : 지방 사립대 간호학과 서류 합격

첨삭 지도 전

자기소개서는 나를 표현하는 가장 좋은 수단이며 종합전형의 중요한 요소입니다. 단순히 성적을 올리기 위한 노력이 아니라 나의 꿈과 목표를 실현하기 위해서 학교생활을 성실히 하였고, 그 과정에서 학업과 학습에 기울인 노력을 표현하는 것이 1번입니다. 일부 학습적 요소를 참고하여 활용할 수 있지만, 전체적으로 글의 양을 더 늘리고, 내가 하고 싶은 일을 하는 과정으로서의 내용을 더 많이 추가해야 합니다. 무엇을 하고 싶고, 그것을 실현하고자 하는 시행착오의 과정과 노력의 과정이 잘 드러나도록 좀 더 보완해야 할 것 같습니다.

고등학교에 입학하기 전부터 영어가 약점이라고 생각해왔습니다. 항상 영어는 해도 해도 안 되는 과목이라고 생각해서인지 영어 시험 칠 때는 너무 긴장해서 배탈도 나고 시험은 더 망치고 공부를 해도 성적이 떨어지는 악순환으로 영어에 대한 트라우마마저 생겼습니다. 하지만 이대로 영어를 포기하기에는 목표로 하는 간호학과에서 중요하게 생각하고 중요한 과목이었습니다. 그래서 마지막이라 생각하고 영어라는 과목을 극복하기 위한 계획을 체계적으로 세우기 시작했습니다. 가장 약한 부분이 단어라고 생각했습니다. 그런데 괜히 개수만 여러 개 암기하다 보면 이도 저도 아닐 것 같아서 딱 60개를 발음기호와 함께 암기하기 시작했습니다. 그랬더니 단어의 뜻만 암기할 때 보다 훨씬 오래가기도 하고 제대로 된 발음을 알게 되니까 이전보다는 잘 들리기 시작했습니다. 그래도 여전히 듣기가 부족하여 토익 듣기를 하루에 2문제씩 완벽하게 들릴 때까지 듣고 영화 듣기를 하루에 10문장씩은 꾸준히 하였습니다. 그랬더니 많이는 아니지만 성적이 오르기 시작했고, 두렵기만 하던 영어에 자신감을 가지게 되었습니다. 이런 경험을 통해서 열심히 하면 안 되는 것이 없다는 걸 알게 되었고 다만, 제대로 된 학습 방법을 찾지 못해서 그렇다는 것을 배웠습니다. 이를 통해 다른 부진한 과목도 자신감을 가지고 열심히 노력할 수 있게 되었습니다.

첨삭 TIP

간호학을 원하는 학생이었는데 의료보건 계열에 대한 동아리나 전공 적합성을 드러낼 수 있는 부분이 약해서, 학생부를 모두 분석하여 학교생활을 잘한 부분으로 자신을 드러내도록 함. 특히 영화나 영상매체를 좋아하고 영어 학습에 대한 자신의 노하우가 분명해서 적극적으로 활용하기로 함. 영화를 보면서 반복 연습도 하고 영어를 꼭 책이나 수업만 활용하는 것이 아니라 자신이 생각하는 다양한 시도를 한 부분을 강화하여 학업 역량의 강화와 도전 의식과 목표 의식을 잘 드러나게 하여 좋은 결과를 얻음. 또한 평소 내신관리를 잘한 요소가 긍정적으로 작용한 것으로 판단.

하얀 가운을 입고 까만 팔목에 주사를 놓는 해외의료 봉사단의 사진을 보면서 간호사의 꿈을 그려왔습니다. 1달러를 벌기 위해서 온종일을 채석장에서 보내는 인도 소년을 잊을 수 없습니다. 한비야의 책에 나오는 아이들은 저의 미래를 함께해 줄 아이들입니다. 입학 후 첫 영어시험을 치르고 좌절을 겪었습니다. 저의 꿈을 위해서 중요한 영어가 문제였습니다. 영어시험을 치르면 배도 아프고 긴장감이 커졌습니다. 선생님과 상담을 하고 트라우마 극복 방법을 찾았습니다. 영어 동아리 선배에게 조언을 구했습니다. 문제는 강박관념과 영어가 약하다는 선입견이었습니다. 또한 무계획적이고 비효율적인 학습계획이었습니다. 어휘 공부를 위해서 등교하기 전 암기해야 할 단어를 100개씩 적었습니다. 손바닥보다 작은 공책은 쥐기도 편하고, 아무 데서나 보기도 좋았습니다. 첫날과 둘째 날은 열심히 외워서 테스트하면서 뿌듯함을 느꼈습니다. 사흘째는 좀 힘들었지만 정해진 분량을 암기했습니다. 새벽에 테스트하고 예전에 느끼지 못했던 자신감을 갖게 되었습니다. 어휘공부 방법을 터득한 후 듣기 연습을 하였습니다. 토익 듣기와 영화자막이 없는 자료를 활용했습니다. 유튜브에 자료가 많다는 사실을 알게 되었습니다. 큰 소리로 말해야 발전한다는 선생님 말씀을 기억하며, 자기 전에 낮에 들었던 대사를 따라 했습니다. 녹음한 목소리와 실제 제 목소리가 다르게 들린다는 사실도 알게 되었습니다. 주말에는 외웠던 대사를 실제 배우처럼 거울을 보면서 흉내를 냈습니다. 어벤져스, 아이언맨, 닥터 지바고와 태양의 눈물 등의 많은 영화를 자막 없이도 이해할 수 있게 되었습니다. 꾸준한 노력으로 성적도 좋아지고 난민들과 가난한 아이들을 위한 저의 미래도 더욱 확고해졌습니다. 또한 도전하고 노력하면 그 어떤 트라우마나 어려움도 이길 수 있다는 사실을 알게 되었습니다. 책상에 붙어 있는 모니카 벨루치의 대사속에 저 자신의 미래를 그려봅니다. "한 아이를 구하는 것은 곧 모든 세상을 구하는 거예요"

첨삭 지도 2 :
지방 사립대 관광 계열 최종 합격

첨삭 지도 전

국어 성적이 향상되었다. 친구들을 모아서 스터디 그룹

을 만들어서 서로 자신이 할 수 있는 양을 정해서 서로 정한 요일에 모여서 확인해주고 영어 단어장을 정해서 외워서 시험을 치고 커트라인을 정하여 넘으면 벌금을 모았습니다. 그리고 자신이 알고 있거나 직접 경험해서 성적이 더 올라간 공부 방법을 공유하고 , 서로에게 맞는 수준의 교재 등을 소개해주어 서로에게 도움 되는 방향으로 도와주었다. 그리고 자신이 이해하지 못하는 과목을 서로에게 물어봐 그 점을 확실하게 짚고 넘어가게 되었습니다. 물어보는 사람은 모르는 것이 해결되어 좋고, 대답하는 사람은 더 정확히 짚고 가게 되고, 한 번 더 보게 되어 서로에게 좋은 결과가 나왔습니다. 그리고 수학은 잘하고 싶은데 점수가 나오지 않았다. 그래서 기본서를 보면서 여러 번 복습하고 문제를 더 꼼꼼히 읽고 최대한 이해를 하는 쪽을 해서 수학이 많이 향상되었다.

첨삭 TIP

내신성적과 비교과 활동이 강한 편은 아니었으나, 친구들이 많고 적극적으로 학교생활에 임하는 자세가 매우 좋은 학생이었음. 학급에서도 총무 역할을 하고 있었고 동아리에서 금전 관리 및 꼼꼼한 성격을 갖추고 있는 부분을 어필하기로 함. 수학을 좋아하고 잘하는 장점을 살려서 여행동아리 활동 등과 연계하여 장점을 드러내는 전략을 구상. 스스로 학생부를 몇 번씩 반복해서 읽도록 하여 자신을 객관화한 상태에서 자신의 장점과 노력의 결과가 잘 반영된 부분을 선정하도록 하여 종합전형의 취지를 이해한 후 자기소개서 작성을 하도록 유도함.

첨삭 지도 후

'혼자보다는 여러 사람이 함께할 때 더 좋은 결과를 만들어낸다'는 사실을 알게 된 학교생활이었습니다. 친구가 많은 저는 어울리는 것을 좋아하는 성격을 공부에도 적용하였습니다. 1학년 때부터 지금까지 하고 있는 스터디 그룹을 통해서 제가 부족한 부분을 채우고 서로에게 도움이 되는 존재가 되는 노력을 계속했습니다. 수학 공부를 하면서 확률과 통계 단원에서 이 방법을 가장 잘 활용했습니다. 여행을 갔을 때 비용의 계산이나 숙박료 및 경비 등을 계산하면서 가장 유리한 여행지를 선택하는 방법으로 확률과 통계 단원이 중요하다고 생각했습니다. 친구들과 서로 방학을 맞이해서 가고 싶은 여행지의 여행 정보를 분석하는 방식으로 확률과 통계를 적용해보기로 했습니다. 서울, 경주, 제주도 등의 목적지를 선정한 후 각각 다른 방식으로 교통비, 식비, 레저비, 간식비, 입장료 등과 기념품 구매에 필요한 항목까지를 기준 축으로 잡고 들어가는 비용과 만족도를 높이는 방법을 연구했습니다. 서울은 물가가 비싼 대신 여행지가 모여 있는 특징이 있었고, 경주는 도시가 작기 때문에 숙소를 한 군데 정해서 짐을 이동시킬 필요가 없었습니다. 제주도는 만족도는 높지만, 비행기나 배를 이용해서 가는 교통비가 많고 숙소와 섬 내부에서 이동이 많아서 가장 비용이 높게 나왔습니다. 통계적 추측과 기대대비 만족도가 적을 수 있는 맛집 탐방은 블로그나 카페 등의 자료를 토대로 경험자의 만족도를 수치로 표시하는 것이 어려웠습니다. 단기 여행의 경우는 경주가 선정되었고, 장기 여행은 제주도가 가장 가성비가 높다는 결론을 내렸습니다. 공부하면서 수학 시간에 배웠던 확률과 통계자료 활용 방법을 활용할 수 있었고, 수학 성적도 대폭 오른 경험을 하였습니다. 공부는 혼자만 하는 것이 아니라 함께 노력하면서 실생활에 필요한 공부를 할 수 있음을 배웠습니다. 또한 관광·레저 및 외식 산업의 특징을 분명히 파악할 수 있어서 관광전문가의 꿈을 굳히는 계기가 되었습니다.

첨삭 지도 전

1학년 때 무작정 공부를 열심히 했고 결과가 좋았습니다. 하지만 심화 문제를 풀 때 어려움을 겪었습니다. 특히 물리를 공부할 때 공식만 외우고 스스로 안다고 착각하는 점이 가장 큰 문제였습니다. 친구들과 풀이법을 공유하는 학습법을 통해 문제점을 해결했습니다. 케플러 법칙 문제를 풀며 제 확신과 다르게 틀렸습니다. 친구에게 물어봤지만 같은 부분에서 어려움을 겪고 있었습니다. 고민을 해도 틀린 부분을 찾지 못했고 다른 친구에게 질문했습니다. 저희는 원운동 관련 식을 타원 운동에 사용하는 잘못을 저지르고 있었습니다. 친구는 공식 말고 자신이 문제를 풀 때 어떻게 접근했는지 가르쳐주었습니다. 그리고 문제를 풀 때 무조건 공식을 사용하려는 습관을 갖지 말자는 교훈을 얻었습니다. 예시를 들어 생각하면 쉽게 풀리는 문제임에도 공식을 사용하려다 더 복잡해질 수 있었습니다. 많은 친구와 가르침을 주고받으며 같은 문제에도 다양한 풀이 방법이 있

종합전형의 취지를 살리는 의미에서 접근하면 단순한 교과 성적의 향상을 위한 노력보다는 내가 하고 싶은 공부와 일에 대한 고민을 하고, 그 과정에서 학습적인 부분에 대한 노력의 과정을 보여주는 것이 필요합니다. 점수를 올리기 위한 공부만 한다는 의미도 약간 수정이 필요합니다.

으며 보다 간결한 방법을 찾는 것이 큰 도움이 되는 것을 경험했습니다. 친구들과 서로 자기 생각을 말하다 보니 고민하는 시간이 많아져 개념이 기억에 오래 남기도 했습니다. 저는 이런 경험을 다른 친구들에게도 알려주고 학업능력도 키우고자 또래 교사제 활동을 했습니다. 물리와 수학은 친구들에게 배우는 입장이었다면 영어는 도움을 준 과목입니다. 평소에 잘한다고 생각하던 영어 과목이라 잘 가르칠 수 있다고 자신했습니다. 저는 충분히 설명했다고 생각했지만, 멘티는 문제 푸는 것보다도 기본적인 해석을 어려워했습니다. 선생님께 도움을 요청했고 교직 생활을 오래 하신 선생님께서 내용 파악이나 주어, 동사 찾기 등 기본적인 요소들을 간과하지 않는 모습을 보고 중요성을 깨달았습니다. 이를 실천에 옮겼고 멘티가 어려워하는 것은 직접 해석해주며 단어 뜻을 찾았고 모르는 것은 해석과 내용 파악 중 무엇이 문제인지 이유를 파악하는 데 도움을 주었습니다. 기본에 충실하다보니 다양한 질문에도 답변이 가능했습니다. 아울러 멘티는 성적이 향상되었고 저에게 고맙다는 말을 했습니다. 저는 뿌듯함을 느끼고 함께하는 공부에 더 중점을 두었습니다.

공교육을 잘 활용하고, 학교생활에 충실한 의미를 부여하는 것은 좋은 예시이지만 못하거나 부정적인 이미지를 줄 수 있는 표현과 언급은 가능한 줄여야 합니다. 다만 좋지 않은 요소를 극복하여 좋은 결과를 만드는 과정의 사항과 변화된 모습의 확신성을 입증할 수 있으면 활용 가능합니다.

교대, 사범대 등의 학과에는 1번 소재로 활용이 가능한 면이 있으나 3번이나 2번에서 좀 더 구체적으로 활용하는 방안을 연구하는 것이 좋겠습니다.

과목 간의 편차가 발생하는 부분이 있었고, 성적향상을 위한 부단한 노력을 한 흔적을 많이 볼 수 있었음. 하지만 성적향상이 자신의 기대치 만큼 이루어지지 않은 부분에 대해서 자신감이 다소 약한 상태를 극복하는 방법으로 종합전형의 취지와 의미에 대한 이해를 먼저 하게 함. 교우관계가 좋고 학습의 다양한 방법의 시도라는 측면과 세부능력 특기사항에서 수업 시간에 가진 태도의 올바름과 과제 등 수행 결과가 좋은 점을 잘 살려서 표현하는 방법으로 조언을 함. 특히 생활관리에 대한 철저함과 성실함이 많이 보이는 학생이어서 결과 못지않게 과정의 중요성을 인식하고 노력한 내용을 구체적으로 그리도록 하여 작성하도록 조언.

첨삭 지도 후

'공부는 책으로 교실에서만 하는 것이 아니다'라는 말의 의미를 실천하려고 노력하였습니다. 건축과 토목에 많이 사용되는 물리를 좋아해서 친구들이 질문을 많이 하였습니다. 하지만 케플러 법칙 적용 문제를 저는 원으로 이해했으나 다른 친구는 타원운동의 개념으로 쉽게 해결하는 것을 듣고서 충격을 받았습니다. 저는 배운 공식만으로 풀었지만, 친구는 생각을 많이 하면서 다양한 접근을 했다고 말했습니다. 그때부터 교과서에 나오는 방식 말고도 다른 방법이 있는지 찾아보고 토론하는 공부를 많이 했습니다. 영어지문을 해결할 때도 해설지와 다른 해석이 가능한지를 얘기하고, 멘토링을 하던 멘티의 의견도 들었습니다. 국어와 사회는 모두의 생각이 다를 수 있지만 가장 합리적이고 보편적인 기준을 적용해서 답을 결정한다는 것을 알게 되었습니다. 단순한 암기가 아니라 '왜 그런지'와 '다른 방법은 없는지'를 끊임없이 물어보는 것이 필요하다는 것을 느꼈습니다. 그래서 일기를 쓰기로 했습니다. 매일 한 시간 일찍 등교하며 일기를 쓰는 것이었습니다. 일기를 글로 쓰는 것이 아니라 학교 통학로를 일기장이라 생각하고 등하교를 하면서 저 자신과 대화를 하였습니다. 일기 쓰기는 저를 통제하고 파악하는 데 큰 도움이 되었습니다. 많이 생각하고 대화하다보니 자신의 부족한 점을 깨닫게 되었습니다. 물리의 돌림힘을 공부할 때 막대의 기준점을 어떻게 정해야 할지 모든 상황을 머릿속으로 그려가면서 계산했습니다. 그 결과 계산하기 편한 상황과 힘의 방향에 대한 더 쉬운 이해 방법이 찾아졌습니다. 하루 학습량을 묻는 질문으로 오후에는 동아리 활동 외에 버려지는 시간이 많다는 사실을 알았습니다. 또한 아침 시간을 알차게 사용하니 수업 시간에도 더 집중할 수 있었습니다. 이런 경험을 공유하고자 멘티에게 일찍 등교하자고 조언했습니다. 그리고 각자 잘하는 과목에서는 멘토와 멘티를 바꾸기도 하면서 새로운 방법과 토론을 통한 공부를 하였습니다. 그 결과 둘 다 성적도 향상되고 시간을 효율적으로 잘 활용할 수 있게 되었습니다.

첨삭 지도 4 :
수도권 디자인 관련 학과 서류 합격

첨삭 지도 전

사실 저는 한국어를 못하는 한국인입니다. 초등학교를 졸업하고 외국에서 중학교에 다닐 때 동양인이라는 이유로 인종차별을 받았습니다. 당시 공부의 필요성과 욕심을 모르는 저는 영어를 유별나게 잘하지 않았지만 친구에 죽고 못 사는 어린아이였습니다. 하지만 한국인이라는 국적을 버릴 수 없어서 성격이 소심해지고 웃지 못하는 게 일상이었습니다. 친구가 없었기에 회화능력을 늘릴려는 노력은 거의 하지 않았습니다. 그저 친구들이 하는 얘기들을 주위에서 듣는 소심한 중학교 시절이었습니다. 고등학교에 입학했을 때

대입 자소서 1번은 자신이 하고 싶은 분야를 위해서 재학 기간 중 학업과 학습에 기울인 노력을 쓰는 것입니다.
개인적인 소회나 학교생활의 어려움 및 적응과정의 이야기를 써서 극복의 과정으로 삼으면 좋은 소재이나 내용이 너무 길고 산만하여 약간 축약해서 핵심적인 포인트만 활용하여 가야 합니다.

에는 방학 시절 여름 캠프에서 보내던 용기로 말을 하기 시작했습니다. 첫발을 내디딜 때 정말 중요시 생각하던 건 발음과 말의 속도였습니다. 선생님께서 말씀을 빨리하실 때 이해를 못하고 넘어가는 부분이 많았고 학교 중간고사나 기말고사 문제에 나오는 모르는 단어 때문에 많이 틀린 경험이 있었습니다. 그래서 실제로 대학교에서 사용하는 녹음기로 놓친 부분들을 다시 듣고 쓰는 노력을 하였습니다. 그렇게 어리석게도 한국어를 안 쓰다 보니 국어 능력은 바닥을 치고 있었습니다. 한국 고등학교로 전학 오고 나서 제일 창피했던 순간은 철자를 모를 때 정말 쥐구멍이라고 찾고 싶다는 심정을 이해할 수 있었습니다. 봉사활동을 통하거나 토론학습들을 통해서 알게 된 단어들 속담들을 친구들과 일상생활 얘기할 때 막 사용하다 보니 문법들은 맞기 시작하였습니다. 초등학교 교과서나 문제집을 본 게 마지막이었던 저는 유학 생활에서와 같은 방법으로 모르는 단어도 하나씩 찾아서 뜻을 영문으로 적어놓고 국어와 영어를 같이 복습하였습니다. 그러나 또래 친구들은 나만큼의 노력 없이 잘 알아듣는 거 보고 너무 질투가 나서 슬럼프도 오기도 하였는데 그럴 때마다 한국 자막이 없는 외국영화를 보면서 어떤 내용인지 추리하였습니다.

'인간은 어떤 한순간의 노력으로 특정되는 것이 아니라, 반복되는 행동에 의하여 규정된다. 그러므로 위대한 것은 습관이다.'-아리스토텔레스의 말씀을 아침마다 생각합니다. 다들 습관이라는 것을 좋지 않은 행동이라고 알고 있지만, 저에게 습관이란 한가지의 능력이라 생각합니다. 한 가지 일을 종일 즐겁게 하지 못하는 저에게는 인내심을 기르는 방법이기 때문입니다. 앉아 있는 자세 따라 공부 시간을 좌지우지한다는 저의 어머니 말씀에 따라 아침마다 공부에 대한 것뿐만 아니라 평소에 사용하는 말투까지 생각합니다. 공부를 못하는 학생들에게 학습 공책이라도 잘 적으라는 선생님들이 많았습니다. 이제는 제가 그 버릇들을 가지고 있습니다. 그 덕분에 시험 기간에 놓친 부분 없이 복습하기도 훨씬 수월하였고 학습 계획뿐만 아니라 하루 계획 등 스케줄 표를 만드는 생활 덕에 꼭 계획에 맞는 알맞은 하루를 보내어 도움이 많이 되었습니다.

영어 실력을 자만하던 저는 한국 고등학교에 적응한 지 2달 만에 유학 생활이 물처럼 흘러갔다는 것을 깨닫게 되었습니다. 제2국어가 영어라는 것이 확실해지

불필요한 요소는 완전히 제거하고, 학습과 학업에 대한 내용으로 엑기스만 뽑아서 기술해야 합니다.

고 같은 학년 친구들의 영어 모의고사 성적이 좋게 나왔을 때는 정말 치욕스러웠습니다. 그렇지만 승부욕이 강한 저는 좌절하지 않았고 더 오기가 생겨 영어를 나의 것으로 만들겠다는 욕심으로 인해서 모든 분야에 자만 없이 집중할 수 있게 되었습니다. 영어 공부 중 듣기라는 분야를 접하기 힘든 우리나라에서 외국인 친구들과 안부 전화를 하여 각자의 학교생활이나 캐나다에서도 많이 걱정한 자연재해들의 문제점을 얘기도 나누면서 말하기와 듣기 연습을 생활적으로 했는데 한국 친구들 앞에서 연설문이나 일상대화를 영어로 할 때 어휘 부분에서 레벨이 높은 단어들을 사용하려고 미국, 캐나다등 영어 신문을 이용하여 한 문단씩 단어장을 만들고 외우고 다시 읽어보는 능력을 키우고 다이어리를 적는 것을 좋아해 영어로 일기도 적어 캐나다에서보다 영어를 많이 접할 수 없지만, 끊임없이 노력하여 잊어버리지 않게 습관을 길렀습니다. 중학교 시절 한국에 없었기에 듣지도 접하지도 못한 한국사는 물론 인터넷 강의로 채워 나가는 것도 있었지만, 집주변에 있는 박물관에 가서 체험학습을 하러 빠짐없이 가고 가장 쉬운 역사책을 사서 취미로 역사 만화를 그리기도 했습니다. 또 사극 드라마

글의 소재로 활용할 수 있는 좋은 내용이 많이 포함되어 있습니다. 영어에 관련된 내용과 한국사 얘기를 좀 더 압축적으로 전개하고, 적응하는 과정에 대한 얘기도 추가하도록 조언했습니다.

를 챙겨보기도 하였습니다.

산업디자인을 선택한 저는 꿈같은 목표가 있습니다. 그림이라는 것이 하루아침에 만들어지는 것이라면 이 세상 누구나 즐길 수 있는 예술이 되었겠지만 저는 미술을 배운 지 이제 2년이 되어가는데 단 한 번도 내가 생각해도 완성작이라는 것을 만든 적이 없었습니다. 그만큼 미술은 즐길 수 있을 만큼 보이지 않는 노력과 시간이 투자한 만큼 가치가 있다는 것을 깨달았기에 공부를 못해서 미술을 배웠다는 편견을 없애는 것이 내 목표 중 하나입니다. 제가 그림을 생각하기에 중요하다고 느낀 점은 선입니다. 마치 사람 얼굴에서 성격을 대충 알 수 있는 것처럼 선에서도 사람들의 성격 느낌 분위기를 알 수 있다고 생각합니다. 수많은 사람의 선을 볼 수 있는 곳이 바로 미술 전시관입니다. 그곳은 제가 절대적으로 미술하고 싶다는 생각이 들게 하는 곳입니다. 각자의 개성을 전시하여 사람들을 매혹하는 마술관 같다고 생각합니다.

자신의 목표에 대한 설정을 명확히 하였으면, 남들과 비교하지 말고 자신의 장점과 당당함을 보여줄 수 있도록 작성하면 됩니다.

첨삭 TIP

인성적인 측면이나 성향이 좋아서 사람들에게 호감을 많이 살 수 있는 학생이었고, 면접에서 강한 장점을 갖출 수 있다고 판단해서 학교생활에서의 어려움이나 극복의 과정에 대한 부분을 집중적으로 어필하도록 함. 목표 의식이 분명하여 실패나 실수 등에 대한 회복 탄력성이 좋은 부분과 미술 감각에 대한 확고한 자기 생각이 있어서 시간을 갖고 학생부 분석과 전공 관련 활동에 대한 작은 부분까지도 찾는 시도를 하게 함. 노력과 경험이라는 부분이 발전을 위한 필수 과정임을 인식한 후에는 글이 매우 구체적이고 부드러워지면서 자신이 하고 싶은 부분을 잘 드러내도록 작성하도록 조언. 또한 외국에서의 경험을 통해서 배운 부분을 학교생활의 긍정적 발전을 위해서 활용하도록 조언.

첨삭 지도 후

'인간은 어떤 한순간의 노력으로 특정 지어지는 것이 아니라, 반복되는 행동에 의하여 규정된다. 그러므로 위대한 것은 습관이다.'라는 아리스토텔레스의 말을 좋아합니다. 초등학교와 중학교를 외국에서 보내고 고등학교를 왔을 때 처음에 너무 힘들고 고통스러웠습니다. 친구들의 얘기와 선생님께서 하시는 말씀을 거의 알아들을 수 없었습니다. 친구들과 얘기할 때는 좀 천천히 말해달라고 부탁했고, 수업은 부탁드려서 녹음해 다시 듣기를 반복했습니다. 새벽에 일어나서 지난 시간에 공부한 내용을 다시 듣고 예습을 하면서 수업 준비를 하였습니다. 마치 외국에서 처음 영어를 배울 때의 느낌으로 말을 반복적으로 하였고, 친구들의 대화에는 주제와 관계없이 끼어서 듣는 훈련을 반복하였습니다. 가장 어려운 부분은 속담을 섞어서 쓰는 경우였는데 사전을 찾고 상황에 대해 이해를 하는 과정을 반복했습니다. 그렇게 몇 달을 보낸 후에야 비로소 정상적인 수업이 가능하게 되었습니다. 시간이 부족했던 저는 매일 일과를 노트에 적어서 작은 시간도 함부로 쓸 수 없었습니다. 그렇게 하다 보니 자연스럽게 낭비되는 시간이 줄었고 일찍 일어나는 것이 몸에 배었습니다. 국어와 영어 및 수학은 힘든 과정을 거쳐서 수업을 이해하고 성적도 향상되기 시작했습니다. 하지만 가장 큰 문제는 한국사였습니다. 교과서를 15번도 넘게 읽었으며 인터넷 강의를 통해서 매일 조금씩 반복하여 시대별로 정리하였고, 사극이나 역사 만화 등도 틈나는 대로 보고 읽었습니다. 마지막에는 우리나라 역사를 제가 좋아하는 그림으로 중요한 장면들을 그리면서 저만의 스토리를 만들어서 공부하였습니다. 가장 좋아하는 미술 시간에는 저의 작품에 대한 생각과 주제를 자유롭게 이야기하였고 모두 좋아했습니다. 저는 고등학교 3년을 보내면서 습관과 원칙을 지키면서 계획적인 생활을 하는 것의 소중함의 배울 수 있었습니다. 그리고 힘들고 어렵더라도 포기하지 않고 꾸준히 하다 보면 마침내 원하는 것을 이룰 수 있다는 것을 알게 되었습니다.

첨삭 지도 5 :
수도권 교통 관련 학과 서류 합격

첨삭 지도 전

평소에 야외활동을 좋아하던 저는 학교 고등학교 2학년 때에 여행부에 편입하였습니다. 여행부에서 가고 싶었던 곳을 직접 조사하고 보고서를 쓰는 활동을 했습니다. 그중에서 저는 일본 후쿠오카에서 방문했던 철도 박물관을 다녀왔는데 일본 철도의 발전 과정에 대해 잘 나와 있는 부분을 가지고 보고서를 적었습니다. 보고서를 쓰는 과정에서 기차에 대해 많은 흥미가 생기게 되었습니다. 동아리에서 다른 시간을 주었을 때 저는 여행부를 그냥 여행으로만 생각하지 않고 다른 생각을 한번 해보자 해서 여행부 말고 진로 탐색 여행부라고 생각하면 어떨까 생각을 하고 실천으로 옮겨 다양한 자료를 찾아보기도 하였습니다. 찾아본 자료 중에 어떤 사람이 여행하고 적은 글을 한

자신의 미래를 향한 노력의 과정으로 철도와 교통에 대한 관심을 갖고서 다양한 활동을 했다는 방향으로 전개하는 것이 유리합니다.

편 보고 저도 저렇게 글 한 편 적어서 기억에 남겨야겠다고 생각해서 저도 적었습니다. 글을 적으면서 다양한 생각이 났습니다. 처음 여행을 시작하고 공항에서부터 언어소통이 잘 안 되어서 말이 막혔던 일, 철도박물관에서 옛날 기차부터 현재의 고속철을 보게 된 일, 일본의 다양한 기차를 탄 일등 많은 것이 생각이 났습니다. 그리고 몇몇 친구에게 제가 보고 느낀 일에 대해 이야기를 해주었고 친구들은 자기들도 한번 가보고 싶다고 이야기를 하였습니다. 그때 저는 여행을 가서 둘러보는 것이 여행이 아니라 둘러보고 기록하고 다른 사람들에게 이 기분을 간접적으로 전달해주는 것이 진정한 여행이라고 생각이 들게 해주는 좋은 경험이었던 것 같습니다.

학업에 기울인 노력이나 학습 경험을 쓰는 것이 1번이므로, 교통에 대해서 고등학교 때 체험한 활동을 중심으로 보고서나 수학여행 그리고 개인적 방문이나 견학 등의 내용을 나의 미래에 결부시키고, 막연한 활동을 한 것이 아니라 충분한 목적을 갖고서 성실하게 활동을 했다는 방식으로 기술하면 더 유리합니다.

첨삭 TIP

학생과 처음 이야기를 하고 받은 인상은 분명한 목표 의식과 꿈에 대한 확신이 강하게 들었고, 교과성적과 학교활동이 학생의 역량을 제대로 못 드러내는 인상을 받았음. 스스로 찾아서 노력한 과정이 매우 좋았고, 부모에 대한 존경이나 타인과 더불어 사는 것에 대한 협력의 정신이 높은 특징을 살리기로 함. 막연하게 좋아서 했던 동아리 활동이나 교통문화 및 여행 관련 내용을 구체적으로 묘사하도록 하였고, 미래 사회에서 자신의 사회적 역할에 대한 부분의 사고 확장의 필요성을 어필하도록 함. 꿈을 위한 과정에서 반드시 모든 것을 학교라는 울타리에서만 생각하지 않고 좀 큰 거시적 안목에서 인생을 바라볼 수 있는 관점을 갖게 하여 자신을 드러내도록 조언.

첨삭 지도 후

'기차는 꿈을 실어 나르는 행복 그 자체이다'라는 말을 좋아합니다. 철도원 영화를 열 번도 더 보았습니다. 흰 눈 속에서 쓰러져 간 오토 기관사의 장례식 모습은 철도원의 삶을 보여주는 숭고함 그 이상의 가치라고 생각합니다. 기차와 관련된 일을 하고 싶었던 저는 학교에서 배우는 교과목에 교통이나 여행 등이 없어서 조금은 아쉬웠습니다. 그래서 2학년 때 여행부에 편입하였습니다. 우리나라 교통문화의 발달과 여행에서 교통수단이 차지하는 역할에 대한 자료를 조사하고 여행의 목적에 따른 교통수단의 활용 등도 살펴보았습니다. 그리고 기차 문화가 발달한 일본의 철도박물관 견학은 저에게 저의 미래에 대한 확신을 주었습니다. 견학을 가기 전에 미리 사전 계획을 세우고, 동선과 봐야 할 것과 조사할 것 등을 정리했습니다. 정확한 시간을 맞추어서 도착하고 떠나는 많은 기차와 박물관에서 만난 철도유물은 역사 그 자체라는 생각도 했습니다. 수학여행에 대한 설문조사를 할 때도 교통수단의 다양한 방법이 활용되지 않는 것에 대해서 많은 아쉬움이 있었습니다. 비용과 일정에 맞추어서 짜인 계획서는 여행이 단지 특정 장소로의 이동수단으로써만 교통수단을 이해하는 것 같아서 서운한 생각이 많이 들었습니다. 철도에 대한 관심은 철도문학상에 대한 도전으로 이어졌고, 작품을 구상하고 쓰는 과정에서 우리나라의 교통발달사와 운송수단에 대해 많은 공부를 할 수 있게 해주었습니다. 내연기관이 가진 구조와 중요성을 알기 위해서 수학과 과학 공부를 열심히 할 필요성을 느끼게 되었습니다. 그 과정에서 초기에 나무를 이용한 연료는 친환경적이었지만 산림의 파괴라는 부작용을 초래했고, 현재 사용하는 화석연료는 효율성은 좋지만 낭만의 요소는 많이 사라진 것 같은 생각도 할 수 있었습니다. 꿈을 실현하기 위해서 많은 부분이 부족했지만 최선을 다해서 목표에 도달하기 위해서 책을 읽고, 자료를 수집하고 또한 직접 찾아가는 과정에서 미래에 대해 분명한 설계를 할 수 있었습니다.

첨삭 지도 전

선후 관계의 변화를 통해서 교사의 꿈을 얘기하고 상담하면서 자연스럽게 멘토링 활동으로 연결은 어떨지?

저는 1학년 때에 같은 학년 친구들을 대상으로 멘토링 활동을 했습니다. 학교에서 듣는 수업 이외에 더 많은 공부가 필요하다고 느끼는 학생들을 대상으로 필요한 과목을 잘 가르칠 수 있는 친구들이 직접 가르쳐 주면 양쪽 모두 실력이 올라갈 것이니 일석이조라고 선생님께서 멘토링 활동을 해보지 않겠냐고 권유하셨습니다. 수학교사의 꿈을 가지고 있던 저로서는 좋은 기회라고 생각해서 멘토링 활동에 참여하였습니다. 막상 멘토링 활동을 시작해 보니 제가 생각했던 것보다 훨씬 어려웠습니다. 어떤 개념을 이해하고 관련된 문제를 푸는 정도의 실력으로는 친구들의 질문에 확답을 주기 힘들었습니다. 누군가를 가르친다는 것은 그 지식을 정말 처음부터 끝까지 온전히 자신의 것으로 하지 않고서는 불가능하다고 느꼈습니다. 그래서 더 열심히 공부했고 더 좋은 수업을 할 수 있었습니다. 멘토링 활동을 통해 내가 알고 있다고 착각하고 있는 지식이 정말 많다는 것을 알게 되었고 완전한 이해를 위해서 더 깊이 공부

이 내용을 교육이론인 택사노미와 연계하여 고민하고 정리하면 어떨까?

해야 하겠다고 느꼈습니다. 자연히 더욱 열심히 공부하게 되었습니다. 또한 친구들을 가르치는 과정에서 큰 보람을 느꼈고 지식은 공유될 때 진실로 가치 있는 것이라고 느꼈습니다. 저는 2학년 때 같은 학년 친구들을 대상으로 강연 활동을 했습니다. 제가 2학년 때 소속된 동아리에서는 돌아가면서 동아리원이 1일 강사가 되어 모든 동아리원 앞에서 강연하는 활동을 했었는데. 저 또한 강사 역할을 여러 번 맡았습니다. 그 강의 중 한번은 친구들 사이에서 유행하는 게임 안에서 골드를 어떻게 하면 가장 효율적으로 쓸 수 있느냐는 주제로 진행했습니다. 친구들의 일상 가장 깊숙한 곳에 있는 게임과 제가 좋아하는 수학을 접목해서 의미 있는 결과를 도출해냈습니다. 게임의 능력치마다 객관적인 기준으로 가치를 부여한 다음 누구나 동의할 수 있도록 합리적인 사고과정을 거쳐서 필요한 식을 만들고 여러 식마다 컴퓨터 프로그램을 이용해 그래프를 그려서 시각적으로 보여줄 수 있도록 정리하였습니다. 상당한 양의 시간이 소모됐지만 친구들의 뜨거운 반응이 저에겐 충분한 보상이 되었고 무엇보다 수학이 일상에서 이렇게나 쓸모 있다고 친구들 앞에서 증명한 것 같아서 뿌듯했습니다. 강

2번 활동과 연계하면 좋을 만한 내용으로 게임과 수학의 연결고리 강화에 대한 고민이 조금 더 필요합니다.

연 활동을 통해서 가르치는 위치에 있는 사람이 강연에 큰 노력을 들이면 배우는 사람들에게도 그 노력이 전달될 수 있다는 것을 느꼈습니다. 따라서 수학교사가 되기 위해서 수학에 더 큰 노력을 들여야 한다고 느꼈습니다.

너무 일반적이고 평범한 것이므로 다른 임팩트를 강하게 줄 수 있는 표현이나 자신만의 색깔이 들어가는 방식으로 서술하면 좋겠습니다.

첨삭 TIP

남을 도와주는 것을 좋아하며 교육에 대한 자신만의 분명한 목표를 가진 학생이었고, 가르치는 것에서 즐거움을 느끼는 스타일로 대인관계도 좋고 자기표현을 잘하는 학생이었음. 자신의 장점을 잘 보여주기 위해서 발표나 모둠 활동 한 것들을 모두 정리하게 하여 학생부 강독을 하면서 글의 소재를 발굴하여 쓰도록 함. 수학 동아리 활동이 자신에게 가진 의미와 활동의 세부내용과 관련 자료들을 재정리하여 작성하도록 조언.

첨삭 지도 후

1학년 때 친구들을 대상으로 멘토링 활동을 했습니다. 선생님께서 친구들을 대상으로 필요한 과목을 잘 가르칠 수 있는 멘토링 활동을 해보지 않겠냐고 권유하셨습니다. 수학교사의 꿈을 가지고 있던 저로서는 좋은 기회라고 생각해서 멘토링 활동에 참여하였습니다. 처음에는 어떤 개념을 이해하고 관련된 문제를 푸는 정도의 실력으로는 친구들의 질문에 확답을 주기 힘들었습니다. 누군가를 가르친다는 것은 그 지식을 정말 처음부터 끝까지 온전히 자신의 것으로 하지 않고서는 불가능하다고 느꼈습니다. 그래서 더 열심히 공부했고 더 좋은 수업을 할 수 있었습니다. 멘토링 활동을 통해 알고 있다고 착각하고 있는 지식이 정말 많다는 것을 알게 되었고 완전한 이해를 위해서 더 깊은 공부가 필요하다고 느껴져서 더욱 열심히 공부하게 되었습니다. 또한 친구들을 가르치는 과정에서 큰 보람을 느꼈고 지식은 공유될 때 진실로 가치 있는 것이라는 것을 깨달았습니다. 저는 2학년 때에 같은 학년 친구들을 대상으로 강연 활동을 했습니다. 제가 2학년 때 소속된 동아리에서는 돌아가면서 동아리원이 1일 강사가 되어 모든 동아리원 앞에서 강연하는 활동을 했는데 저 또한 강사 역할을 여러 번 맡았습니다. 친구들의 일상 가장 깊숙한 곳에 있는 게임과 제가 좋아하는 수학을 접목해서 의미 있는 결과를 도출해냈습니다. 게임의 능력치마다 객관적인 기준으로 가치를 부여한 다음 누구나 동의할 수 있도록 합리적인 사고과정을 거쳐서 필요한 식을 만들고 여러 식마다 컴퓨터 프로그램을 이용해 그래프를 그려서 시각적으로 보여줄 수 있도록 정리하였습니다. 상당히 많은 시간이 소모되었지만, 친구들의 뜨거운 반응이 저에겐 충분한 보상이 되었고 무엇보다 수학이 일상에서 이렇게나 쓸모 있다고 친구들 앞에서 증명한 것 같아서 뿌듯했습니다. 강연 활동을 통해서 가르치는 위치에 있는 사람이 강연에 큰 노력을 들이면 배우는 사람들에게도 그 노력이 전달될 수 있다는 것을 느꼈습니다.

첨삭 지도 7 :
수도권 식물, 환경 관련 학과 서류 합격

첨삭 지도 전

어릴 때 여행했던 '아침고요 수목원'을 보고 나무가 주는 편안함과 꽃의 아름다움에 반해 식물에 관심을 가지게 되었습니다. 저도 어른이 되면 '아침고요 수목원'과 같은 수목원을 가꾸고 싶은 꿈도 생겼습니다. 그래서 식물도감을 찾아서 읽어 보고 농대 캠프에도 참여해 보았지만 이해가 잘되지 않았습니다. 고민 끝에 다양한 식물을 알기에는 제 과학적 지식이 부족하다는 것을 알게 되었고 제 꿈을 이루기 위해서는 과학 공부를 해야 한다는 필요성을 느끼게 되었습니다. 그래서 매일 자기 전에 15분간 과학개념서를 읽고 잠자기로 결심하였습니다. 또 과학교과서를 읽고 중요 내용을 요점 정리하여 반복해서 읽어보고 잘 모르는 내용은 친구에게 물어보았습니다. 생명 과학 시간에 체세포 분열 과정을 배울 때는 체세포 분열 과정을 직접 그림으로 그려 말로 설명하면서 공부하였습니다. 화학 시간에 화학식에 대해 배우고 난 뒤에는 직접 문제를 만들어 친구들과 풀어 보고 화학식을 잘 이해하지 못하는 친구에게 설명해주었습니다. 친구에게 내가 아는 것을 설명하는 과정에서 제가 알고 있는 개념을 더 명확하게 이해할 수 있게 되었습니다. 이런 과정을 거치며 1학년 초에 4등급이었던 과학을 2학년 때는 화학 2등급, 지구과학 2등급으로 향상할 수 있었습니다. 아직 부족하지만 실력이 향상되는 것을 느낄 때마다 과학에 대한 자신감도 함께 커졌고 앞으로 어떤 일을 하더라고 지금처럼 노력하면 안 될 것이 없다는 생각이 들었습니다. 제가 읽은 책 중에 '나무를 심은 사람'이 있습니다. 주인공 엘제아르 부피에는 사람이 살 수 없는 황무지에 수십 년에 걸쳐 꾸준히 나무를 심어 만 명의 주민

앞부분 시작이 좋았는데 너무 점수에 연연하는 모습보다는 식물학자나 수목원 일을 하고 싶은 사람으로 학교생활과 공부에 충실하였다는 내용으로 전개하는 것이 바람직합니다.

이 사는 울창한 숲으로 바꾸어 놓습니다. 저도 주인공처럼 제가 맡은 일이 무엇이든 끈기 있게 해나가면 기적 같은 일을 만들어 낼 수 있다는 희망을 가지게 되었습니다. 앞으로 과학과 인문학을 연결하여 사람들의 생활에 좋은 영향을 줄 수 있는 식물과 환경생태에 대해 연구하고 싶습니다.

책 내용을 약간만 더 언급하고 스스로 어떻게 변화, 발전했는지 구체적으로 얘기해주면 됩니다.

첨삭 TIP

많은 활동과 노력을 하였음에도 불구하고 성적에 대한 자신감이 다소 적었고, 스스로에 대한 겸손함이 많아서 전형의 특성을 먼저 이해하게 함. 1번 항목에 대한 접근을 위해서 대학 입학 후와 졸업 후에 대한 인생의 목표에 대한 얘기를 많이 하였고, 고교생으로서의 독서량과 탐구심을 많이 갖춘 부분의 장점을 피력하도록 함. 글을 잘 써야 한다는 강박관념을 없애기 위해서 좋은 글에 대한 개념이 화려하고 수식이 많은 것이 아니라 '나를 잘 표현하는 것'으로 규정해서 글을 쓰기 전에 먼저 말로써 정리하게 한 후 작성토록 함. 또한 학업역량과 학습 결과 불일치에 대한 이유와 전형의 취지와 의미에 대한 이해도를 높여서 수정된 글의 완성도와 자기 표현력을 높이도록 조언.

첨삭 지도 후

'아침고요 수목원'을 방문했을 때의 아름다움과 편

안함은 수목원을 가꾸면서 식물연구를 하고 싶은 저의 목표와 의지를 강화시켜 주었습니다. 피톤치드는 편백나무뿐만 아니라 모든 나무에 있으며, 그중에서도 테르펜은 자기 활성화 성분까지 포함하고 있다는 사실을 농대 캠프에 참가하면서 구체적으로 알 수 있었습니다. 캠프활동을 마치고 본격적인 식물과 환경에 대해 공부를 하였습니다. 생명과학과 화학시간에 공부하고 자료조사를 하는 과정에서 토킨과 왁스만 박사의 식물살균에 관한 이론을 접했고, 삼림욕의 효과가 알파-피넨에 의한 것이라는 사실도 함께 배웠습니다. 이를 통해 식물에 관한 공부라 할지라도 과학의 전 영역이 결합되어 있다는 점을 파악하고 '사이언스제일반' 동아리에 가입하여 '강황 추출물의 항산화 작용 능력'을 팀 과제로 설정하여 인근 대학 화학과 교수님과 멘토링을 맺어 강황 추출물의 항산화 정도를 측정하기 위해 'DPPH 라디칼 분석'이란 실험을 하였고, 이를 통해 강황의 성분인 커큐민과 데메톡시커큐민의 DPPH 소거활성력을 측정한 결과, 강황이 항산화 작용 능력이 뛰어나 활성산소가 산화되는 것을 막고 비만 예방에도 효과가 있다는 것을 알게 되었습니다. 동아리 활동에서 책과 논문을 보고 관련 동영상 자료를 정리하면서 공통점을 발견하였습니다. 자연에 대한 동양인과 서양인의 인식 차이가 너무 크다는 것을 느꼈습니다. 담장 안에 나무를 심는 서양인은 자연을 소유하고 지배하려는 의지이고, 동양적 정서는 숲속에 집을 지으면서 자연과의 합일을 강조하는 것을 보고 깊은 감동을 받았습니다. 나무와 식물에 관한 책을 보면서 미국의 건축가 라이트의 '낙수장'이란 건물이 왜 유명해졌는지 그 이유를 정확하게 알 수 있었습니다. 저는 가끔 힘들 때 '나무를 심은 사람'을 읽으면서 엘제아르 부피에를 떠올립니다. 황무지를 지상의 낙원으로 만든 부피에의 삶의 자세와 철학을 존경하며, 모든 사람에게 행복과 즐거움을 줄 수 있는 식물연구를 위해서 열심히 노력하고 있습니다.

2-3 사례를 통해 작성 포인트 따라하기

사례

학업 취약점에 대한 극복! 그것이 가지는 자신만의 의미를 보여준다.

어린 시절은 더 많은 언어를 배우고, 더 다양한 사람들과 소통하며, 더 넓은 세계를 바라보고 싶은 열망으로 가득했습니다. 그래서 고등학교 재학 중 1년간 미국에 살다 왔고, 영어에 대한 자신감으로 다시 한국의 고등학교에 돌아오게 되었습니다. 그러나 학교에서 배우는 영어는 생각한 대로 되지 않았습니다. 그때 선생님의 추천으로 교내 영어 말하기 대회에 참가하게 되었습니다. 회화만큼은 자신 있었지만 합격자 명단에 제 이름은 없었습니다. 심사위원 선생님께서는 저에게 발음이나 발표 매너는 좋았으나, 원고에서의 문장의 섬세함이나 완결성이 부족하다고 말씀해주셨습니다. 그제야 저는 자만에 빠졌던 저 자신을 발견하였습니다. 그 후로 저는 기본적인 문법과 단어, 숙어부터 공부해나가기 시작하였습니다. 단어, 숙어는 사용되는 문장과 여러 가지 의미를 통째로 익혀 평소에도 어색함 없이 사용할 수 있도록 노력했고, 그러기 위해 소리 내어 몇 번이고 읽었습니다. 그랬더니 평소 일상 영어 내용이 또렷이 들리고, 모의고사나 학교 시험에서도 문제의 맥락을 이해하기가 훨씬 수월했습니다. 공부할수록 영어 독해에 대한 호기심이 깊어져 OO시 교육청에서 주관하는 심화 영어 독해를 수강하였습니다. 수업 중 책에 나오는 내용을 골라 영어로 발표하는 과제에서 저는 나라별 정치체제와 관련된 주제를 선택했습니다. 국외 자료와 관련 영상까지 준비하며 자료를 만들고, 끝까지 반복하며 열심히 준비했고, 그 결과 우수한 성적을 받을 수 있었습니다. 이번 영어 발표를 준비하며 정치에 대한 관심도 가지게 되었습니다. 영어에 나오는 다른 학문을 같이 공부한다면 일석이조의 효과를 낼 수 있다고 생각하여 지문을 볼 때마다 주제를 정리하였습니다. 하나씩 정리하다 보니 어느새 다양한 사회 주제를 접할 수 있었고 사회탐구 공부 시 도움이 되기도 했습니다. 이처럼 늘 자만하지 않고, 배움의 자세로 열리는 새로운 세계를 통해 사회를 제대로 인식하게 되고, 자신을 발전시킬 수 있는 계기가 되었습니다.

합격생 평균 등급은 2점대 초반인 데 비해 지원자의 등급은 3점대 초반입니다. 얼핏 보기엔 자기소개서 영향력이 크다고 볼 수 있지만 수능 최저기준이 높은 학교이기에 꼭 그렇다고는 볼 수 없습니다. 지원자는 1년 미국 생활로 인해 자신보다 한 학년 어린 친구들과 함께 생활하면서도 전교 부회장을 할 만큼 활동적인 학생이기에 학생부가 그렇게 나쁘지도 않습니다. 자기소개서 또한 강한 인상을 주진 않지만, 마이너스 요인으로 작용하지는 않았을 것입니다. 특히 노력 과정은 구체적이진 않지만, 그 노력이 본인에게 어떤 의미를 가져다주는지를 정확히 밝히고 있습니다. 수험생들이 너무 노력한 과정에 힘을 쏟다 보니 힘들 수 있습니다. 과정 이전에 본인에게 어떤 의미를 주었는지부터 생각해 봅시다.

지방 거점 국립대 간호학과 최종 합격

사례

자신만의 호기심을
해결하기 위한 노력을 보여주자.

활발한 성격 탓에 몸에 항상 상처가 있었고, 그런 상처가 치유되는 과정을 관찰하며 변화에 궁금증이 생겼습니다. 이 모든 것이 생명과학을 통해 설명될 수 있기에 관심을 가지기 시작했고, 그중 방어 작용과 혈액에 대해 관심이 많았습니다. 피부가 손상되면 병원체가 체내로 침입하게 되고 백혈구의 식균 작용을 통해 병원체를 제거하는 과정에서 상처 부위가 붉게 부어오르게 된다는 것을 배웠습니다. 혈액은 적혈구, 백혈구, 혈장으로 이루어져 있다는 것을 알고 있었는데 백혈구 또한 대식세포와 림프구 등 여러 종류가 있다는 것을 추가로 알게 되었습니다. 그러면서 다른 종류의 백혈구가 있는지, 백혈구의 종류에 따라 모양과 역할이 크게 다른지에 궁금해졌고, 현미경을 통해 혈액을 관찰을 하며 배우고 싶었기 때문에 '생명과학실험'을 신청하였습니다. 백혈구는 크게 5종류가 있었고 저의 혈액을 이용하여 프레파라트를 제작하여 혈구를 관찰하였습니다. 백혈구 중 현미경을 통해 림프구와 단구를 찾아 크기 비교를 하며 구분하였습니다. 프레파라트 제작 시 염색액으로 김자액 한 종류를 사용하였지만, 관찰 결과 두 가지의 염색액을 사용한 것처럼 붉게 염색된 부분과 보라색으로 염색된 부분이 함께 있었습니다. 이에 대해 선생님께 질문하여 김자액은 에오신과 메틸렌블루 혼합액인 것을 알게 되었고 에오신과 메틸렌블루에 대해 조사하면 되었습니다. 메틸렌블루는 백혈구의 핵을 보라색으로, 에오신은 세포질을 붉게 염색하기 때문에 두 가지 색으로 염색이 되고 그렇기 때문에 핵이 있는 백혈구와 핵이 없는 적혈구를 쉽게 구분할 수 있었습니다. 현미경을 통해 보이는 적혈구 수와 종류에 따른 백혈구의 수를 세고 비율에 따라 어떤 증상이 있는지를 예측하여 발표하였습니다. 이렇게 끈질기게 이론을 공부하고, 실험으로 그것을 밝혀보면서 인체에 대한 호기심을 해결하였습니다. 이 경험을 시작으로 생명과학에 더더욱 관심을 가질 수 있었고, 궁금증을 해결해 나가는 과정이 학습에 큰 도움이 된다는 것을 깨달았습니다.

합격생 평균 등급은 2점대 중반인 데 비해 지원자의 등급은 1점대 후반입니다. 그리고 경쟁률이 7:1입니다. 수능 최저기준이 있기에 최저를 맞춘 지원자 중 높은 점수대이기에 자기소개서가 큰 영향력이 보여주었다고 보기 힘듭니다. 그렇지만 자기소개서 또한 생활 속의 궁금함을 교과목과 연계하여 해결하며, 호기심을 해결해나가는 과정을 보여주면서 자신만의 의미를 찾아가고 있습니다. 지원자처럼 꼭 실험이 아니더라도 책, 동아리 경험으로 지적 확대를 만들어 스스로 발전하고 있음을 보여주는 것도 좋은 방법입니다.

지방 거점 국립대 중어중문학과 서류 합격

자신에게 필요한 학습 경험을 보여주자! 그것이 교과목 향상으로 연결되면 일석이조!

승무원은 소통의 직업입니다. 불특정 탑승객을 받아야 하기에 공통의 언어는 필수라는 생각을 했습니다. 그래서 고등학교에서 수능, 내신 공부도 해야 했지만, 영어 회화 공부도 게을리하지 않았습니다. 그 첫 시작은 영어 단어 암기였습니다. 단어를 모르면 문장 자체를 알 수 없기 때문입니다. 학습 도중 모르는 영어 단어가 나오면 따로 자주 사용하는 노트에 필기하여 의도적으로 많이 볼 수 있게끔 하였습니다. 뜻 또는 어원을 이해하지 못하는 단어는 영영사전을 통해 공부하기도 하고, 발음이 힘든 것은 원어민 선생님을 찾아가 직접 물어보며 궁금증을 해결하였습니다. 그리고 단어를 응용하여 외국 식당이나 가게에서 부탁하는 상황에서 사용할 수 있는 말 등 실생활에서 사용할 수 있는 방법을 공부하였습니다. 이후 점심시간이나 쉬는 시간에 항상 원어민 선생님을 찾아가 식당이나 비행기 안과 같은 상황극을 해봄으로써 회화에 많은 도움을 받았습니다. 도움받은 단어들은 노트에 모아 일주일에 한 번 스스로 시험 쳐보는 습관을 길러 쉽게 잊어버리지 않게 노력하였습니다. 그로 인해 학기 중 네 번의 영어 단어시험에서 좋은 결과를 받게 되었습니다. 또한 발음이 평소 좋지 않았던 탓에 원어민 수업에 적극적으로 참여하여 발음을 듣고 익힌 후, 영어 전담 선생님 앞에서 소리 내어 영어 문장을 읽고 피드백을 받는 등 발음을 고치려는 노력도 하였습니다. 또 영어 신문을 하루에 한 페이지씩 소리 내어 읽으면서 발음 교정을 위해 신경 썼습니다. 영어 단어나 회화에 자신이 생기면서 기본 문법과 영어 문장 속 단어를 비슷한 뜻을 가진 단어로 바꾸어 써보거나 의문형, 명령형으로 변형하여 같은 의미더라도 사용하는 상황이 다를 수 있는 문장을 만들어 보았습니다. 한 가지 상황을 정해놓고 그 상황 속에서 사용할 수 있는 문장을 생각나는 만큼 써보며 단어를 겹치지 않게 써봄으로써 더욱 다양한 단어들을 자연스레 알게 되었습니다. 이렇게 노력한 결과 영어 능력이 향상되었고 다양한 어휘를 활용하여 회화할 수 있는 능력을 키웠습니다.

승무원 진로를 희망하는 지원자이고, 중어중문학과를 지원한 학생입니다. 하지만 학생부를 보면 영어 과목이 가장 성적대가 좋고, 원어민 수업도 있었기에 이를 연결하였습니다. 승무원이라는 진로에 맞는 영어 회화를 위해 노력한 것이 영어 교과목 성적 향상이 좋았기에 승무원이라는 진로와 연계 호기심은 평소 자신의 생활에서 나오게 되었습니다. 생활 속의 궁금함을 교과목 내에서 배움을 통해 해결해 가고, 배움 속에서 호기심을 가져 그것을 해결하기 위해 심화학습으로 지적 확대를 만들게 됩니다. 지적 호기심과 이를 해결하면서 학업 역량의 향상을 보여주는 대표적인 사례입니다.

지방 거점 국립대 전자공학과 최종 합격

어쩌면 당연한 공부 방법!
하지만 그것도 본인에게
의미가 있다면 활용하자!

학교 내신시험을 준비하며 다른 친구들과 다른 점이 한 가지 있었습니다. 친구들은 시험 예상 문제에 관심이 있었다면 저는 의문이 생기는 문제에 관심을 두고 깊이 학습하는 습관이 있었습니다. 친구들은 "시험에 나오지도 않는데 왜 생각하고 있냐?" 라는 말을 할 정도였습니다. 하지만 문제의 의미를 고민하고, 탐구하는 습관은 학문의 나무 대신 숲을 볼 수 있게 해주었고, 큰 의미에서 학습하며 이해의 폭을 키울 수 있었습니다.

화학1 시험을 준비하며 분자의 구조 단원을 공부하는데 원자 간의 결합각이 정확히 120도였던 BF3, BCL3와 달리 CH2O라는 분자는 원자 간의 결합각이 약 120도라고 표기되어 있었습니다. 중심원자 이외의 원자가 다르기 때문이라는 가설을 세웠으나 그렇다고 해도 결합각의 차이가 거의 발생하지 않는 이유도 궁금했습니다. 마침 학교에서 전자배치 퀴즈와 탐구 활동을 진행할 수 있었습니다. 평면상에 나타낼 수 있는 분자의 특징을 이용해 CH2O 분자를 좌표를 통해 나타내고 적용된 원리들을 생각해봤습니다. 2중 결합으로 인해 공유전자쌍의 길이가 짧았고 수소와 산소가 가지는 전자들의 전하량 차이가 있다는 특징을 확인했습니다. 어떻게 이 특징들을 이용해 결합각의 차이를 설명할지 고민했고 두 전자 사이의 전하량과 거리에 따라 힘을 결정하는 쿨롱의 법칙을 접목했습니다. 두 특징은 수소와 산소 사이에 작용하는 힘에 반대의 기여를 한다는 점을 알게 되었습니다. 이런 과정에서 사소한 개념의 예시로부터 시작해 관련 개념들을 적용하고 다른 과목과의 접목도 시도하며 지식을 확장해나갈 수 있었습니다. 처음에는 개념 분석 및 연계 학습의 시간이 오래 걸렸지만, 문제에서 여러 개념이 복합적으로 적용되면서, 어떤 개념들을 묻고 싶은지, 심화 개념에서 어떤 부분이 추가되었는지 등 자연스럽게 구분되는 것을 느꼈을 때 제 공부 방법에 확신을 가질 수 있었습니다. 의문에 대한 탐구와 확장을 통해 제가 연구하고 싶은 분야의 학습을 더욱 깊이 있게 연구해나갈 것입니다.

합격자 평균 등급과 지원자 등급이 비슷한 2점대 중반입니다. 이럴 때는 자기소개서 영향력이 전혀 없다고 볼 수 없습니다. 지원자는 학생부에서 일관된 전공 지향성 및 활동을 보였습니다. 그래서 2번 문항인 활동을 적을 때는 큰 문제가 없었지만 1번은 무언가 특별한 것을 적으려다 보니 시간이 많이 들어갔습니다. 평범한 것이 없는데 평범한 것을 찾으려 했기 때문입니다. 그래서 공부 방법을 만들어나가는 경험을 통해 자신의 학업 역량을 보여주려 했습니다. 공부 방법이라고 해서 거창한 것이 아닙니다. 개념의 활용, 암기법, 암기 응용 등의 방법을 교과목에 어떻게 접목했는지를 보여주면 됩니다. 여기서 조금 더 추가로 다른 과목에도 공부 방법이 활용될 수 있는 것을 보여주면 더 좋은 사례로 볼 수 있습니다.

지방 거점 국립대 국제 관련 학과 서류 합격

학년 간 1등급 향상 교과목 국어 선택! 작은 변화도 소재가 될 수 있다.

고등학교 진학 후 저를 가장 힘들게 한 과목이 국어입니다. 다른 과목은 한 만큼의 성적이 나왔습니다. 하지만 국어는 시험 기간에 스스로 노력을 했다고 생각을 했음에도 공부한 만큼의 성적이 나오지 않았습니다. 기대한 만큼의 결과가 나오질 않으면서 다른 과목에 비해 국어 과목에 대한 학습 시간도 점점 줄어들었습니다. 한 과목을 포기하면 그만큼 잃는 것이 많다는 선생님들의 말씀으로 불안감은 점점 커졌습니다. 계속 불안해하면서 지낼 수 없다고 생각한 저는 다시 국어책을 펴고 시작해보기로 했습니다. 공부법 자체를 알지 못한 저는 과목에 대한 시간 투자를 높여 매일 아침 제시문을 읽고 문제 풀이를 했습니다. 하지만 늘 새로운 제시문을 볼 때마다 힘들었고, 방법에 대한 변화가 필요하다고 생각이 들었습니다. 수업 시간 활용도를 높이기 위해 수업 시간에 한 자도 놓치지 않으려 책에 선생님이 하시는 말씀을 적었습니다. 이후 야간 자율학습 시간에 문학은 노트를 만들어 수업 시간에 적었던 내용에 보충 자료를 더 넣어 백지에 써보며 이해하려 했습니다. 시험이 거듭될수록 수업 시간 필기 노트를 보며 문제에 적용하면서 이해도를 높였습니다. 같은 내용을 반복하여 학습하다 보니 작품 속에 숨겨진 의도들이 보이기 시작했고, 문제 풀이에 도움이 되었습니다. 비문학은 내용을 이해하기 위해 중요한 부분을 체크해가며 꼼꼼하게 읽었습니다. 그리고 제시문에서 주장과 근거를 찾으며 내용을 정확히 독해하려고 노력했습니다. 오답이 생기면 다시 제시문을 읽어가며 스스로 오답의 이유를 찾아 정리했습니다. 이렇게 정리한 내용을 시험 기간에는 새 책을 복사하여 필기했던 내용을 다시 한 번 옮겨 적었습니다. 이런 노력으로 국어 성적을 향상할 수 있었습니다. 처음에는 미동도 없을 것 같았던 성적의 변화가 생겼고, 나름의 학습법을 만들어내면서 다른 과목을 공부할 때도 도움이 될 수 있었습니다. 스스로 문제를 인식하고, 끈기를 가지고 이에 대응한다면 어떤 난관도 해결할 수 있다는 것을 깨달았습니다.

너무나 일반적인 자기소개서 내용입니다. 누구나 적을 수 있는 이야기! 자신만의 방법이나 의미도 보이진 않습니다. 얼핏 '이렇게 써도 합격이 되는구나.' 느낄 수 있는 자기소개서입니다. 그 이유는 지원자의 내신이 그렇게 나쁘지 않습니다. 그렇기 때문에 충분히 도전할 수 있는 학과를 선택하였고, 합격할 수 있었습니다. 1번 문항에서 무언가를 소재를 찾지 못한다면 작은 변화라도 있는 교과목을 찾아야 합니다. 그리고 그것을 어떻게 공부했는지 나열해보세요. 그것만으로도 본인을 판단할 수 있는 근거가 될 수 있습니다. 학생부에는 수치적으로만 나타나 있기에 그 수치를 만들어내기 위한 과정을 보여준다고 생각하면 됩니다. 그리고 의미를 잘 구성해보세요.

학업에 기울인 노력 작성이 힘들면 동아리, 수행평가 등 학습 경험을 활용하라!

중학교 때 지문을 외우는 방식의 영어 학습은 고등학교에서는 적용되지 않았습니다. 고등학교 첫 시험 후 공부 방식이 잘못되었음을 깨닫고 새로운 방법을 찾기 시작했습니다. 저는 그 답을 영어 토론 동아리의 활동에서 찾으려 했습니다. 영어 토론 중 제일 힘든 시간은 교차 질의 시간이었습니다. 미리 대본을 준비할 수도 없었고, 그 자리에서 상대방의 주장을 영어로 반박해야 한다는 것이 부담되었기 때문입니다. 그래서 토론의 입론에 쓰인 발표 대본을 이 방법을 활용해 요약해보고, 주장하고자 하는 내용이 무엇인지 명확하게 파악했습니다. 그리고 상대방이 주제에 대한 자신의 주장을 발표할 때 가장 강조하고자 하는 내용이 무엇인지를 파악하기 위해 각 근거의 첫 문장과 예시, 끝 문장에 주목했습니다. 세부적인 부분에 주목하다 보니 제 주장과 상충하는 부분을 쉽게 찾을 수 있었습니다. 더 나아가 상대방의 주장 중 핵심 근거를 파악한 후에는 각 근거의 핵심 어휘를 메모하며 저의 주장의 핵심 어휘와 비교하며 실생활에서 사용되는 상반된 어휘를 익힐 수 있었습니다. 저는 토론의 교차 질의 과정에서 썼던 방법을 영어 공부에도 적용해보기로 했습니다. 한 문장을 외우기에만 집중하는 것이 아니라 지문을 읽으면서 내용 전개를 중심으로 4부분으로 나누고, 각 문단에서 2~4개의 핵심 내용에 밑줄을 그었고, 그중 핵심 어휘를 골라 적었습니다. 핵심 어휘만 보고도 그 문단의 내용을 파악하는 것이 제 목표였습니다. 각 문단의 내용을 파악한 다음에 각 문장의 문법요소나 주의해야 할 부분을 공부했습니다. 문장 하나하나를 해석하면서 문단의 내용을 그려나가는 것보다 그 과정을 거꾸로 하면서 모르는 단어가 나오더라도 문단의 내용을 바탕으로 의미를 유추할 수 있게 되었습니다. 이렇게 저만의 방법으로 영어에 대한 자신감을 키웠고 성적 향상으로 나타났습니다. 자신의 문제점을 빨리 파악하고, 이를 보완하기 위해 노력해나간다면 항상 발전하는 나 자신을 발견할 수 있을 것이라는 확신을 가지게 되었습니다.

1번 문항 작성 시 머릿속에 가장 먼저 떠오르는 것이 '어떤 과목을 선택해야 할까?'입니다. 그러곤 학생부 교과 성적을 먼저 보게 됩니다. 성적이 뛰어나지 않은 친구들은 학생부를 보며 무엇을 적어야 할지 막막해합니다. 이때는 교과 성적보다 동아리 활동, 세특, 수행 평가 등을 보며 학습 경험 검토를 권해드립니다. 수행평가, 동아리 활동에서 학습한 경험을 정리하고, 그 경험이 본인의 학업 능력을 향상했다는 느낀 점으로 정리하면 됩니다. 위 학생도 영어 동아리에서 토론 활동을 잘하기 위해 노력한 점을 정리하여 적고, 그것이 본인의 성적을 만들어내었다는 식으로 글을 정리했습니다. 학업 역량을 향상시키기 위한 과정을 중시하기에 결과보다 경험을 통한 본인 향상에 초점을 두게 적으면 될 것입니다.

1점대 중반 내신! 너무나 당연한 소재로도 합격이 가능!

'성적=실력'이라는 잘못된 공식에 따라 영어 공부를 할 때도 단어와 주요 구문 암기만으로 좋은 성적이 나왔기에 실력이 좋은 줄 착각했었습니다. 하지만 계속 같은 방법으로 공부함에도 성적은 계속 떨어지면서 혼란스러워졌습니다. 그때 "지문의 전체적인 흐름을 잡고 글쓴이의 의도를 파악해라."라고 영어 선생님이 평소 이야기하시던 것이 생각났습니다.

항상 문제를 풀기 위한 테크닉만 공부했던 저에게 전체적인 흐름을 잡는 일은 쉬운 일이 아니었습니다. 그래서 지문 안에 있는 핵심 문장을 찾아 지문의 주제와 연결해보면서 지문의 전체적인 흐름을 파악하기 위해 노력했습니다. 처음에는 짧은 지문부터 연습하면서 점점 지문 분량을 늘리면서 연습했습니다. 그러면서 문장의 관계를 파악하고 뒤에는 어떤 내용이 나와야 할지 생각하며 지문을 분석했습니다. 그러다 보니 자연스럽게 독해 및 풀이 시간이 압축되었습니다. 고난도 문제 풀이를 위해서는 지문의 완벽한 이해가 필요했습니다. 이를 위해서 단어의 의미를 확실히 파악해야 했고, 그래서 단어의 어원을 생각해 보게 되었습니다. 예를 들어 bill이라는 단어는 고지서, 지폐, 법안, 어음, 전단지 등 여러 의미를 가지고 있지만, 중심 의미는 written state라는 뜻을 가지고 있는 것처럼 단어의 접두사, 접미사, 어근을 파악하며 사전에 나오지 않는 의미를 사용할 때도 기본 의미를 생각하며 뜻을 유추할 수 있어 독해 실력이 향상되었습니다.

이러한 공부법은 하락했던 영어성적을 올려주었을 뿐 아니라 영어 독해 능력까지 향상시켜주었습니다. 그리고 자연스럽게 국어나 사회 등 다른 과목에서도 중심 내용과 연관 지어 전체를 이해하게 되면서 글의 주제를 명확하게 파악할 수 있었고, 현상의 흐름이나 이후 일어나는 사건들도 추론이 가능해지는 학습 효과를 얻을 수 있었습니다.

조금 일찍 선생님 말씀에 귀 기울였으면 더 빨리 실력을 향상할 수 있었을 것이라는 후회도 있었지만, 자만하지 않고 겸손하게 삶의 지혜를 받아들일 수 있는 계기가 되었습니다.

위 지원자의 자기소개서를 읽어본 솔직한 느낌은 무엇일까요? 내신 1점대인 지원자가 보여주기엔 너무나 당연한 공부 방법이 아닐까요. 착한 학생이 선생님의 조언을 받아들여 성실히 공부한 것 외에는 다른 내용은 없습니다. 그런데 상위 학생 중에도 예상외로 이런 학생들이 많이 있습니다. 그냥 열심히만 했기에 자신만의 의미를 찾아내기 힘든 학생들이죠. 이럴 때는 굳이 '특별함'을 찾으려 하지 말고, 부담 없이 자신이 한 것을 솔직히 적는 것이 좋습니다. 이미 자신에게 내신의 강점이 있기 때문이죠. 내신이 중위권인 학생들은 도움을 통해 학업 능력을 향상시켰다고 해도 무방할 것입니다.

지방 거점 국립대 물리학과 서류 합격

너무나 당연한 원리! 그것 또한 자신에게 의미가 있다면 보여주자.

수학 공부를 할 때는 한 문제를 풀 때마다 다양한 생각을 하였습니다. 문제 해설이나 선생님이 알려준 풀이법이 아니더라도 답에 접근하는 방법은 다양했기 때문입니다. 하지만 학년이 높아지고, 자연 계열 수학 공부는 양도 많았고, 난이도도 높아져 점점 힘이 들기 시작했습니다. 특히 기벡 유형의 문제를 풀 때는 시간이 너무 오래 걸렸습니다. 저는 이 유형의 문제들도 조금 더 간단하게 풀어 시간을 단축하고 싶었습니다. 저만의 방법으로 개념들을 대입하고 응용하면서 문제에 접근하였고, 공식을 만들기도 했습니다. 평면벡터의 성분과 내적단원에서 삼각형 내부 한 점을 동시에 가지고 있으면서 세 개의 벡터로 삼각형을 이루면 앞에 계수비로 넓이비를 빠르게 구할 수 있게 하는 식이었습니다. 앞의 계수들로 삼각형의 형태가 결정되니 계수를 중점적으로 생각하다 발견하게 되었습니다.

검증을 위해 선생님께 말씀드리니 조금 더 정리해서 수업 시간에 친구들한테 발표해보자고 하였습니다. 공식 정의를 하면서 처음에는 앞에 계수들을 미지수로 정해서 정의를 하니 그 점이 항상 무게 중심으로 표시되는 모순에 빠지게 되었습니다. 그래서 저는 다시 처음으로 돌아가서 계수에 초점을 두었습니다. 그런데 이렇게 2시간 정도 고민하다 보니 이 공식이 너무 당연한 결과라는 것을 알게 되었습니다. 물리적으로 봤을 때는 세 가지의 힘으로 당기니 그 삼각형이 만들어진 것이고 그 선이 땅긴 힘만큼의 비로 내부 삼각형의 넓이가 생기니까 당연하였습니다.

이렇게 공식 정의와 모순점, 그리고 그 원인을 물리적으로 찾은 점을 발표하였고, 부족하지만 저만의 접근 방법을 제시하였고, 발상과 노력을 인정받을 수 있었습니다. 그리고 발표 이후 모의고사나 시험을 치고 나서 이것에 관련된 문제가 나오면 친구들이 항상 와서 시간을 단축할 수 있었다는 말에 뿌듯함을 느꼈습니다. 이렇게 다양한 접근을 통하여 공부한 습관을 중심으로 대학에서도 어떤 현상이나 물질의 원리 및 본질에 접근할 때 저만의 방식으로 공부하고 연구를 할 것입니다.

3점대 초반인 학생의 내신 성적으로 지원 학교/학과에 합격할 수 있는 조건은 충분하였습니다. 그렇기에 자기소개서에서 강하게 자신의 학업 역량을 보여주지 않아도 합격할 수 있었다고 봅니다. 그렇다고 자기소개서가 중요하지 않은 것은 아닙니다. 자기소개서로 뒤집기 하는 학생도 있기 때문입니다. 지원자의 경우 성적의 향상이 없었기에 본인이 공부하며 답답함을 느꼈던 것을 소재로 이를 해결하는 과정을 보여주었습니다. 그 과정에서 본인만의 의미를 찾을 수 있었기에 특별함은 없지만 좋게 평가를 보여줄 수 있는 자기소개서라 할 수 있습니다. 교과 성적을 소재로 할 수 없다면 더 작은 소재를 꼼꼼히 적어보는 것도 괜찮습니다.

사례

지방 국립대 경영학과 최종 합격

특정 과목에 대한 심도 있는 이해를 보여준다.

예전부터 역사에 관심이 많았던 저는 한국사 토론 시간에 친구들과 역사에 관해 토론하는 것을 좋아하였습니다. 그중 '삼국의 통일'에 대해 토론한 것은 역사관 변화에 큰 도움이 되었습니다. 역사 속 강대국들은 동서양을 막론하고 넓은 영토를 바탕으로 시대의 패권을 쥐었습니다. 저는 삼국 중 가장 큰 영토를 가진 고구려가 삼국통일을 하는 것이 우리 민족을 부강하게 만든다고 생각하였기 때문에 신라의 삼국통일에 대해 아쉬운 생각을 가졌습니다. 그러나 "신라는 6~7세기에 체제를 정비하고 불교를 공인함으로써 내부를 단단히 다졌으며 한강을 확보하여 경제적, 외교적으로 유리한 위치에 올랐다. 그렇기에 신라는 삼국통일을 할 만큼 강한 국가이다."라는 친구의 주장에 저의 시야가 좁다는 것을 느꼈고 역사를 볼 때 자신이 중시하는 면만 보지 말고 넓은 시야를 통해 사고하자는 교훈을 얻었으며 주변국들의 상황도 함께 보는 습관을 키웠습니다. 그다음 토론에서 직접 묘청의 서경 천도 운동에 관해 토론하자고 제안하였습니다. 왜냐하면 예전에는 자주적이고 개혁적인 서경파가 옳다고 생각했었지만, 토론을 통해 얻은 열린 사고를 가지고 주변국과의 상황을 볼 때 서경파의 강경 정책은 금나라와의 마찰을 일으킬 것이라는 생각을 가졌기 때문입니다. 토론에서 저는 청과의 대립으로 일어난 병자호란을 예시로 들어 개경파의 자주성, 개혁성은 높이 평가하나 금나라에 적대적인 성향은 큰 대가를 불러올 수 있다고 주장하였습니다.

한국사 토론을 통해 중시하던 가치만 보는 시각에서 벗어나 시대의 국내정세, 주변국의 대외적 상황을 고려하는 안목을 가지고 사건에 접근할 수 있게 된 저는 역사를 더 공부하고 싶어 세계사를 수능과목으로 선택해 친구들과 스터디그룹을 만들었습니다. 학교에 편성되지 않은 과목이라 어려움을 겪었지만, 세계사를 공부하면서 역사가 얼마나 재미있는 과목인지 다시 느낄 수 있었습니다.

내신 평점이 3점대 후반으로 합격자 평균 3점대 중반인 과에 합격한 학생입니다. 역사 관련 학과와 경영학과에 지원했던 문항입니다. 한국사와 연관 있는 활동들을 모아 학생이 어떻게 성장해 가는지를 보여주려 했습니다. 특히 사회과목들이라면 이와 유사한 형태로 이야기를 뽑아낼 수 있을 것입니다. 이때 중요한 점은 학생의 주관적 예측이나 주장이 표현되어야 한다는 것입니다. 이후 활동들을 통해서 그 생각이 옳았는지, 틀린 것이었는지 확인해 봅니다. 기존의 생각이 틀린 것이었어도 전혀 상관없습니다. 이런 과정 자체가 의미 있는 과정이니까요. 제일 끝부분에 보시면 세계사 과목에 대한 이야기가 나옵니다. 학교에 편성되어 있지 않은 과목에 대한 학습 노력도 본인의 관심을 보여주기 좋은 포인트입니다. 기계공학과를 지원하면서 물리2 과목을, 생명 관련 학과에 지원하며 생물2 과목을 어떻게든 공부해보려 했다면 기특하게 보겠지요.

사례

지방 사립대 특수교육학과 최종 합격

여러 활동을
특정 주제로 연결하라!

언어 능력은 의사를 전달하는 핵심적인 요소입니다. 저는 장애인 보호시설, 아동복지센터에서 공부 가르쳐주기, 활동 방법 설명해주기 등과 같이 그들의 활동을 보조해주는 봉사활동을 했습니다. 잘 이해시키려는 욕심이 앞서

다 보니, 너무 길게 설명을 하여 오히려 기억하기 어렵다는 지적을 받았습니다. 사소하게 넘길 수도 있는 지적이었지만, 특수교사를 꿈꾸고 있었기에 매우 의미 있게 다가왔습니다. 그래서 저는 고등학교 기간 내내 언어능력을 향상할 수 있는 활동에 최대한 참여하였습니다. 우선 1학년 2학기 때 토론논술 수업에 자원하여 매주 사회 문제들을 주제로 토론에 참여했습니다. 이를 통해 언어적 순발력과 무엇보다도 상대방의 입장에서 생각하는 능력을 길렀습니다. 다음으론 책을 만들어보는 동아리가 개설된다고 하여 '같이하는 가치'라는 교내출판물에 '사랑'이라는 주제로 수필을 실었습니다. 감성적인 문체로 제 생각을 자유롭게 펼쳐본 기회였습니다. 더 수준을 높여 논문쓰기 심화 수업을 들으며 과정형 평가에 대한 글을 작성했습니다. 준비과정 중 이 주제로 쓰인 다른 사람들의 논문을 읽었고 표나 그래프분석, 글쓴이들의 의견 요약 정리, 현재 교육과정 실태에 대한 내용 정리 등을 하였습니다. 또한 선생님, 친구들과 인터뷰를 하고 그들의 의견을 수렴하여 논문에 싣는 과정에서도 언어능력을 기를 수 있었습니다. 고3 때는 '비문학 인 사이트'라는 국어 동아리를 만들었습니다. 자신의 관심 분야와 관련 있는 언어 지문을 통해 정보도 얻고 길어지고 있는 비문학 지문에 적응하기 위한 목적이었습니다.

이런 관심으로 국어 관련 과목들의 성적을 안정적으로 받을 수 있었습니다. 말하기 능력도 향상되어 교내 말하기 활동에 참가할 용기도 생겼습니다. 하지만 그것보다도 봉사 과정에서 얻은 가장 큰 소득이 있습니다. 단지 '이야기를 잘 들어주어' 그들이 저에게 오는 것이 아니라, '저의 설명을 통해 배우고 스스로 무엇인가를 하기 위해' 찾아오는 변화가 그것입니다. 저는 마음이 맞는 봉사자에서 그들과 함께 성장하는 '동료'가 되었습니다.

합격자 평균 1점대 후반인 과에 2점대 초반으로 문 닫고 들어간 학생의 1번 문항입니다. 본인의 진로에 가장 필요한 능력은 어떤 것일지 고민해봅니다. 그리고 그 능력과 관련된 활동을 한 것이 있다거나, 혹은 했다고 말할 수 있는 여지가 있는 활동들이 있다면 잘 모아보세요. 그리고 그러한 활동들을 꿈을 이루기 위해서 '목적성' 있게 시도한 것처럼 기술해주어야 합니다. 어쩌다 보니 우연히 참여한 것이 아니라, '내가 선택해서' 한 활동입니다. 특정 과목을 선택하여 1번을 쓰려면 내용이 식상해지기 쉽습니다. 또한 1년, 1년 흐를수록 평가자들도 많은 자기소개서에 노출되면서 눈이 높아지고요. 이러한 우려를 조금이나마 줄일 수 있는 기술 방식입니다.

사례

지방 사립대 광고 관련 학과 최종 합격

학생부 내용 안에서 구체화!

저는 세계적인 스포츠 스타와 인터뷰를 하고, 인터뷰를 바탕으로 작성한 기사를 세계 사람들과 공유하고 싶었습니다. 세계적 선수들의 영어 인터뷰를 보고, 선수들을 취재하기 위한 스포츠기자의 필수적 역량으로 영어의 중요성을 깨닫게 되었습니다. 평소 저는 영어 문장을 아는 단어 위주로 해석하는 경향이 있었는데, 특히 손흥민 선수의 인터뷰를 해석하면서도 그렇게 느꼈습니다. "Who is the biggest practical joker?"라는 질문을 해석하는 과정에서 'practical'은 '실용적인'이라는 뜻으로 알고 있었지만, 그 뜻을 적용하면 해석이 잘되지 않았습니다. 그래서 인터넷 검색을 해 보니 'practical joke'는 '짓궂은 장난'이라는 뜻의 관용표현이 있었습니다.

평소 저는 영어 문장 구조 분석이나 영어 단어 반복 암기를 통해, 학습은 성실한 반복만이 성적 향상의 유일한 지름길이라고 믿고 있었습니다. 하지만 이러한 과정을 통해 영어 인터뷰를 원활하게 진행하기 위해서는 학교에서 배우는 것 이외에도 많은 관용표현을 배워야겠다고 생각했습니다. 이를 활용하여 영어 역할극 시간에 '평창올림픽을 보러 가자'라는 주제로 대본을 작성했습니다. 처음에는, 지정된 단어를 사용하여 대본을 적는 데 어려움이 있었지만, 이 단어들이 평소에 제가 접했던 관용표현이라는 것을 알게 된 후 대본을 적기가 한결 쉬워졌고, 다른 친구들보다 많은 표현을 사용하여 유창하게 발표할 수 있었습니다. 그 결과 영어 과목에 대해 자신감을 얻었고 3학년에 들어서는 영어성적이 향상되기도 하였습니다. 지금까지 영어학습은 교과서나 단어장에만 국한된 줄 알았는데, 인터넷 검색이나 드라마 같은 미디어를 활용해서 영어 공부를 할 수 있다고 깨달았습니다.

5점대 초반의 내신으로 합격자 평균 4점대 후반의 과에 합격한 학생의 1번 문항입니다. 중위권 대학을 노리는 학생들에게는 편리한 방법일 수도 있습니다. 본인의 진로와 관련해서 학생부에 거론된 내용을 구체화하고 심화하여 적어보는 것입니다. 이때, 어려웠던 점, 혹은 잘했던 점을 구체적으로 적어주어야 이야기가 살아납니다. 학생부에는 활동의 기회나 주제 정도만 표현되어 있기에 내용을 약간 포장할 수 있겠죠.

사례

지방 사립대 미디어 관련 학과 최종 합격

다양한 학습 경험을 나열하라!

1학년 때는 맞는 공부법을 찾지 못한 채 무작정 친구들이 하는 대로 따라 하였습니다. 당연히 성적은 저조하였고 저는 저에게 맞는 공부법을 찾기 시작했습니다. EBS 강의를 듣다가 '앉아서 듣고 있지 말고 직접 강의를 찍어보자!'는 생각이 들었고 방에 있는 큰 칠판을 이용하여 누군가를 가르친다고 가정하고, 저만의 강의를 찍었습니다. 혼자서 이해하는 것이 끝이 아니라, 타인이 내용을 이해하게끔 설명해야 하니 앉아서 공부하는 것보다 훨씬 더 심도 있고 완벽히 파악할 수 있었습니다. 또한 기억이 머릿속에 생생히 남아 암기에도 도움이 되었습니다. 이런 공부법을 통해 공부의 효율이 오르고 성적도 많이 향상하여서 '교과 진보상'을 받을 수 있었습니다.

1학년이 끝날 때쯤 아버지의 직장이 바뀌면서 갑작스럽게 전학을 하게 되었습니다. 전학을 새로운 도약의 기회라고 생각하여 1학년 겨울방학 때, 수면시간을 줄이고 EBS 강의를 들으며 정말 열심히 예습했습니다. 또한 벽면에 주요 과목의 대주제, 소주제, 핵심 내용을 붙여놓고, 목차를 한눈에 보듯이 내용을 체계화하는 방법을 사용했습니다. 그 결과 전학 간 후 더 높은 성적을 받을 수 있었습니다.

문학 시간에 배운 '구운몽'의 '환몽 구조'를 활용하여 '역지사지'라는 주제로 학교폭력 UCC를 만들었습니다. 마찬가지로 과학 시간 때 배운 '수질 오염'에서 아이디어를 얻어 생활하수를 줄이는 쉬운 방법을 알리기에 효과적인 환경보호 UCC 스토리를 구상할 수 있었습니다. 또한 영어 시간 때 강조 표현인 '수사 의문문'을 배웠고, '영어 신문동아리'에서 김대중 대통령 사망 기사를 쓸 때 이를 사용하여 슬픔을 강조하는 표현을 쓸 수 있었습니다. 이처럼 저의 관심 분야에 수업 시간에 배운 내용을 접목해 보았습니다.

저는 책 속의 지식을 물리적 공간으로 끌어내기 위해 노력하였고 교과과정에 있는 학업적인 내용을 이용하여 다양한 비교과 활동에 참여했습니다. 그로 인해 지루한 공부보다는 즐거운 공부를 할 수 있었고 스스로 만족할 수 있는 고등학교 생활을 하였습니다.

4점대 중반 학생들이 주로 합격하는 과에 비슷한 내신
으로 합격한 학생입니다. 개인적으로 추천하는 스타일
은 아니지만, 중위권 대학을 목표하는 학생들이 스스
로 자기소개서를 작성한다면 이와 유사한 느낌의 초안
을 만들지 않을까 합니다. 이 초안에도 4개 정도의 이야
기 덩어리가 있네요. 저 중에 가장 잘 살릴 수 있는 주
제로 2개 정도 선택하는 편이 나아 보입니다. 1번 문
항의 의도를 생각한다면 교과진보상과 전학 후 성적향
상 내용이 가장 적합할 것 같습니다. 1번 문항에서 학
업 집중했던 경험을 나열해서 쓴다면, 2개로 쓰세요!
3개만 되어도 본인의 노력이나 극복 의지를 표현할 글
자 수가 나오지 않습니다.

사례

지방 거점 국립대 건축학과 최종 합격

본인만의 공부법 소개!

건축에 대한 꿈을 확고히 한 3학년부터 학업에 대한 다양
한 시도를 해보았습니다. 2학년 후반에 수학 성적이 오르
면서 자신감도 생기고, 늦었지만 진로에 대한 고민도 많
이 하게 되었습니다. 이과생이다 보니 무엇보다 수학이 중
요했고, 시간을 효율적으로 쓰기 위해 수학능력시험 과목
들을 우선시할 수밖에 없었습니다. 그래서 3학년 초에 목
표로 삼은 것이 수학과 화학의 성적향상이었습니다.

수학은 모의고사 기출문제를 뽑아서 풀고 어려운 문제집
을 사서 시작해 보았습니다. 쉬는 시간까지 아껴가며 열

심히 했지만 실력이 향상되는 것 같지 않았습니다. 그래서 수학을 제일 잘하는 친구에게 시간을 내어달라 부탁하여 자세히 상담해 보았습니다. 그 친구는 기초가 중요하기도 하고 수학능력시험의 출제 방향도 쉬워지고 있어서 기초적 설명이 많은 문제집을 우선 공부해 보는 것이 좋겠다고 했습니다. 친구의 말대로 기본 개념 문제를 꼼꼼히 풀며 개념을 확실히 잡아나갔습니다. 덕분에 3학년 1학기가 끝나기 전에 성적을 더 올려 거의 목표등급에 도달하였습니다.

과학 과목 중에 주종과목을 만들어야 했습니다. 화학과 생물을 놓고 고민하다가, 암기보다는 이해가 많은 화학을 선택하였습니다. 공식은 근본 원리를 따져 완벽히 이해될 때까지 다음 장으로 안 넘어갔고, 짧은 시간에 빨리 따라잡기 위해서 인터넷 강의를 들으며 말하면서 외우는 공부 방법을 이용했습니다. 꼭 필요한 부분은 '몰부분밀' 같이 앞글자만 따서 외우기도 했습니다. 몰수는 부피와 비례하고, 분자량은 밀도와 비례한다는 내용입니다.

이런 노력의 결과로 3학년 초부터 성적이 꾸준히 올랐고 그만큼 자신감도 생겼습니다. 긍정적인 자세 덕분인지 생물을 제외한 모든 과목이 계획대로 성적이 나오고 있습니다. 생물은 나머지 기간 반복적으로 복습하면 충분히 해결 가능해 보입니다. '하면 한만큼 나온다'는 생각을 하며 마지막까지 흔들리지 않고 수능에서 모든 과목에 2등급을 목표로 하는 "22222" 프로젝트를 진행하고 있습니다.

합격자 내신 평균은 2점대 후반이었고, 해당 학생은 3점대 초반이었습니다. 꼭 최상위권의 학생이 아니더라도 본인만의 암기법이나 공부법이 있을 수 있습니다. 없더라도 본인의 상황에 따라서 만들어낼 수도 있겠죠. 지루해질 수 있는 내용을 "몰부분밀"과 "22222 프로젝트"가 살렸습니다. 실제로 "22222 프로젝트"는 컨설팅 과정에서 만들어준 것입니다. 아이디어만 괜찮다면 평가자가 재미있게 읽을 수 있는 1번을 만들 수 있습니다. 본 학생은 5과목 중 2과목 정도만 겨우 2등급이 나오는 상황이었으나 프로젝트 이름으로 '더 우수한 학생'으로 착각하게 유도하였습니다.

사례

지방 국립대 기계공학과 서류 불합격

추상적인 멘토-멘티 활동 내용?

학업을 위해서 저녁을 먹은 뒤에 학교에서 야간 자율학습에 참여하여 공부하면서 하루 동안 학교에서 배운 내용을 복습하거나 부족한 과목들의 개념을 정리한 후에 문제를 풀었습니다. 그리고 야간 자율학습을 하는 시간에 따로 보충수업을 추가로 수강하면서 국어의 문법, 수학의 미적분, 영어 독해 방법 등을 배웠습니다. 또한, 매주 토요일에 아침 8시부터 학교에 가서 교실에서 자율학습을 하였습니다. 고등학교 1학년 때는 토요일에 국어와 영어를 수

강하였고, 2, 3학년 때는 자습을 하면서 5시까지 학교에 남아서 모의고사를 풀거나 수학이나 영어와 같은 부족한 과목을 채우기 위해서 노력했습니다. 이렇게 학교에 직접 가서 공부하니 집에서 공부하는 것보다 공부하는 분위기가 잘 형성되어 있다는 점과 무엇보다 선생님들께서 가까이 계셔서 모르는 점을 바로바로 물어볼 수 있어서 궁금증도 빨리 풀 수 있어서 좋았습니다. 또한, 교실 내에서 실시했던 또래 교사 활동인 '*두*미' 동아리 활동을 활용하여 학업능력을 향상하기 위해 노력했으며 1, 2학년 때 성적이 부원들과 함께 많이 향상되어 우수동아리로 선정되었습니다. 동아리 활동 외적으로도 여러 친구에게 과학이나 국어의 문법적 개념이나 문학의 배경지식이나 특정 시대의 문학적 특징에 대해서 가르쳐주고 수학의 부족한 점을 보충하기 위해서 수학을 다른 친구들에게 배워가면서 서로 협력하여 다 같이 성적을 향상을 위해 힘을 기울였습니다. 멘토 멘티 활동은 처음엔 친구를 가르쳐주는 일과 친구에게 배우는 것이 크게는 도움이 안 될 것으로 생각했습니다. 하지만 친구를 가르쳐줄 때 보니 선생님들께서 설명하신 것을 한 번에 이해를 못한 친구들이 생각보다 많이 있었습니다. 이 활동을 통해서 친구들끼리 가르쳐줄 땐 무엇보다 쉽고 간단하게 눈높이에 맞추어서 설명이 가능하단 것을 깨닫게 되었습니다. 또한, 친구에게 가르쳐주면서 저 자신도 함께 배운다는 느낌을 받았고 수학이나 과학 등에서 제가 몰랐던 개념을 다른 친구에게 배우면서 어떤 것을 놓쳤는지 쉽게 발견할 수 있었습니다.

3점대 중반의 내신으로 합격자 평균 2점대 초반 학과에 상향 지원했던 경우입니다. 자기소개서에 많이 나오는 내용 중 하나가 멘토-멘티 활동입니다. 평가자는 꾸준하게 수년간 노출되었기에 '식상하다'고 느낄 확률이 아주 높습니다. 그렇기에 이와 유사한 주제를 자소서에 풀어낸다면 특히나 구체성에 신경 써야 합니다. 멘티의 특성, 멘토의 특성, 진행 당시의 상황, 가장 힘들었던 점 등을 표현하여 주세요. 예시문의 경우 '*두*미' 활동이 500자 가까이 차지하고 있습니다. 아쉽게도 머릿속에 그려지는 그림이 없습니다. 해결책은? 이미 초안에 다 답이 있습니다. '눈높이에 맞추어서 설명이 가능하단 것', '다른 친구에게 배우면서 어떤 것을 놓쳤는지' 등의 내용을 최대한 자세히 적어보는 것이지요. 다른 내용을 버리더라도요. 자기소개서는 추상적인 기술이 3문장 이상 계속되어서는 절대 안 됩니다.

사례

지방 사립대 사학과 최종 합격

교과 내용의 현실 적용!

2학년을 기점으로 제게 한국사는 완전히 다른 의미로 다가왔습니다. 1학년 때는 그저 수업내용을 받아 적는 것에 집중했다면, 2학년 때는 손을 움직이는 것 대신 눈과 귀를 열어 듣는 것에 집중하였습니다. 그러다 보니 자연스럽게 수업 내용에 대해 거부감이 들기는커녕 다음 수업 시간이 기다려졌고 한국사를 잘하고 싶다는 생각이 들었습니다.

그래서 저는 공부 방법부터 고치기로 결심했습니다. 다양한 시도 끝에 찾아낸 방법은 바로 '선생님이 되어보기'였습니다. 우선 그날 수업 내용을 대략적으로 정리하고 책을 덮은 후 친구들이나 가족들에게 아는 만큼 설명합니다. 그리고 막히는 부분이 있으면 체크해놓고 설명을 마친 후 다시 그 부분을 꼼꼼하게 정리합니다. 이때 정말 모르겠는 부분이 생기면 친구나 선생님께 질문하여 해결하고 추가로 정리했습니다. 이렇게 공부하다 보니 모르는 부분에 대해서 정확히 짚고 넘어갈 수 있었고 기억에도 오래 남아서 자연스럽게 성적도 향상되었습니다.

어느 정도의 역사적 지식을 습득한 후에는 각종 매체에서 소개되는 '위안부 문제', '독도 영유권 문제' 등 청산되지 않은 역사들이 허투루 느껴지지 않았습니다. 그래서 그런 것들에 대해서는 개인적으로 조사를 해서 그것을 외국에 알린다는 생각을 가지고 영어로 써보는 시간도 가졌습니다. 이러한 경험을 통해 역시 공부는 무조건적으로 하는 것보다는 정말 그 과목에 관심과 흥미를 가지고 해 나가는 것이 효율적이라는 생각하게 되었습니다. 또한 활동을 통해서 교과와 관련된 내용 중 생각보다 청산되지 않은 역사적 문제들이 많았다는 것을 알게 되었고 그동안 역사에 관심이 없었던 것에 대해 반성하는 시간도 가졌습니다.

3점대 초반의 내신으로 2점대 중반의 학생들이 주로 합

격하는 과에 지원하여 좋은 결과를 얻은 사례입니다. 교과 내용을 현실 문제로 끌고 오려면, 그에 대한 이해를 확실히 하고 있어야만 가능할 것입니다. 우리가 공교육을 통해 다양한 지식을 배우는 이유이기도 하고요. 특히 학생의 기본적인 학업 능력을 확인해야 하는 중위권 대학의 평가자를 안심시켜줄 수 있기도 하겠지요. '특정 과목에 관한 공부'에서 '사회 문제에 대한 깊은 이해'로 연결되는 두 개의 큰 문단으로 구성시키면 됩니다. 특히 사회 과목들에 적합한 방법이라 하겠습니다.

사례

지방 사립대 디자인관련학과 최종 합격

관심 분야에 대한
활동 중심으로 표현하라!

저의 꿈은 제가 꿈을 가지게 된 순간부터 언제나 디자이너였습니다. 디자이너에게 가장 중요한 자질은 그림 실력이라고 생각하고 그림 그리기에만 몰두했습니다. '디자이너와 소통하는 '패션 ******'또는 'V****'와 같은 패션 잡지들을 통해 디자인 스킬을 증진하고 화보 속 자세들을 참고해 인체 구도들을 연습했습니다. 그동안 성적은 점차 하락했고 부모님과 친구들의 시선에서 기대도 사라져만 갔습니다. 저는 저의 꿈에 대한 가능성을 증명하기 위해 어떻게 노력해야 할지 고민했습니다. 주변 사람들에게 묻고 수많은 대학과 진로의 정보들을 찾아보며 제가 생각하던 것 이상으로 공부가 중요하다는 것을 깨닫고 늦었지만 공부를 시작했습니다.

처음에는 인터넷과 책에 적힌 유명한 공부법을 따라 해보았습니다. 하지만 오래 앉아서 집중하지 못하는 학습 태도를 가지고 있던 저에게 그런 공부법은 맞지 않았습니다. 다른 공부법을 찾던 저의 눈에 띈 것은 바로 반에서 상위권에 있던 친구들이었습니다. 친구들이 공부하는 것을 바로 옆에서 보며 친구들이 하는 학습 플래너 작성과 자기 주도 학습 방법을 배웠습니다. 할 수 있는 분량을 잡고 점차 학습량을 늘리고 학습 플래너에 소비 시간을 기록함으로써 허비 시간을 줄여갔습니다. 또한 문제만 많은 다양한 종류의 문제집을 풀기보다, 자기 주도 학습노트를 사용하여 수업 후 자투리 쉬는 시간에 바로 복습하며 필기를 꼼꼼히 정리하였습니다. 이후 야간 자율학습 시간 정리한 필기의 주요 내용을 되짚어 보며 기억을 다듬는 과정을 수차례 반복하며 기본기를 탄탄히 다졌습니다.

저에게 가장 적합한 공부 방식을 찾아가며 공부에 흥미를 붙이게 되었습니다. 그 과정에서 공부에 대해 긍정적인 인식을 가지고 과정을 즐기며 공부할 수 있었게 되었고 과목별 적합한 자기주도 공부법을 찾게 되어 '**승제 교육활동 프로그램 자기주도 학습 노트부문'에서 표창장을 수여받았습니다. 또한, 학습방법은 모두 개인차가 있으므로 정해진 틀에서 공부하는 게 아닌 직접 자신만의 학습법을 찾아야 함을 알게 되었습니다.

관심 분야와 연관 있는 활동으로 채운 자소서입니다. 이런 자소서에서 조심할 점은 '본인의 흥에 취해서 열심히 즐겁게 한 활동'인 것처럼 보이면 안됩니다. 여학생들이 막연히 선호하는 방송 관련 학과에서 특히 조심해야 하는 포인트입니다. 관심이 있어서 활동했지만, 그 접근 과정에서 지식적인 관심과 성장도 같이 이루어졌음을 표현해야 합니다. 하지만, 중위권 대학에 학생부종합전형이 꾸준히 증가하고 있고 대학 응시자도 줄고 있기에, 앞으로는 '본인의 흥에 취해서 열심히 즐겁게 한 활동'인 것처럼만 표현해도 1차를 통과하기에 충분할 것입니다. 물론, 학업적인 성취까지 표현해 줄 수 있으면 더 좋겠지요.

III.
자기소개서
2번 문항 따라하기

자기소개서 2번 문항

고등학교 재학 기간 중 본인이 의미를 두고 노력했던 교내 활동을 배우고 느낀 점을 중심으로 3개 이내로 기술해 주시기 바랍니다. 단, 교외 활동 중 학교장의 허락을 받고 참여한 활동은 포함됩니다. (1,500자).

1,500자이고 3개 이내로 작성하라고 요구하고 있습니다. 저는 가능하면 500자짜리 3개를 적도록 합니다. 아이템이 없다고 2개로 길게 글을 뽑으면 더 재미없어집니다. 전공 적합성도 중요하지만, 대학에서는 그 정도까지 바라지 못하는 것이 현실입니다. 본인이 쓸 수 있는 주제 중에 제일 열심히 했던 것, 혹은 제일 자랑할 수 있는 것 3개를 500자 정도로 쓰시면 됩니다. 전공 적합성은 미리 해놓은 활동들이 있어서 살릴 수 있으면 더 좋기야 하겠지만, 그렇지 못한 지원자들이 대부분입니다. 그리고 모든 덩어리에는 '고난'과 '극복'이 들어가야 합니다. 우리가 영화를 보는 이유는 단 하나입니다. 주인공이 고생하는 것을 보기 위해서. 자기소개서에서도 고생하고 극복하는 그림을 통해 성장 과정을 보여주세요. 3개의 덩어리로 한다면, 큰 덩어리는 550자 이내, 작은 덩어리는 450자 이상이 되도록 균형을 맞추는 게 아무래도 보기 좋습니다.

강 선생님

2번 의미 있는 활동 3가지는 자신의 학교생활과 전공 적합성 및 자신에 관한 모든 것을 잘 보여줄 수 있는 항목입니다. 발문에서 제시한 '의미 있는 활동'의 핵심은 학교생활을 하면서 동기와 과정, 그리고 변화의 모습이 자신의 진로희망과 충실한 학교생활을 보여주는 것입니다. 전공과 관련된 활동이 많으면 좋지만 전공과 관련성이 없다고 불리하지 않습니다. 동아리, 봉사활동, 학업활동, 교내와 관련된 교외 활동 등 소재가 많습니다. 학교에 다니면서 최선을 다해서 열심히 공부하고 생활했다는 것을 스스로 증명하는 것이고, 공교육에 충실성을 보여주는 것이므로 자신만의 색깔을 잘 드러내는 것이 좋습니다.

이 선생님

성 포인트

홍 선생님

자기소개서 2번의 핵심은 '변화'입니다. 자신의 능력으로 변화시킨 주변 상황을 보여주든가 어떤 경험을 통해 자신이 변화했음을 보여주어야 합니다. 전공 적합성에 너무 얽매여 억지스러운 구성을 하는 학생들이 많습니다. 고등학교 3년을 전공 적합성에 맞춰 활동한 학생은 많지 않습니다. 중간에 진로가 바뀌는 경우도 많고요. 그렇기에 전공에 대한 부담보다는 자신의 장점. 그 장점을 키울 수 있었던 경험을 적는 것이 좋습니다. 그런 변화를 통해 성장한 학생을 선호할 수밖에 없습니다. 주의할 점은 단체 활동 안에서 자신의 변화를 보여주어야 하는데 자신이 한 활동보다는 단체의 활동을 적는 경우가 많이 있습니다. 대입 선발은 단체를 선발하는 것이 아니기에 그 단체 안에서 자신이 한 활동을 적어야 합니다. 이 점은 꼭 잊지 마세요.

3-2 학생 원본
vs 선생님 첨삭본

첨삭 지도 1 :
지방 사립대 의료보건 계열 서류 합격

첨삭 지도 전

구성 요소상 2번 글은 의미 있는 활동을 3개 이내로 제한하지만 글자 수가 너무 적거나 활동이 적으면 좋은 평가를 받을 수 없습니다. 간호사가 되기 위해서 생각하고 고민한 내용이나, 동아리나 대회 등을 통해서 알게 된 것, 행사에 적극적으로 참여한 것 등 소재의 제한은 없습니다. 좀 더 생활기록부와 일기장 등을 보면서 내용의 충실성을 높일 수 있는 사항들을 찾아서 정리하여 기술하면 됩니다.

가장 노력했던 것은 인턴쉽 대회가 아니었나 생각합니다. 개인 대 개인으로는 말이 많고 적극적이지만 1대 다수가 되면 말이 없어지고 두려워하는 경향이 있습니다. 그런데 목표로 하는 간호학과는 발표 수업을 많이 한다는 말을 들어 앞으로 살아가는 데에 있어 뒤로 숨기만 하면 도움이 되지 않을 것이라는 생각에 인턴쉽 발표 대회에 나가게 되었습니다. 준비 과정에서 목표에 대한 구체적인 방법들도 찾아보고 직접 병원으로 간호사 선생님을 찾아가서 많은 조언을 듣고 정말 이 일을 하고 싶다는 생각과 더 열심히 해야겠다는 다짐도 하게 되었습니다. 그리고 발표 대회 날 처음으로 잘 알지 못하는 많은 사람 앞에서 목표를 발표하기 시작했습니다. 물론 많이 긴장되고 발표를 잘 하는 건가? 하는 걱정을 했지만 꿋꿋하게 발표를 마쳤습니다. 이 대회에서 상을 받진 못했지만 많은 사람 앞에서면 소심해지는 단점을 조금이나마 극복했다는 생각에 뿌듯하였습니다. 두 번째로 노력한 것은 동아리 활동이 아니었나 합니다. ○○간호부동아리는 병원 같은 곳을 다니며 봉사하는 동아리입니다. 동아리에 있으면서 개인으로는 가기 힘들었던 병원 봉사활동들을 다니면서 돕는 것에 대한 즐거움을 알게 되었고 또 거기에서 오는 뿌듯함 이 무엇인지를 깨닫게 되어 아주 뜻 깊었던 것 같습니다.

첨삭 TIP

간호사가 되기 위한 노력을 많이 한 학생이었으나 학생부에 기재된 부분이 상대적으로 적어서 소재를 발굴하는 연습을 먼저함. 글을 작성하는 과정에서 연결고리나 흐름 및 읽는 사람의 가독성을 고려하지 않은 글쓰기여서 자기소개서 샘플 사례를 통해서 2번 문항의 구성원칙과 의미에 대한 이해도를 높이는 과정 거침. 교과의 불리한 요소를 극복하기 위해서 전공 적합성이 많이 드러날 수 있도록 소재를 보건 의료 계열로 구성하고, 각 활동의 유기적 연결과 발전적 요소를 자연스럽게 드러내도록 하였고, 학생 스스로 글쓰기 노력을 성실하게 하여 완성도가 높은 글을 작성하게 됨.

첨삭 지도 후

인턴십 대회 활동을 통해서 간호사가 되기 위해 필요

한 자질과 사랑과 봉사 정신의 중요성에 대해서 배울 수 있는 계기가 되었습니다. 간호사의 꿈을 정하고 구체적인 일과 준비에 필요한 것들을 알고 싶었습니다. ○○간호동아리에서 평소 만났던 간호사를 찾아가서 간호사가 되기 위한 과정과 고등학교 때 필요한 공부에 대한 자료를 조사했습니다. 생물과 화학 과목의 교과 공부와 간호사의 진로에 대해서 파일 정리를 하고 발표자료를 준비했습니다. 아동학, 노인학, 심리학 등 간호사가 되기 위해서 해야 할 공부가 단지 인체와 건강에 관한 것에 국한되지 않았습니다. 또한 강한 체력과 투철한 봉사와 희생정신이 있어야 하는 사실을 알 수 있었습니다. 한비야가 운영하는 월드비전의 국제간호사가 가장 인상적이었습니다. 수혈을 받아야 하는 어린애들의 피가 모자라고 에이즈 환자들의 피를 잘못 수혈해서 문제가 되는 경우를 보면서 국가의 의료체계 관리가 중요한지도 알 수 있었습니다.

요양병원에서 한 봉사활동에서 환자를 대하는 자세와 간호사 역할의 중요성을 배울 수 있었습니다. 2주에 한 번씩 요양병원에서 급식, 청소, 말벗 되어드리기 활동을 하였습니다. 처음에는 병실의 청소나 급식 등의 일을 하였습니다. 인턴십을 준비한 자료를 병원에서 어떻게 적용하는지 간호사께 궁금한 것들을 물어보았습니다. 바빠서 업무 시간을 피해 같이 밥을 먹으면서 많은 도움을 주셨습니다. 간호사와 친해지면서 병실에서 환자를 대하는 과정을 볼 수 있었습니다. 어르신들과 많은 얘기를 나눌 수 있었고 혈압계, 체온계, 링거 꽂기 등을 직접 눈으로 볼 수 있었습니다. 자가 측정이 가능한 혈압계나 체온계 등의 사용법도 배울 수 있었습니다. 어르신 중에는 몸이 아픈 것도 문제지만 마음이 아프신 것도 문제라는 생각을 했습니다. 가끔은 얘기를 들어드리는 것만으로도 힐링이 된다는 느낌을 받았습니다. 봉사활동을 통해서 간호사의 심성과 환자를 대하는 진심의 중요성을 느낄 수 있었습니다.

진로체험 교육활동은 저의 꿈을 명확하게 해주고 간호사가 되기 위해 필요한 노력을 지속적으로 가능하게 해주었습니다. 무엇보다 제 적성과 진로희망이 일치할 때는 너무 기뻤습니다. 약물의 오남용을 막기 위한 주제와 심폐소생술 및 응급처치법 실습을 위해서 친구들과 식구들에게 즐거운 고통을 주었습니다. 틈날 때마다 친구들에게 실습 연습을 하자고 했습니다. 평소 소생술에 대해서 이론적으로는 자세히 알고 있었지만 실제로 실습을 하는 과정이 없었는데 진로 활동에서 든 것을 체험할 수 있었습니다. 교육을 마친 후에 실습을 가장 잘한 학생으로 칭찬을 받았을 때는 책임감과 기쁨이 함께했습니다. 화상, 기도 막힘, 쇼크, 과다출혈 등 생활에서 흔히 일어나는 응급상황 시에 대비한 응급처치술도 이론이 아닌 실전 동영상으로 배워서 시범 조교 활동도 하였습니다. 간호사는 언제 어디서든 발생할 수 있는 응급사태에 대한 철저한 교육과 준비가 필요하다는 사실을 알 수 있었습니다.

첨삭 지도 2 :
지방 사립대 관광 계열 최종 합격

첨삭 지도 전

많은 사람의 마음을 읽고 이해해주고 도와주고 싶은 마음으로 심리학자를 꿈꾸고 심리 동아리에 들어가게 되었습니다. 거기서 그림을 그려서 심리를 알아보고 만다라를 색칠해보고 많은 심리 관련된 공부를 많이 하게 되었습니다. 하지만 저는 조금 더 활동적인 활동을 하고 싶었습니다. 그래서 2학년 때 연극

관광이나 서비스 분야에서 심리학이 활용되는 것은 맞지만, 본인이 지원한 학과와의 일치성 등이 중요하기 때문에 다른 학과를 지원하는 경우 심리학자를 꿈꾸고 있다는 표현은 좋지 않습니다. 정확한 전공의 설정과 거기에 맞는 글의 전개가 필요합니다.

부에 들어가게 되었습니다. 연극부에서는 성격이 다양한 친구와 실제로 연기 지망을 꿈꾸는 친구들을 만나게 되었습니다. 처음에는 연기는 그저 재미있는 활동이라고 생각했습니다. 하지만 장르를 정하는 과정, 대본을 정하는 과정, 역할을 정하는 과정에서 갈등이 생겨서 최대한 서로의 의견을 다 존중하여서 만약 장르를 정할 때 이 친구의 의견이 별로 반영이 안 되었다면 다른 부분에서 조금 더 반영해서 모든 부원이 만족하게 하였습니다. 하지만 대본이 한 번 더 바뀌는 바람에 동아리 시간이 부족해서 만나는 시간 만들어서 만나야 했는데 참석률이 낮아서 저희는 축제 기간은 다와 가는데 준비가 거의 안 되어 있다 보니 서로 예민해지고 스트레스를 받게 되었습니다. 그래서 서로 속상한 것 힘든 것을 서로 얘기함으로써 조금 힘든 것을 덜어내고 서로 좀 더 똘똘 뭉쳐서 남은 시간이라도 연습을 열심히 하였습니다. 그리고 당일 연극에서 서로 실수를 하게 되었지만 서로 유연하게 대처함으로써 정말 많은 학생과 선생님들에게 칭찬을 받았습니다. 저는 이 계기로 서로가 서로의 부족한 점을 채워줄 수 있는 것이 정말 멋진 작품을 만들어낼 수 있다는 것을 알게 되었습니다

3번 항목의 구성요소로서의 적합성이 많이 드러나고 있으며, 구체적인 내용을 좀 더 보완하여 항목의 구성을 달리하면서 배우고 느낀 것을 추가로 적으면 좋습니다.

학예제를 준비하는 과정에서 춤을 준비하게 되었는데 춤을 정하는 과정에서 서로 원하는 스타일도 다르고 춤을 출 수 있는 능력도 추는 스타일도 너무 달라서 너무 눈에 띄게 한 사람만 눈에 띌것 같다는 생각을 하여 제일 잘 추는 친구가 다른 모든 친구에게 춤을 알려주었습니다. 저는 이때 춤은 그냥 보고 따라하면 되는 것이라고 생각했지만 이 친구를 통해 노래에도 스타일이 있고 박자가 있다는 것을 알게 되었습니다. 그것을 알게 되니 노래에 박자가 들려서 춤을 잘 추게 되었고 춤에 대해 더 흥미를 느끼게 되었습니다. 그리고 공부를 해야 하는 시기이다 보니 친구들이 각자 개인 시간에 집중해서 만나는 것이 너무 힘들었습니다. 그러다 보니 서로 갈등도 생기게 되었는데 그중 하나는 동선도 알고 부족한 부분이 없는 친구가 자기는 시간 낭비하는 것 같다는 말을 하였습니다. 그래서 생각을 해봤는데 그 친구 마음이 이해가 갔습니다. 그래서 두세 명만 모일 땐 부르지 않고 동선을 맞출 때만 부르는 것으로 타협을 했습니다. 그래서 서로를 만족할 수 있게 해결했습니다. 그렇게 서로를 최대한 이해도 하고 양보를 해줘서 학예제는 성공적으로 마무리를 했습니다.

학예제에 참가한 동기와 목적 그리고 활동을 통해서 얻은 것들을 좀 더 자세히 기록하고 이 부분도 구성요소의 문항 변경을 고려해서 진행하면 좋겠습니다.

일본 갔을 때, 저는 많은 것을 보고 놀랐습니다. 먼저, 거리가 너무 깨끗해서 놀랐습니다. 정말 쓰레기 하나도 굴러다니지 않는 모습이 한국과 너무 다르다는 생각이 들었습니다. 저는 한국도 이러면 정말 좋겠다는 생각을 했습니다. 그래서 저는 나 먼저 실천하면 언젠가 깨끗한 한국이 되지 않을까라는 생각을 하고 쓰레기를 절대 길거리에 버리지 않는 습관을 들였습니다. 그리고 두 번째는 일본 사람들은 너무 친절하였습니다. 왜냐하면 일본말을 하지 못해서 일본 단어로 말하고 몸으로도 표현하고 있었는데 답답할 만도 한데 끝까지 다 들어주고 친절하게 천천히 설명까지 해주었습니다. 그런 부분이 정말 고마웠습니다. 저는 이러한 것을 보고 서비스업은 이렇게 잘 들어주고 이해를 못 해도 노력하고 친절하게 대하여 고객이 불편하지 않게 대하는 것이라는 점을 모든 일본 사람들을 보고 느꼈습니다. 이러한 많은 부분을 보고 일본사람들에게 배울 점이 많다는 것을 깨달았습니다.

외국에서의 체험을 활용한 내용이므로 일본 문화의 특징과 내가 관광이나 서비스 분야로 진출했을 경우에 어떤 것들을 적극적으로 활용해서 발전시킬지 등에 대한 내용을 추가해서 구성하면 좋겠습니다.

첨삭 TIP

2번 항목의 '의미 있는'이라는 것에 대한 사전 논의를 많이 하여 학생부 종합전형에서 자기소개서의 의미를 이해하도록 하고 난 후 작성. 학생부의 분석을 통해서 관광 관련 일을 하고 싶은 부분의 소재를 찾아서 수학여행의 준비와 활동 등의 내용을 통해서 꿈을 명확히 보여주도록 함. 또한 사람을 많이 만나는 대인 관련 업무의 특성에 대한 장점을 살리기 위해서 심리동아리 활동을 소재로 활용하도록 함. 수학여행을 가기 전의 사전 준비와 의미 등을 강화하고, 스스로 관광서비스업을 위한 사람들에 관찰이나 사전 준비의 철저함 등을 강조하도록 함.

첨삭 지도 후

수학여행을 준비하면서 일본에 대한 사전 자료 조사 및 여행 계획을 세우는 과정에서 여행과 관광 그리고 문화의 중요성을 알게 되었습니다. 오사카와 교토를 여행 코스로 학교에서 선정했습니다. 우선 오사카와 교토에 대한 자료를 인터넷으로 모으기 시작했고, 짜인 일정에서 우리가 방문해야 할 곳에 대한 사전 조사를 하였습니다. 간사이 공항에서 오사카로 가면서 오사카성의 웅장함에 놀랐습니다. 하지만 오사카 성주였던 도요토미 히데요시의 조선 침략에 대한 내용을 알고 있었기에 마냥 즐겁지만은 않았습니다. 청수사에서는 절보다는 절 밑에 있었던 기온거리와 오래된 목조주택이 아주 인상적이었습니다. 수학여행을 가면서 친구들이 저에게 청수사의 유래와 약수물의 의미 및 교토가 우리나라의 경주와도 같은 곳이라는 설명을 해주자 너무 좋아했습니다. 그리고 유니버설 스튜디오에서 즐겁게 지내면서 짧은 기간에 일본의 현대식 문물과 서양의 문화를 적극적으로 받아들인 결과를 느낄 수 있었습니다. 가이드가 없어서 선생님께서 대략적인 설명을 해주셨지만 저는 우리 문화를 전수받았던 일본이 어떻게 더 잘 사는 나라가 되었는지 이해할 수 있었습니다. 중국 중심의 문화권에서 서양의 문화를 적극적으로 수용한 일본의 메이지 유신과 경제적인 부흥을 통한 태평양전쟁 및 한국전쟁을 겪으면서 일본이 더 발전할 수 있는 사실이 부럽기도 하고, 화가 나기도 하였습니다. 친구들과 함께한 여행이었지만 책이나 인터넷에서 접했던 일본의 실제 생활풍습과 거리의 깨끗함 그리고 친절함은 정말 감동이었습니다. 더욱더 놀라운 것은 오래전에 사용했던 작은 물건이라도 잘 정리하고 전시를 해두어서 다른 사람들이 보고 느낄 수 있도록 한 부분이었습니다. 돌아와서 보고서를 쓰면서 여행은 단순한 노는 것이 아닌 자신이 배운 것을 직접 눈으로 보고 새로운 것을 찾아내는 또 다른 교육의 과정이라는 사실을 깨닫게 되었습니다.

심리동아리 활동과 연극동아리 활동은 사람의 심리

를 파악하는 것은 물론이고 심리작용이 생각과 행동에 미치는 영향과 전체 속에서 개인의 역할을 생각할 수 있게 하였습니다. 어릴 때의 기억과 행동 및 환경이 사람의 성장 과정에서 끼칠 수 있는 많은 요소가 되며 특히 새로운 환경에 적응하는 부분에서는 사람마다 기준이 다르다는 것을 배웠습니다. 성격테스트지를 통해서 설문 조사를 하고, 심리 드라마와 상황의 선택에서 심리적 요인의 중요성을 배웠습니다. 또한 연극부 활동을 하면서 좁은 공간에서 많은 사람의 특징을 표현하는 역할을 통해서 다양성의 가치를 배웠습니다. 학예제에 발표한 '서툰 사람들' 작품 준비를 하면서 대사를 외우고, 호흡을 맞추는 과정에서 많은 실수와 재연습을 통해서 서로 함께 호흡하고 전체의 조화를 추구하는 노력을 많이 하였습니다. 페르소나 심리 동아리 활동을 한 덕분에 도둑질 당한 상황에서 집주인의 역할을 잘 수행할 수 있었고, 연극이 끝난 후 많은 친구들과 선생님께서 칭찬을 해주셨습니다. 주연 역할을 하면서 책임감과 꼼꼼한 준비 및 연극의 역할에 대해서도 잘 알게 되었습니다.

첨삭 지도 전

수학에 관한 흥미와 실생활에 적용되는 모습에 대
해 탐구하고 조사를 하는 활동에 관심이 있어 '수
학 심화동아리'에 가입했습니다. 저희 조는 피라미드
에 관한 보고서를 작성하고 발표했습니다. 보고서 작
성을 위해 자료를 하며 운반로에 나선형 경사로가 사
용되었고 효율성을 위해 10도가 유지되는 등 수학
적 원리가 피라미드 건축에 사용되었다는 것을 알았습
니다. 예상과 다른 기술력을 보고 수학과 과학은 살아
가는데 기본이 되며 의식주의 큰 부분을 차지한다는 것
을 깨달았습니다. 직접 정한 주제를 발표하면서 황금
비처럼 실생활에 사용된 예를 토대로 원리를 파악하
고 물라나 건축같이 관심 있는 분야를 통해 새로운 사
실을 알아갈 때 더 효과적으로 습득할 수 있다는 점
을 깨닫게 되었습니다. 특히 이 점을 중요시하게 되
어 평소에도 예시를 드는 방법을 교과 학습에도 적용
하게 되었습니다.

이 내용은 1번의 구성요
소로 좀 더 적합합니다.

머피의 법칙을 주제로 두 번째 발표를 하게 되었습

니다. 빵을 떨어트릴 때 중력과 책상의 높이는 떨어지는 시간을 결정하고 빵의 크기와 초기의 각도는 회전운동에 영향을 끼치는 요인으로 작용합니다. 이러한 요소들 때문에 사람들이 생각하는 수학적 확률인 50%보다 높은 확률로 잼이 바닥으로 떨어지게 됩니다. 이렇듯이 쉽게 지나치거나 단순히 운이 나쁘다고 생각한 상황도 자세히 따지고 보면 과학적으로나 수학적으로 다 계산이 가능한 부분입니다. 그렇기 때문에 평소에 내가 선 줄이 느리게 줄거나 일반적으로 운이 나빠서 일어난 일 등도 머피의 법칙 발표를 통해 우연이 아닌 필연적인 결과임을 알게 되었습니다.

영어에 대한 자신감을 바탕으로 참여한 영어 말하기 대회에서 원고의 점수가 낮다는 조언을 들었습니다. 영어 실력을 키우고 영어 관련 활동을 하기 위해 영어 심화 동아리에 가입했습니다. 주제 선정에서부터 직접 기사 쓰기가 주된 활동이었습니다. 저는 주제를 찾기 위해 국내 뉴스뿐만 아니라 CNN 등 외국 기사도 찾아보며 다양한 기사를 접해보기 위해 노력했습니다. 그중 제가 관심이 있는 건축물에 관련된 'Tallest Building in the World'와 사회현상에 관한 'Risk of Gambling'이라는 기사를 썼습니다. 기사를 쓰기 위해 많

이 부분은 지속적인 연구와 노력으로 보기에는 약간 약한 부분이어서 좀 더 구체적인 진행 과정을 녹여내고, 활동의 의의와 향후 발전적 방향으로의 전개에 대한 얘기를 추가하는 것이 좋겠습니다.

영어 학습의 보완에 대한 내용과 건축의 주제를 연결하는 부분을 좀 더 강화하면 좋겠습니다. 약간 1번의 요소가 있지만 건축 관련 내용에 대한 상세한 부분을 추가하고, 단순한 높은 건물만이 아니라 건축의 미학적 요소와 트렌드 및 건축을 바라보며 외국의 관점 등을 소개하는 방식으로 확장하면 어떨까요?

은 뉴스를 보면서 처음 들어보는 소식이 많았습니다. 사회에 나가서 살아야 할 미래를 생각하면 너무나도 세상이 돌아가는데 무지한 저를 볼 수 있었습니다. 학업에 노력을 기울이는 것도 중요하지만 세상을 살아가는 데는 세계적인 소식을 접해보고 간접 경험을 통한 자기 계발이 필요하다는 점을 깨달았습니다. 기사를 읽고 썼던 다양한 경험이 축적되어 영어 실력이 향상되었고 다시 도전한 영어 말하기 대회에서는 향상된 실력을 보여주며 좋은 결과를 거두었습니다. 자신에 대한 파악과 부족한 점을 보완하기 위해 노력하면 발전이 이루어진다는 사실을 직접 경험할 수 있었습니다.

첨삭 TIP

건축 관련 학과의 특성을 보여주기 위해서 수학이나 과학의 소재를 적극적으로 활용하도록 학생부 분석을 먼저한 후 두 소문항을 작성하도록 하였음. 학업활동에서 1번 항목에 다 쓰지 못한 영어에 관한 부분은 자신이 성실하게 노력한 결과가 잘 드러나는 부분을 강조하도록 하였고, 성적향상을 위한 노력의 과정에서 전공과 부합되는 주제 선정 및 외부세계와 소통하면서 자신의 목표를 추구하는 미래형 인재의 이미지를 부각하도록 함. 학생의 필력이 어느 정도 갖추어진 상태였고, 문맥의 흐름이나 글의 구성능력이 뒷받침되어서 비교적 단기간에 좋은 글을 완성함.

수학에 관한 흥미와 실생활에 적용되는 개념에 대한 조사와 탐구를 하고 싶어서 '수학 심화동아리'에 가입했습니다. 피라미드에 관한 연구를 한 후 보고서를 발표했습니다. 운반로에 나선형 경사로가 사용되었으며 효율성을 위해 10도가 유지되는 등 수학적 원리가 많이 활용되었다는 것을 알았습니다. 피라미드의 건축공학적 가치 외에도 예술적 아름다움과 배치가 그림자와 계절의 주기를 표현하는 방위와도 관련이 있다는 것을 알게 되었습니다. 고대인들의 수준 높은 기술력을 보고 수학과 과학은 살아가는데 기본이 되며 의식주의 큰 부분을 차지한다는 것을 깨달았습니다. 황금비처럼 실생활에 사용된 예시를 조사하면서 수학과 물리가 건축이나 토목에 실제 사용되는 원리 또한 알게 되었습니다. 이 연구를 통해서 예시를 드는 방법을 다른 교과 학습에도 적용하게 되었습니다. 이론으로 배운 것을 실제 활용하는 것이 얼마나 중요하고, 많은 영역의 통합적 이해가 왜 중요한지를 알 수 있었던 활동이었습니다

수학심화동아리 활동을 통해서 실생활 관련 공부의 중요성을 느껴서 건축을 위한 과학적 탐구를 위해

서 과학연구부 동아리를 만들게 되었습니다. 건축은 단순한 건물만 만드는 것이 아니라 사람들이 활동을 편안하기 위한 내부시설에 활용되는 과학원리를 알고 싶었습니다. 층간소음 문제와 실내배선 및 동선의 편안함을 위해서 필요한 내용을 교과 공부와 연계하여 조사하였습니다. 그리고 조사하고 연구한 내용을 부산과학축전과 교내 자유 탐구실험을 통해서 관람객과 친구들에게 체험 부스를 운영하여 과학의 실생활 원리를 이해하는 데 도움이 되는 행사를 진행했습니다. 소음과 진동 및 파동을 활용하여 '공명 기타 만들기'와 '전기회로 미지저항 추측' 등의 주제로 직접 실험을 하고 모두가 쉽게 이해하도록 했습니다. 이 활동을 하면서 평소에 공부하고 연구하는 모든 내용이 실제 우리 생활에 적용될 수 있는 소중한 과학적 원리라는 것을 깨닫게 되었습니다.

공부와 실생활 원리에 대한 적용의 문제를 이해하면서 많은 자신감을 얻게 되어서 영어에도 접목하고 싶은 생각으로 고급영어연구부 활동을 하였습니다. 단순한 문제 풀이 영어 공부가 아니라 언어의 목적인 실제로 쓰고 말하기 위한 활동을 목표로 하였습니다. CNN 등 외국 기사를 골라서 다양한 실생활 기사를 접하고 글을 쓰는 연습을 많이 했습니다. 적절한 어휘의 선택과 글을 쓰고 논리적 전개를 하는 방법을 배웠습니다. 그리고 건축물에 관련된 'Tallest Building in the World'와 사회현상에 관한 'Risk of Gambling'이라는 기사를 직접 쓸 수 있었습니다. 한 편의 기사를 쓰기 위해서 뉴스와 관련 자료를 찾는 과정에서 영어 실력도 향상되었고 무엇보다 영어 공부의 목적을 확실히 인식할 수 있었습니다. 그리고 향상된 영어 실력 덕분에 역사적인 중요 건축물에 대한 영어자료를 쉽게 볼 수 있었고, 영어로 제작된 다큐멘터리를 보면서 외국 건축전문가의 건축과 설계에 대한 철학도 느낄 수 있었던 의미 있는 활동이었습니다.

저는 어릴 때부터 다른 사람들과 생각이 거의 일치하지 않았습니다. 어릴 적부터 저는 저의 집안 이야기와 부모님들의 성함을 부르면서 동네를 걸어 다니는 아이였습니다. 그만큼 저는 저의 일상얘기를 하고 싶어 했고 또래들 아이보다 당당함과 무언가 이야기할 때에 자신감이 넘치는 아이였습니다. 그 시절 그렇게 행동을 하지 못하게 하는 어른분들이 있으셨습니다. 사람의 어릴 적 습관 그리고 타고난 습성들은 바꾸기 어렵다고 하는 말들이 많습니다. 그것을 바꾸려고 하는 사람들은 자신의 습관들이 나쁘다고 생각하기에 노력을 하십니다. 저는 그렇지 않습니다. 주위 사람들은 저의 이야기가 저를 위험하게 할 수도 있다고 했지 듣기 싫다는 적이 단 한 번도 없었고 재밌고 흥미 있다고 말하였기 때문에 저는 자신감을 더 받아 사람들에게 기쁘게 해주고 도움을 주는 것이 저의 특징입니다. 그래서 저는 사차원이라는 별명은 일상이었습니다. 또래 친구들은 한 가지 주제와 관련이 깊은 것들에 대해만 집중을 하지만 저는 그 친구들과는 다르게 사람들이 어느 주제든 간에 어떻게 작품에 접근하여 생각을 하게 되고 그 생각을 통해 처음 보는 나에 대해 어떤 생각을 더하게 될지 그리고 또한 한 작품을 보고 서로 얼마나 교감을 하는 점을 고려해 아이디어를 제공하는 편입니다. 이렇게 저의 무수하게 많은 아이디어를 뽑낼 수 있는 곳은 우리 학교의 미술 전시회였습니다. 저는 저의 특성대로 존경하는 저의 아버지의 모습을 전달하고 저만의 방식대로 사람들에게 많은 색을 핀에 입혀 입체적으로 완성하여 최우수상을 받았습니다. 하지만 쓴맛을 모르면 단맛도 모른다는 말과 같이 저 또한 저만의 방식이라고 힘든 적이 없었던 건 아닙니다. 저의 방식인 만큼 효율적으로 발전이 많이 되었고 깨달은 점이 많았습니다. 아주 얇은 몇천 핀을 하나씩 저의 키보다 더 크고 딱딱한 아크릴 판에 꽂으면 주위에서 시간과 돈이 많이 든다고 말려도 저의 작품에 대한 확신과 의지가 있기 때문에 완성할 수 있었습니다. 작품에 있어서 시간과 돈 그리고 실력으로 차이가 나는 것이 아니라 자신이 가지고 있는 개성을 뽑내야 사람들의 눈길과 교감을 얻을 수 있다는 것을 깨닫게 되었습니다. 어렸을 때부터 도움이 필요한 사람들을 보면 눈물이 날 만큼 행동이 먼저 앞섭니

다. 왜냐하면 유학 생활 4년을 하다 보니 낯선 땅만
큼이나 한국인이 많지 않던 캐나다에서 향수병이 정말 심
했기 때문입니다. 따라서 가족도 없고 아무도 내 편
이 아닌 것 같다는 느낌을 아주 잘 아는 저는 독거노인
분들의 외로움 마음을 누구보다 더 잘알고 어떻게 대
처 해야 하는지도 잘 알기 때문에 다른 큰 봉사들보
단 저가 잘 아는 분야에서 봉사를 하고 느끼는 뿌듯
함이 크기에 이 봉사 활동에 참여하게 되었습니다. 독
거노인분들의 특징들은 남녀 구별 없이 제일 힘든 사회
속으로부터 느끼는 소외감과 외로움을 동시에 느끼
는 것입니다. 스마트폰같은 전자 기기 이용이 활발한 지
금과는 전혀 다른 시대에서 많은 세월을 보내셨기 때
문에 혹여 자신의 손자들이 있다고 해도 같이 대화
를 하기에 방해물이 많고 젊은이들에 비해 정말 떨어지
는 체력을 가지고 있으시기에 많은 활동들을 하는 것
도 꺼리십니다. 그래서 독거노인분들은 항상 집에만 있
는 경우가 많습니다. 저는 그러한 방해물이 있다고 하
더라도 더욱더 많은 것을 경험하기 바라서 매주 한 번
씩 전화드릴 때마다 오늘의 날씨와 뉴스를 알려드리
고 할머니가 거주하시는 근처에 맛집이나 노인문화센터
에 대한 정보들을 찾아 말씀을 드리곤 하였습니다. 하

유학 얘기는 앞부분에서
언급됐고, 본질적인 얘기
의 흐름에 방해가 되니
없애고, 자신이 노력한 봉
사와 그 과정에서의 세부
사항 중심으로 재구성하
면 좋은 내용이 될 듯합
니다.

지만 할머니께서는 '친구가 있어야 그런 데도 가고 같이 갈 사람이 있어야 뭘 하던가 하지'라는 충격적인 발언을 하였습니다. 그래서 저는 말동무도 좋지만, 직접 방문을 하여 더욱더 즐겁게 해드려야겠다는 다짐을 했고 할머니와 함께 전에 알아보았던 장소들을 같이 갔었습니다. 친구와 가족이 없다고 밖을 안 나가시는 할머니는 정말 짧은 통화와 차 한잔이라도 그 시간이 너무 즐겁다고 하시기에 저 또한 봉사를 하면서도 뿌듯함을 느끼는 것뿐만 아니라 공감되는 마음, 휴식처 공간이라는 것을 새삼 느낄 때가 많습니다. 슬럼프가 올 때면 저의 꿈과 관련된 일을 봉사활동으로 접할 때가 정말 치료가 됩니다. 예를 들어 벽화 봉사를 하게 되면 그 주위 환경에 어울리는 그림을 칠하게 되기 때문에 색감 공부와 경험도 쌓이고 진로에 대한 고민과 쓸때없는 생각을 잠시나마 내려두고 봉사에 임하게 되는 시간이 있어서 정말 좋습니다. 그렇기 때문에 저는 봉사라는 것은 모든 일에 있어서 돈으로 살 수 없는 생각을 더 해주는 기회가 된다는 것을 알게 되었습니다.

매년 국가에서 이슈가 되는 금연과 학교폭력에 대해 우리 학교도 예민한 문제입니다. 왜냐하면 우리 학교에서는 한 학생당 전공을 선택하여 팀워크를 중시하기 때문에 왕따라는 개념은 거의 없습니다. 하지만 예술학교인 만큼 모든 전공의 테크닉과 노련미에 실력 차이가 있는 선후배 관계가 중요하게 다루어지기 때문에 선배가 참된 모습도 물론 보여야 하지만 후배를 이끌어갈수 있는 리더십이 있어야 하기 때문입니다. 하지만 가끔 선후배 관계에서 도를 넘는 경우가 많고 선배는 되고 후배는 안된다는 한국식 선후배 문제가 고등학교에서도 실제로 일어나 학교 폭력으로 커질 때도 있습니다. 그래서 우리 학교에서는 그러한 불미스러운 일들을 막기 위하여 학교 폭력 예방 포스터 대회가 열리게 되었습니다. 저는 고등학교 적응 시절인 1학년 때 다른 과 선배님들이 아무 이유 없이 친구들과 전공실 청소를 맡게 하였고 심지어 다른 과 남자 선후배들 사이에서는 몸싸움까지 커지는 일을 보게 되어 이 문제의 심각성을 알게 되었고 우리 학교 친구들과 선생님들에게 직접적인 말보다는 우회적인 포스터를 이용하여 광고하면 어떤 반응을 보일지 궁금한 점과 선후배 사이가 서먹한 분위기보다는 다른 분위기로 전환시키기 위해 그 당시 미술사 시간에 배운 김홍도의 씨름도와 서당도를 그림을 섞어 배치하고 김홍이 부분은 노력 과정을 상세하게 설명할 수 있는데다 결과도 좋은 아주 괜찮은 소재입니다. 금연이나 학교 폭력 관련 내용을 강화하고, 제작 과정을 구체적으로 묘사하면 더 좋겠습니다.

도 작가의 그림들에서 느껴지는 향토적인 느낌을 살리기 위해 저는 한지에 커피를 쏟아 느낌을 시도해보았습니다. 1학년 때의 다양한 작품에 접근하기 위한 방법의 결과는 우수한 성적을 거두었지만 2학년 때는 조금 더 효율적으로 친구들에게 광고하는 방법이 없을까 싶어서 인형뽑기를 사람뽑기로 그려서 자신의 의지대로 하기 싫은 일을 하게 만드는 사람들에게 양심을 묻게 하는 포스터를 만들기도 하였습니다. 2학년 때의 학교 폭력 예방 포스터도 물론 좋은 성적을 받았습니다. 학교 폭력에 대한 포스터뿐만 아니라 금연 포스터를 2학년 때와 3학년 때도 참가하여 비흡연자의 고통을 선보이는 것보다는 금연하고 싶게 만드는 포스터를 만들어서 우수한 결과를 얻었습니다.

첨삭 TIP

자신이 경험한 특이한 부분들에 대해서 긍정적인 시각으로 바라볼 수 있도록 하는 과정을 거쳐서 의미 있는 활동에 대한 자신의 의미를 먼저 부여하도록 함. 생활기록부의 내용을 같이 강독하면서 표현된 글로서의 자신이 아니라 실제 활동을 하면서 의미를 많이 부여한 것을 찾도록 하여 미술 전시회와 포스터 대회 등은 전공과 관련하여 결부시키기로 함. 또한 독거노인 봉사는 자신이 봉사활동을 하면서 유학 생활에서 힘들었던 부분인 자기 정체성과 어른들과의 공감 그리고 봉사의 참뜻을 찾게 되었다고 해서 적극적으로 활용하도록 조언하여 작성하도록 함.

첨삭 지도 후

미술 전시회 활동을 하면서 예술적 표현을 위한 자신만의 철학과 주관이 필요하다는 것을 배웠습니다. 저는 작품을 구상하거나 만들면서 '얼마나 교감을 할 수 있느냐'에 대한 생각을 많이 했습니다. '아버지를 자신만의 방식으로 표현하라'는 주제로 제가 가진 아버지에 대한 생각을 정리하여 표현하기 위해서 '아버지'라는 의미의 보편성과 다양성 및 특수성에 대한 정리를 먼저 했습니다. 의지할 수 있고 힘이 되면서 책임감이라는 단어로 구성되는 일반적인 이미지에 제가 생각하는 존경이라는 의미를 더해서 저보다 더 큰 아크릴판에 핀 수천 개를 꽂아서 작품을 완성했습니다. 무수한 고통과 힘든 과정에서 자식을 보호하는 운명의 스스로 헤쳐나가는 주제를 표현했습니다. 며칠간 잠을 못 자고 제작 비용이 많이 들어서 두 달을 용돈 없이 생활해야 했지만, 저의 생각을 작품으로 표현하여 최고상을 받고 친구들의 박수갈채를 받을 때 너무나 행복감을 느꼈던 활동이었습니다.

독거노인을 돕는 봉사활동을 통해서 마음의 위안을 통한 진정한 힐링을 느낄 수 있었습니다. 어릴 때부터 도움이 필요한 사람들을 보면 눈물이 날 만큼 행동이 먼저 앞섰습니다. 향수병에 대한 특별한 경험으로 가족도 없고 아무도 내 편이 아닌 것 같다는 느낌을 잘 알 수 있었습니다. 독거노인분들이 원하는 누군가의 관심과 인간적인 정에 대한 그리움을 달래드리고 싶었습니다. 전화를 걸어서 안부를 묻고 얘기를 해드리는 활동이었지만 저는 방문을 하여 함께 즐거운 시간을 갖는 것이 더 좋다고 느껴서 직접 방문을 하였습니다. 어르신들의 옛날얘기를 듣고 한동안 수다를 떨다보면 어느새 어르신들은 눈물을 흘리시며 저를 안아주십니다. 할머니의 특유한 냄새가 따뜻하게 느껴질 때가 많았습니다. 헤어지면서 아쉬운 마음으로 손을 잡고 한동안 서 계실 때에는 시간의 부족함이 야속했습니다. 매주 한 번씩 가는 봉사활동은 어쩌면 저 자신의 힐링의 시간이었던 같습니다. 앞으로도 계속해서 힐링할 것입니다.

학교폭력 예방 및 금연 포스터 대회에 참가하면서 저의 꿈과 우리나라 교육제도에 대해 많은 생각을 할 수 있었습니다. 팀워크를 중시하는 예술학교의 전통으로 전공의 테크닉과 노련미가 다소 떨어지는 선배들에 대한 후배들의 태도가 가끔은 폭력으로 변하는 경우가 많았습니다. 선배의 말에 복종해야 한다는 우리나라 고등학교 문화와 선후배의 갈등을 해결할 수 있는 방안으로 학교 폭력 방지 포스터 대회에 출전했습니다. 김홍도의 씨름도와 서당도를 기본 컨셉으로 해서 한지에 커피를 뿌리는 방식으로 경쟁과 규율의 의미를 전달했습니다. 인형 뽑기를 변형하여 사람 뽑기로 만들어서 왕따의 고통을 간접적으로 표현하였습니다. 주제 전달을 위한 선후배와 이야기를 하면서 나이와 관계없이 자유롭게 의사를 표현하고 인정할 수 있는 학교문화가 필요함을 느낄 수 있었습니다. 전통의 올바른 의미를 생각하고 수상의 영광과 함께 참다운 선후배 관계라는 메시지를 전달할 수 있었던 의미 있는 활동이었습니다.

첨삭 지도 전

교통에 평소 관심이 많았던 나는 철도 선진국인 일본을 꼭 한번 놀러 가겠다고 생각하고 있었다. 그래서 철도여행을 한번 해보고자 일본으로 여행을 떠났다. 여행을 준비하는 과정은 의외로 간단했다. 나와 같이 철도의 매력에 빠진 사람들이 있었는데 그 사람들이 일기처럼 쓴 블로그를 보게 되었는데 너무 경치 좋은 곳이 많고 한번 꼭 놀러 가고 싶었다. 그래서 그 사람이 쓴 블로그를 참고하여 계획을 세웠다. 일본어를 잘하지 못해서 일본에서 사는 친구랑 같이 일본의 전철을 타고 구경했다. 일본의 전철은 역이 많다. 그리고 전철의 속도에 전철의 종류가 다르다. 준 쾌속, 쾌속, 특급열차, 고속철도가 있다. 준 쾌속 열차는 모든 역에 다 정지를 하고 태워가지고 간다. 하지만 속도가 느리기 때문에 한 역에서 몇 분을 기다리면서 이 차보다 빠른 열차들이 먼저 갈 수 있도록 만들어 주기도 한다. 쾌속 열차는 작은 역들은 대게 다 지나친다. 특급열차는 정말 많은 역을 순식간에 지나친다. 거의 신칸센이 서는 역과 다른 특급열

글에서 단순한 여행의 의미로만 해석될 수 있으므로 평소 교통과 철도에 대한 관심을 지속해서 갖던 중, 좋은 기회를 만나 나의 꿈을 실현하기 위한 기회로 활용했다고 표현하는 것이 좋습니다.
그래서 일본에 가기 전에 사전에 준비하고 우리나라와 일본의 교통체제와 특히 일본의 철도 문화 발달에 대한 이해를 높이는 방안으로서 방문을 적극적으로 활용했다는 방식으로 전개하는 것이 좋습니다.

차가 지나다니는 그런 역에서만 정차한다. 마지막으로 신칸센과 같은 고속열차 이 열차들은 다니는 길이 따로 있다. 무지막지하게 빠르다. 근데 난 여기서 놀랬다. 고속열차이면 차체가 굉장히 흔들리고 소리도 심하게 많이 날 것이라고 예상을 했던 나인데 열차 소리가 전혀 들리지 않았고, 심지어 덜컹거림 한번이 없었다. 이때 일본이 철도 선진국이라고 불리는 이유를 알게 된 것 같다. 또 하나 기억에 남는 전철은 일본 구마모토에서 탔던 도시 전철이다. 이 전철은 옛날 우리나라 서울에서 다녔던 그런 전철이다. 도시에 철도가 깔려 있고 가격도 굉장히 저렴했다. 한 번 탈 때마다 800원 정도 했으니 난 개인적으로 이런 전철은 우리나라 관광도시에도 있었으면 좋겠다. 사람들도 많이 이용할 것이고 관광지인 곳은 모두 다 이 전철만 타면 탈 수 있으니깐 말이다. 그리고 일본사람들은 교통을 이용할 때 질서가 너무 아름다웠던 것 같다. 에스컬레이터를 올라갈 때도 한 줄로 먼저 바쁜 사람이 있으면 먼저 갈 수 있도록 길을 터주는 그런 행동 하나하나가 우리나라에는 쉽게 볼 수 없는 하나하나의 모습에 감탄을 안 할 수가 없었다. 여러 가지의 전철 그리고 교통문화를 보니 우리나라는 아직 여러 방면에서 안

좋은 것을 배우고 체험하여서 더 나은 미래를 생각할 수 있는 계기가 되었고, 우리나라의 부정적인 모습의 부각이 아니라 발달한 문명의 혜택과 문화적 차이의 긍정적 요인을 찾아서 발전시키는 방향으로 전개하는 것이 좋습니다.

타깝다고 생각이 많이 들었다. 그래서 나는 항상 먼저 실천하는 사람이 될 것이라고 다짐했다. 교통질서도 나 하나 시작으로 다른 사람들이 따라할 수 있도록 할 것이다. 이번 여행을 통해 나는 정말 재미있고 교통에 대해 많은 것을 알았다고 자부할 수 있다. 학교 학생들의 추천을 받아 학예제 1부 사회활동을 하게 되었습니다. 평소에 친구들 앞에 나서기를 좋아하고 친구들을 재미있고 분위기를 밝게 만들어주는 것이 좋았던 저는 곧바로 학예제 1부 사회를 하겠다고 수락했습니다. 학예제 사회를 하는 도중 많은 힘든 일이 있었습니다. 제가 발음이 많이 안 좋아서 발음을 고치기 위해서 2학년 기말고사가 끝나고 하였기 때문에 시간적인 여유가 있어서 집에서 대본을 여러 번 읽고 발음이 잘 안 되는 부분을 고치면서 열심히 노력하여서 결국 발음이 잘 안 되는 부분을 더욱 발음하기 쉽게 다른 말로 바꾸어가면서 제가 부족 했던 점을 개선해나갔습니다. 그리고 그냥 읽을 때와 같이 사회를 보는 친구와 호흡을 맞추어나가는 것도 어려웠습니다. 저는 이때 학예제 사회와 같이 거대한 행사 사회를 처음 해보았기 때문에 학예제가 시작하기 전까지 손에 땀이 엄청 많이 나올 정도로 긴장을 했습니

학교생활을 열심히 한 좋은 사례이고, 학예제 준비의 과정과 실제 행사 그리고 활동을 한 후 변화된 나의 모습과 주위의 긍정적 내용을 좀 구체적으로 묘사하면 좋겠습니다.

다. 하지만 저랑 같이 사회를 하던 친구가 위로와 잘할 수 있다는 격려를 해주어서 마음이 나아지면서 학예제 1부 사회를 성황리에 마칠 수 있었습니다. 이 행사에서 큰일을 해내려고 한다면 많은 작은 일이 있고 그 작은 일 하나를 해내고자 한다면 큰 노력이 들어간다는 것을 알게 되었습니다.

첨삭 TIP

분명한 목표가 설정되어 있는데 비해서 활동을 결합하는 것을 매우 힘들어했던 경우로써 학교생활을 하면서 노력한 학업활동이 지나치게 교내에 국한되어 자신의 역량을 잘 드러내지 못하는 한계를 극복하도록 함. 자기소개서의 가이드라인을 지나치게 준수하여 학생이 가진 좋은 장점을 못 드러내는 것을 없애기 위해서 가이드라인의 의미에 대한 논의를 수차례 거침. 전반부에 개인적 경험을 전공과 결합 방식으로 작성하여 학생의 불안 요소를 없애기 위해서 후반부의 학교생활 성실성을 나타내는 방식으로 합의하여 진행.

첨삭 지도 후

철도와 교통에 대한 관심으로 국내 교통환경에 대한 조사를 마치고 일본의 기차 문화에 대한 궁금증이 많이 생겼습니다. 역사 시간에 우리나라가 근대화되는 과정에서도 철도의 역할이 컸다는 것을 배우면서 제 눈으로 꼭 확인하고 싶었습니다. 그래서 철도 여행과 철도 박물관을 견학을 위해 일본을 다녀왔습니다. 준비하는 과정에서 일본을 다녀 온 사람 중에서 철도 여행을 한 사람들의 블로그와 카페를 활용해서 사전 조사를 했습니다. 하지만 대부분은 블로그가 여행 수기 형식이 많아서 댓글을 달아서 자료를 요구하기도 했습니다. 일본에서 기본적인 회화는 일본어를 활용할 수 있도록 하기 위해서 일본어 기본을 공부하였습니다. 도착해서 제일 먼저 드는 생각은 전철도 기차 못지않게 발전이 되어 있었다는 사실입니다. 그리고 일본인의 질서를 지키는 모습은 상상을 초월했습니다. 한 줄서기에서부터 약간만 스쳐도 '스미마셍'이라는 말을 하여서 처음에는 어리둥절했습니다. 전철로 이동하면서 준 쾌속, 쾌속, 특급열차, 고속철도가 있다는 미리 공부한 내용을 떠올리기도 하였습니다. 철도박물관에서 받은 자료를 확인하여 준 쾌속 열차는 모든 역에 다 정지를 하며, 속도가 더 빠른 차를 위해서 대기하는 경험도 할 수 있었습니다. 쾌속 열차의 대표 격인 신칸센을 타면서 차체가 흔들리거나 소음이 거의 없는 것을 보면서 일본이 철도 선진국이라고 불리는 이유를 알게 되었습니다. 구마모토에서 탔던 도시 전철은 우리나라에서도 있었던 형태였는데 전통을 아끼고 사랑하는 일본인의 정신을 경험할 수 있었습니다. 800원 정도 요금을 내고 이용하면서 우리나라도 주요 관광지에 꼭 이런 형태의 전철이 있으면 좋겠다는 생각을 했습니다. 반일감정이 많아서 일본에 대한 부정적 이미지가 있지만 제가 경험한 일본은 본받을 만한 것도 많았습니다. 좋은 것은 적극적으로 수용하고 전통을 아끼는 마음이 중요하다는 것을 배우고 느꼈습니다.

친구들의 추천을 받아서 학예제 사회를 보면서 자신감도 쌓고 행사 진행에 필요한 많은 요소를 경험할 수 있었습니다. 활발한 성격과 말을 잘한다는 이유로 적극적인 친구들이 학예제 사회를 맡아야 한다고 주장하였습니다. 하지만 생각보다 학예제 사회를 보는 것은 힘든 과정의 연속이었습니다. 발음의 교정을 위해서 대본을 거의 외워야 했고, 표정과 제스쳐 등은 유명 토크쇼나 연예인 시상식 등을 활용해서 거울을 보며 연습을 했습니다. 또한 같이 사회를 보는 친구와 호흡을 맞춰야 해서 빠르기를 조절하고 역할을 나누어서 교차점검을 했습니다. 전체 행사에 포함되는 모든 세부적인 발표나 퍼포먼스의 의미와 소개를 위한 멘트를 준비하면서 사회가 단지 말로만 하는 것이 아니라 행사 전체를 잘 파악하고 있어야 함을 느꼈습니다. 행사가 임박해지면서 순서를 맞춰서 동선을 정하고, 무대의 위치와 관객의 호응을 유도하기 위한 유머 및 선생님들의 특징에 대해서도 조사를 하였습니다. 무사히 사회를 마치고 행사를 마무리하면서 어떤 일이든지 보는 것과 다르게 보이지 않는 곳에서의 많은 땀과 고생이 있다는 것을 알게 되었습니다.

첨삭 지도 6 :
지방 국립대 교육 관련 계열 서류 합격

첨삭 지도 전

아까운 지면을 많이 낭비하면서 본질적인 얘기까지 도입이 너무 길게 나오므로 압축적으로 줄여야 합니다

저는 I학년 2학기 때에 학술논문대회에 참가해서 '진법을 여러 방면에서 탐구해보자'라는 주제로 논문을 쓰고 발표를 했습니다. I학기 때에 대부분 참가자들의 논문이 과학영역이고 실험보고서 같은 느낌이었던 것을 보고 수학 영역의 논문을 써보고 싶다는 생각이 들어서 진법을 주제로 선택하였습니다. 과학을 주제

로 했을 때와는 또 다른 느낌이었습니다. 논문을 쓰기 시작했을 때에는 어떤 방향으로 연구를 진행해야 할지 갈피를 못 잡고 막막했지만 조원들끼리 협력해서 논의를 거치다 보니 방향이 잡혔습니다. 혼자 논문을 썼다면 정말 힘들었을 것입니다. 저는 여기서 협력이 아주 효율적이고 필수적이라고 느꼈습니다. 방향이 잡히고 나서는 각자 한 부분씩을 전담하고 서로 중간점검을 해가면서 진행하였는데, 방향이 잡히고 나서도 연구에 진전이 없어서 며칠간 힘들었습니다. 하지만 저는 생각을 멈추지 않았습니다. 그러다 보니 연구에 진전이 생겼습니다. 제 연구에서 핵심적인 아이디어가 떠올랐을 때 짜릿함은 아주 대단한 것이었습니다. 저는 여기서 진리를 탐구하는 것이 말초적인 쾌락과는 또 다른 재미를 준다는 것을 느꼈습니다. 저는 2학년 2학기 때에 심화학습동아리의 성과발표회에 참가하였습니다. 이 발표가 있기 전에 동아리 활동이라는 이름으로 정말 많은 시간을 보냈습니다. 매주 토요일마다 저희 동아리원들만 학교에 모여서 동아리 활동을 했습니다. 사실 휴일에 쉬고 싶다는 마음이 모두의 마음 속에 있었지만, 막상 학교에 모여서 활동을 하다 보면 금세 잊어버리고 활동에 집중하고는 했습니다. 같

2번 의미 있는 활동은 구체적이고 사실적인 내용을 많이 넣어야 하는데 계속 추상적이고 선언적인 의미가 많으므로 수정이 필요합니다.

연결고리가 이상함. 무엇을 말하고 싶은지 고민하고 내용의 구체성을 넣어서 읽는 사람이 잘 파악할 수 있도록 하는 것이 필요합니다.

은 반 친구들보다도 어찌 보면 더 많은 시간을 같이 보냈던 동아리원들과 선생님에게 깊은 고마움을 느꼈습니다. 많은 시간과 노력이 다행히 좋은 결과를 가져와서 성과발표회에서 1위를 할 수 있었습니다. 우리 동아리가 가장 알찬 활동을 한 동아리라고 모두가 인정해 준 것이라고 저는 느꼈습니다. 저는 시간과 노력이 절대 배신하지 않는다는 것을 깨달았습니다. 저는 1학년 때 학교에 독후감을 제출하고, 학교에서 인디고 서원의 ○○ 편집장님의 강의를 들었습니다. 제 인생에서 처음으로 제 꿈인 '사회운동가'를 실물로 볼 있었습니다. 어느 수업 시간보다도 집중해서 강의를 들었습니다. 편집장님의 강의를 들은 후 저는 제 꿈이 충분히 실현 가능성이 있다고 확신하게 되었습니다. 그 전까지 주변의 친구나 선생님들은 제 꿈이 사회운동가라고 하면 열에 아홉은 비웃거나 장난으로 받아들였습니다. 하지만 편집장님의 강연을 통해 어떻게 출발해서 어떤 위기를 겪었고 어떻게 극복해나갔는지 구체적인 얘기를 들었습니다. 강연을 듣고 나서 사회운동가가 되기 위해 어떤 노력이 필요한지, 또 제 꿈이 실현 가능성이 있는지를 질문했습니다. 편집장님은 충분히 해낼 수 있으니 공부를 멈추지 말아야 한다, 뜻이 있

의미 있는 활동인데 단시간에 1회성 행사여서 아쉽습니다. 행사를 위한 사전 준비의 단계와 행사진행, 그리고 이후의 변화된 모습을 이끌어내는 개연성을 충분히 확보한 후에 감명이나 변화의 모습을 함께 담아서 쓰면 좋겠습니다.

는 곳에 길이 있으니 걱정할 필요 없다. 이런 말씀을 하시며 용기를 복돋아주셨습니다. 저는 크게 감명을 받았고 포기하지 않고 노력한다면 원하는 결과에 충분히 도달할 수 있다고 깨달았습니다.

학생 스스로 좋은 소재를 발굴하여 글쓰기 능력을 갖고 있어서 작은 조언들만 해줌. 학교 활동이나 개인 활동에서 의미를 찾는 과정이나 상담 과정에서 혼자서도 충분히 잘할 수 있는 학생으로 판단하여 최소한의 글의 전개와 구성 등에 대한 간접적 조언 위주로 작성하도록 함.

첨삭 지도 후

2학년 2학기 때에 심화학습동아리의 성과 발표회에 참가하였습니다. 이 발표가 있기 전에 동아리 활동이라는 이름으로 정말 많은 시간을 보냈습니다. 매주 토요일마다 저희 동아리원들만 학교에 모여서 동아리 활동을 했습니다. 사실 휴일에 쉬고 싶다는 마음이 모두의 마음속에 있었지만 막상 학교에 모여서 활동을 하다 보면 금세 잊어버리고 활동에 집중하고는 했습니다. 같은 반 친구들보다도 어찌 보면 더 많은 시간을 같이 보냈던 동아리 팀원들과 선생님에게 깊은 고마움을 느꼈습니다. 많은 시간과 노력이 다행히 좋은 결과를 가져와서 성과 발표회에서 1위를 할 수 있었습니다. 우리 동아리가 부산시에서 가장 알찬 활동을 한 동아리라고 모두가 인정해준 것이라고 저는 느꼈습니다. 저는 시간과 노력이 절대 배신하지 않는다는 것을 깨달았습니다.

1학년 2학기 때에 학술논문대회에 참가해서 논문을 쓰고 발표를 했습니다. 1학기 때에 참가자들의 논문 대부분이 과학영역이고 실험보고서 같은 느낌이었던 것을 보고 수학 영역의 논문을 써보고 싶다는 생각에 진법을 주제로 선택하였습니다. 논문을 쓰기 시작했을 때에는 어떤 방향으로 연구를 진행해야 할지 갈피를 못 잡고 막막했지만 조원들끼리 협력해서 논의를 거치다 보니 방향이 잡혔습니다. 혼자 논문을 썼다면 정말 힘들었을 것입니다. 저는 여기서 협력이 아주 효율적이고 필수적이라고 느꼈습니다. 방향이 잡히고 나서는 각자 한 부분씩을 전담하고 서로 중간점검을 해가면서 진행하였는데, 방향이 잡히고 나서도 연구에 진전이 없어서 며칠 동안 힘들었습니다. 하지만 저는 생각을 멈추지 않았습니다. 그러다 보니 연구에 진전이 생겼습니다. 제 연구에서 핵심적인 아이디어가 떠올랐을 때 짜릿함은 아주 대단한 것이었습니다. 저는 여기서 진리를 탐구하는 것이 말초적인 쾌락과는 또 다른 재미를 준다는 것을 느꼈습니다.

1학년 때 ○○○편집장님의 강의를 들었습니다. 제 인생에서 처음으로 제 꿈인 '사회운동가'를 실물로 볼 수 있었습니다. 어느 시간보다도 집중해서 강의를 들었습니다. 편집장님의 강의를 들은 후 저는 제 꿈이 충분히 실현가능성이 있다고 확신하게 되었습니다. 편집장님의 강연을 통해 단체가 어떻게 출발해서 어떤 위기를 겪었고 어떻게 극복해 나갔는지 구체적인 얘기를 들었습니다. 강연을 듣고 나서 교육을 통한 사회운동가가 되기 위해 어떤 노력이 필요한지, 또 제 꿈이 실현가능성이 있는지를 질문했습니다. 편집장님은 충분히 해낼 수 있으니 공부를 멈추지 말아야 한다, 뜻이 있는 곳에 길이 있으니 걱정할 필요 없다. 이런 말씀을 하시며 용기를 북돋아주셨습니다. 저는 크게 감명을 받았고 포기하지 않고 노력한다면 원하는 결과에 충분히 도달할 수 있다고 깨달았습니다.

첨삭 지도 전

강황에 대한 내용은 전공과도 맞는 내용입니다. 좀 더 세부적인 내용을 추가하여 식물이나 자연 재료에 대한 자신의 관심을 드러낼 수 있도록 해 주세요.

평소 과학에 관심이 많았던 저는 고등학교에 입학하여 영재반에 가입하였습니다. 영재반에서 '함수의 역사'를 주제로 토론을 하는 등 심화 탐구 학습을 하였습니다. 그리고 주기적으로 공동 연구, 발표하는 팀 프로젝트를 실시하였습니다. 6명의 친구가 한 조가 되어 조별 활동 과제로 '강황 추출물의 항산화 작용 능력'을 설정하고 탐구 설계 및 탐구 수행에서 실험 결과 분석 및 결론 도출에 이르기까지의 전 과정을 자투리 시간을 활용하여 연구하였고 동아리 활동 및 특기·적성 발표회에 참가하여 발표함으로써 진로 선택을 보다 직간접적으로 체험하는 기회를 가졌습니다.

체육대회와 반장을 결합해서 약간 이상한 방향으로 글이 흐릅니다. 체육대회를 통해서 배운 내용이나 실제 상황을 전개하거나 아니면 반장이 되어서 반장으로서의 역할의 구체적 내용을 기술해 주세요.

어렸을 때부터 운동을 좋아한 저는 1학년 체육대회 때 학급 친구들을 응원하고 단합시켜서 농구, 씨름, 줄다리기 등 많은 경기 종목에 참가하여 우수한 성적을 거두어 우리 반이 체육대회에서 우승이라는 좋은 결과로 이어졌습니다. 체육대회 때 선수로서 참여한 활동이 의미가 있었던 가장 중요한 이유는 제가 운동선수로 참여하면서 '팀워크'의 중요성을 배운 데 있다고 생각합니다. 체육대회에 참가한 선수는 자기 혼자만 잘한다고 되는 것은 아닙니다. 친구들과 같이 연습하고 호흡을 맞춰나가야 비로소 한 팀이 완성됩니다. 저는 이러한 연습 과정에서 자연스럽게 리더십과 협동심을 기를 수 있게 되었고 이때 기른 자신감을 바탕으로 2학년 때 학급 반장선거에 출마하여 반장이 되는 좋은 결과로 이어졌습니다.

2학년 때, 우리 반은 교내 언어 순화개선 게시판 꾸미기 대회에 참가하였습니다. 저는 반장으로서 대회에서 우수한 성적을 거두기 위해, 먼저 선생님께 조언을 구하고, 친구들과 함께 어떻게 꾸밀지 게시판 내용을 의논하였습니다. 그 결과 게시판에 언어 순화개선 표어 짓기와 포스트를 넣고 우리 반 바른말 사용 으뜸이를 투표로 2명 정하여 그 친구의 바른말 사용 장점을 적어 칭찬하고 좋은 점을 본받기로 하였습니다. 모델로 삼아 따라 해보기로 했습니다. 저는 대회 진행을 맡아 준비하게 되었고, 어떻게 꾸밀 것인지 친구들과 역할분담을 하였습니다. 체육대회 응원전을 준비하면서 모두 안무 연습을 하느라 바빴습니다. 저는 체육대회가 불과 이틀 뒤로 다가왔음에

2번 문항에 대한 내용과 3번 문항에 대한 내용의 글이 혼재되어 있습니다. 명확하게 구성을 따로 분리하고, 하려는 이야기의 주제를 의미 있는 활동이나 인성적 측면이 드러나는 글로 명확하게 기술하는 것이 필요합니다.

도 응원 도구를 준비하지 못했다는 것을 깨달았습니다. 저는 1학년 때 반장을 한 경험이 있어 반장이 얼마나 바쁜지 공감할 수 있었기 때문에 직접 응원 도구를 구하러 다녔습니다. 이틀을 찾아다닌 결과 대형 문구점에서 응원 도구를 구할 수 있었고 무사히 응원전을 마쳤습니다. 이 일로 상대방의 입장에 공감하고 공동체의 조화를 위해 솔선수범하는 행동이 리더십이지, 리더라는 지위가 리더십을 발휘하는 것은 아님을 깨달았습니다.

첨삭 TIP

많은 활동을 하면서 학교생활에 소홀함이 없었지만 2번 항목의 소재를 잘 선정하지 못하여 최초의 글은 자신을 피력하지 못하는 문제가 있었음. 학생과 학생부를 모두 분석하고 학교생활에서 특이한 사항과 평소 자신이 좋아하는 것들에 대한 정리 작업을 먼저 한 후 소재를 발굴하도록 함. 식물이나 환경 등에 관심이 많고 활동도 많이 하여 그 활동의 과정에서 중요한 의미를 찾도록 하고, 좋은 사례집 등을 활용하여 글쓰기와 자기표현을 위한 노력을 한 후 좋은 글을 작성하게 됨.

첨삭 지도 후

'ㅇㅇㅇ' 동아리 활동으로 식물을 연구하고 싶은 좋

은 친구들을 만날 수 있었습니다. 마그누스효과 및 표면장력 등의 활동 외에 생화학에 관심이 있는 친구 6명이 조를 이루어 '강황 추출물의 항산화 작용 능력'을 설정하여 실험하였습니다. 가까운 대학에 계시는 화학과 교수님과 멘토링을 맺어 매주 대학실험실에 강황 추출물의 항산화 정도를 측정하기 위해 'dpph radical assay'란 실험을 하였습니다. 강황의 성분인 curcumin, demethoxycurcumin의 dpph 소거활성력을 측정하여 강황이 항산화 작용 능력이 뛰어나 활성산소가 산화되는 것을 막고 비만 예방에도 효과가 있다는 것을 직접 실험을 통해서 알 수 있었습니다. 연구 결과를 인정받아 학교대표로 경상남도 영재학급 발표대회에 참가하는 기회도 가졌습니다. 강황연구를 통해서 식물의 약리작용과 동일한 분야에 관심을 가진 좋은 친구들을 만나서 더 많은 연구를 위해 결의를 다지는 의미 있는 활동이었습니다.

2학년 때 식물과 환경에 대한 관심으로 '○○연구반' 동아리를 만들었습니다. 선배들의 광려천 생태계 연구가 중단되어서 우리가 마무리하자고 제안했습니다. 학교 근처에 있는 광려천 생태계를 4개 구역으로 나누어 수온, pH농도 등을 측정하고 통발을 설치하였습니다. 매주 토요일마다 채집된 어류들과 주위 생물을 조사하였습니다. 조사 결과 선배들의 자료와 비교했을 때 예전에 없었던 참거머리와 말거머리가 채집되고, 물이끼가 끼고 쓰레기가 증가하여 수질오염이 심각해졌음을 알 수 있었습니다. 물놀이 숫자가 늘었고 안계지역에 아파트 단지의 증가로 인한 생활하수 유입이 가장 큰 원인이었습니다. '광려천에 서식하는 생물 종의 다양성 조사' 보고서를 작성하고 수상도 하였습니다. 광려천 생태조사 활동을 통해서 인간을 위한 발전이 인간에게 피해를 줄 수도 있으므로 정부와 환경단체들의 환경 보전과 생태에 대한 관심뿐만 아니라 우리 모두가 지속적개발을 위한 현실적 노력의 필요성을 느낄 수 있었습니다.

진로탐구과제 대회를 통해서 저의 꿈을 확정하고 꽃과 식물이 인간에게 미치는 엄청난 힘을 알 수 있었습니다. 게릴라 가드닝에 대한 자료를 책과 인터넷으로 찾아서 정리한 후, 눈길을 끌 수 있고 물을 자주 주지 않아도 잘 자랄 수 있는 꽃과 식물을 구매했습니다. 동네 주택가에 버려진 공터의 쓰레기를 정리하고 일년생 예쁜 꽃과 식물을 심어놓고 왔습니다. 매번 공터를 지날 때마다 사람들이 기뻐하는 모습을 보고 잘 자라는 과정에서 너무나 행복한 저를 발견할 수 있었습니다. 그리고 '씨앗 폭탄'도 만들어 광려천에 투척하고 비가 오고 시간이 지나면 광려천 빈터에서 씨앗이 발아하고 꽃으로 자라나길 기도했습니다. '꽃으로 하는 유쾌한 혁명 게릴라 가드닝'이란 제목으로 상을 받았지만 더 큰 기쁨은 따로 있었습니다. 꽃 몇 송이로도 잿빛으로 변한 도시를 희망으로 만들어낼 수 있다는 것을 알게 되었고, 식물연구원이 되어 모두에게 행복을 주는 일을 평생 하고 싶다는 굳은 결심을 하였습니다.

3-3 사례를 통해 작성 포인트 따라하기

※ 사례는 3개 이내 활동 중 1개의 활동을 중심으로 보여줍니다.

사례

지방 거점 국립대 중어중문학과 서류 합격

꿈에 대한 열정! 자신을 변화시키기 위한 노력 강조!

2학년 때는 꿈에 대해 한 발자국 다가가고자 노력했습니다. 승무원 동아리에 가입하여 모의 면접, 대학탐방, 승무원 동영상 시청 등 다양한 활동을 하였고, 그래도 부족함을 느껴 직접 자율동아리를 운영하여 모의 면접을 하였습니다. 저는 면접관 역할을 제대로 소화해내기 위해 여러 항공사의 면접 예상 질문지를 수집하고, 면접자의 입장에서 질문할 수 있는 것을 간추려 정리하였습니다. 승무원으로서 긴급 상황이 일어났을 때 대처 능력이 가장 중요하다 느껴 그에 관해 '갑자기 한 승객이 호흡곤란을 호소한다면 어떻게 대처하겠나?'와 '아이가 좌석에 대해 불편함을 느낀다면 어떻게 할 것인가?' 같은 상황 질문들을 정리하였습니다. 그 후 정리한 질문들이 모의 면접에서 사용해도 괜찮은 질문인지를 확인하기 위해 에어아시아의 예비 승무원들의 모습을 담은 동영상을 시청하고 긴급 상황에 어떻게 대처하는 것이 좋은지를 생각해 놓은 답변과 비교해보았습니다. 이를 통해 객관적인 면접이 될 수 있도록 하였습니다. 또 정보가 부족한 친구들을 위해 전직 승무원들이 자신들의 경험이나 조언을 쓴 '스튜어드, 스튜어디스가 말하는 항공 승무원'이라는 도서를 읽은 후 승무원에게 필요한 기질에는 위기 대처 능력과 침착성, 강인함 등이 있으며 토익 기준 점수나 외국어 우수 가산점 등을 정리하여 PPT로 만들어 발표하였습니다. 이러한 과정은 저의 꿈인 승무원에 필요한 자질을 점검할 수 있었고, 부족함을 성찰하며 꿈을 위해 무엇을 준비해 가야 하는지를 깨닫게 되었습니다.

중어중문학과를 지원하였으나 관련 활동이 많지 않았습니다. 어문계열을 지원하는 학생들의 공통점이기도 합니다. 지원자는 교과 성적이 2점대 후반으로 합격 가능성이 높은 지원을 했습니다. 또한 학생부에서 뚜렷한 진로에 대해서 밝히고 있었기에 진로 활동에서 보여줄 수 있는 자신의 장점과 변화를 보여주려고 노력했습니다. 자신의 부족함을 해결하기 위해 능동적인 활동을 전개해 나가는 모습이 평가자의 눈에는 긍정적으로 보일 수 있습니다. 진로 또는 진학과 연계된 활동이 없다고 포기하지 말고, 고등 생활에서 활동한 것 중 자신의 능력을 보여 줄 수 있는 내용을 만들어 봅시다.

지방 거점 국립대 공과 계열 학과 최종 합격

고난! 그리고 그것을
극복하기 위한 과정을 보여주자.

어느 날부터 IT, 과학 뉴스에서 드론에 대한 정보들이 올라왔고, 배송과 영상 촬영에 활용되는 드론을 보며 관심을 가졌습니다. 그래서 <교내 발표대회>를 통해 드론의 구조와 원리에 대해 자세히 알아보기로 했습니다. 저는 다양한 상황에서의 속도, 곡률, 최대 적재량을 측정하려고 했지만 실패했고, 가장 큰 결점 요소는 조작의 오차였습니다. 이를 극복하기 위해 모형 기체를 직접 프로그래밍해서 실험에 사용하고 싶었지만, 실력의 한계를 느껴 발표대회에 제대로 성공하지 못했습니다. 이후 저는 포기하지 않고 프로그래밍을 깊이 공부하기 위해 자율동아리를 직접 만들게 되었습니다. 스크래치 코딩을 연습하고 프로그램(플래쉬 게임)을 만들고, 서로 평가하고 피드백까지 진행하며 실력을 향상했습니다. 처음에는 캐릭터를 만들고 간단한 명령으로 키보드로 캐릭터를 동작시키게 하는 연습부터 시작해서 나중에는 '별 투사체 x 방향 150 ~ 150에서 0.5초마다 1개 생성 초당 y 방향으로 −15이동, 캐릭터에 닿을시 점수+1'과 같은 조건들을 많이 추가해 나갔습니다. 생각대로 프로그램이 작동하지 않고 원활한 게임 구동이 되지 않았던 점이 힘들었지만, 초심으로 돌아가 논리적으로 오류가 일어날 수 있는지 피드백했고 꼬리에 꼬리를 물고 있는 오류들을 수정하면서 문제를 해결해 나갔습니다. 이전에는 하지 못했던 프로그래밍을 할 수 있을 만큼 실력을 향상시켰고, 한계를 극복하며 자신을 한 단계 업그레이드시킬 수 있는 기회가 되었습니다.

자기소개서 2번에서 보여줄 수 있는 정석적인 글입니다. 지원자의 고난과 한계를 보여주고, 그것을 극복하기 위해 노력하는 과정을 보여주고 있습니다. 그러면서 스스로 성장하고 있음을 보여주고 있습니다. 지원자에게 자율동아리 활동이 어떤 의미를 지니는지 잘 나타나고 있기도 합니다. 실력 향상에서 조금의 과장이 있긴 하지만 끈기 있게 문제를 해결해가며 실력을 향상한 점이 부각될 수 있습니다.

지방 거점 국립대 간호학과 불합격

능동적 활동을 통한 성장!
그러나 2점대 중반의
교과 성적으로 뒤집기 불가능!

고등학교 2학년 때, 화장실의 세면대에 머리카락이 자주 막혀 저와 학우들이 불편을 겪었습니다. 일반적인 세정제는 배수관에 녹이 쉽게 슬고 생활화학용품 안전성에 대한 논란 때문에 자주 사용할 수 없어 어떻게 해야 하나 고민을 하였습니다. 저는 생화학동아리로서 이것을 연구 활동해보자고 제안했습니다. 화학 시간에 선생님께서 보여준 요리 프로그램에서 과일을 이용해 고기를 연하게 하는 연육 작용이 나타나는 것을 보고, 과일로 머리카락을 녹일 수 있다는 생각을 창안해 제시했습니다. 이를 토대로 '과일의 단백질 분해효소를 이용하여 머리카락 녹이기'라는 주제로 연구를 했습니다. 이 실험의 문제점은 각종 과일의 원액의 양이 적고 예산이 한정되어 있기에 원액을 포함하면서도 효소가 활성화되게 하는 작용이 필요했습니다. 그래서 저는 단백질에 관한 논문 및 도서관에서 전문 서적을 찾아가며 단백질 분해효소의 특성을 알아보고, 효소를 활성화하는 EM 용액을 사용하자고 제안했습니다. 실험 결과는 머리카락을 녹이는 것에 성공하여 저예산 대비 고효율로 세정제를 만들 수 있었습니다. 이렇게 일상의 문제에 관심을 가져 과학적으로 탐구하며 과학을 이용하여 일상생활의 불편함을 해소할 수 있었습니다. 실생활의 문제점을 접목해 해결하는 창의적인 문제해결력을 키울 수 있었고, 한 가지 소재의 문제점과 해결책을 다각적으로 바라보는 자세를 가질 수 있었습니다. 이러한 장점을 키워 현장의 다양한 문제들을 대처할 수 있는 간호사가 될 것입니다.

지원자가 왜 이 연구 활동을 했는지 분명한 의도가 드러나는 자기소개서입니다. 제한된 환경 속에서 문제 해결을 위해 어떤 점을 해야 하는지 스스로 찾아가고 있습니다. 포기하지 않고 끝까지 문제를 해결하며 스스로 변화를 만들어 간다는 점에서는 긍정적인 평가를 할 수 있습니다. 하지만 자기소개서로는 교과 성적 2점대 중반의 점수로 간호학과에 합격하긴 쉽지 않았다는 것을 알 수 있습니다.

평범한 과정! 그것이 자신에게 어떤 의미를 지니는지 보여주자.

1학년 때 참여한 교내 시사 토론대회에서 예선 탈락을 하였습니다. 교차 질의 과정에서 '앞선 발언과 모순되는 발언이다'라는 평가를 받았기 때문입니다. 스스로 입장에 대해 일관된 주장을 하기보다 상대의 의견에 반박하려다 보니 스스로 모순되는 발언을 했던 것입니다. 저는 이를 반성하면서 2학년 교내 독서 토론대회를 준비하기 시작했습니다. 먼저 주제에 대한 찬성, 반대 입장을 준비한 후 제 입장에 대해 근거 자료를 수집하였습니다. 풍부한 자료를 정리하면서 주장에 대한 일관된 내용을 만들어 하나씩 정리를 했습니다. 그리고 제 입장에 대한 자료만 정리한 것이 아닌 상대방의 입장도 자료 정리를 하면서 반박 내용, 가치적 판단 내용 등 타당한 논리에 대한 대응도 준비했습니다. 교내 독서 토론대회 결승의 교차 질의 과정에서 상대방의 반박 중 타당한 주장에 무조건 반박하기보다 수용한 주장을 보완해서 제 주장을 더 확고히 할 수 있었습니다. 1학년 때 단점을 보완하며 교내 독서 토론대회를 준비하며 조금 더 성숙한 토론의 자세를 키워낼 수 있었고, 어떤 일을 진행함에 철저한 사전 준비가 매우 중요하다는 것을 깨달았습니다. 토론 과정에서는 저와 다른 의견을 대할 때 상대방이 틀렸다는 시선보다 다르다는 시선으로 접근할 수 있게 되었습니다. 이는 옳고 그름의 이분법적인 사고에서 벗어나 상대방의 차이를 인정하는 것의 중요함을 깨달았습니다. 상대방을 인정하는 자세는 의사소통을 더욱 활성화해주었고, 편협한 사고에서 벗어날 수 있도록 해 주었습니다.

학생들의 학생부를 보면 많이 나오는 활동이 토론대회입니다. 가장 많이 나오는 활동인 만큼 비슷비슷한 내용이 많습니다. 지원자도 토론대회를 준비하는 과정은 다른 학생들과 큰 차이점은 없습니다. 이것은 토론대회 자체가 특별한 케이스가 아니면 노력할 수 있는 과정이 비슷할 수밖에 없기 때문입니다. 지원자는 그렇기 때문에 토론대회를 준비하면서 변화된 자신의 모습을 보여주려고 했습니다. 변화된 자신에 의미를 두어 평범한 내용을 부각할 수 있었습니다. 활동이 일반적이라도 배운 점, 느낀 점이 확실하다면 자신을 드러내는 데 문제가 발생하지 않을 것입니다.

2점대 중반으로 서류는 합격!
면접까지 고려하는 자소서 필요!

철학동아리 활동은 제가 고등학교 활동 중 가장 철학적 탐구를 집중적으로 할 수 있었던 활동이었습니다. 동아리 시간은 각자의 진로에 맞는 영상 매체와 주제를 선정해 정리한 결과물을 발표하는 방식으로 진행됐습니다. 저는 관심 주제를 철학으로 잡아 동아리 활동을 진행했습니다. TV, 신문, 책 등을 이용하여 철학적 기본 배경지식을 쌓을 수 있었습니다. '정의란 무엇인가'를 읽고 발표했던 '공리주의의 폐단'이라는 발표는 민주적인 방법인 줄 알았던 공리주의에 대해 재고해 보는 시간을 갖게 되었습니다. 이러한 발표과제는 개인적인 탐구과제에 그치지 않고 관중들 앞에서 인과관계를 따져가며 말하는 경험을 통해 논리적인 말하기를 학습할 수 있었습니다. 그뿐만 아니라 철학동아리에서 진행했던 탐구과제들은 학교 수업 시간에서는 배우기 힘들었던 내용과 주제를 주체적으로 선정해 탐구해보는 시간을 가지게 해주었습니다. 이러한 다양한 탐구들은 왜 철학을 공부해야 하는지에 대한 물음에 조금이나마 답을 줄 수 있었습니다.

지원자는 2점대 중반으로 1단계 서류 통과를 했습니다. 철학과는 본인이 희망하는 학과였고, 관련 활동

도 없는 편은 아니었습니다. 그래서 자기소개서에도 그
러한 모습을 담아내려고 노력했습니다. 그렇기에 맨 앞
줄에 '철학적 탐구를 집중적으로 할 수 있었던 활동'이
라고 규정하고, 책과 연관하여 탐구과제 활동을 하고 이
를 통해 철학 공부의 필요성을 가지게 되었다고 정리했
습니다. 철학에 관심이 많은 학생으로 보일 순 있지만
2단계 면접에서 이에 대한 집중 질문에 당황하여 최
종 합격이 되지는 못합니다. 자기소개서를 쓸 때는 단
계별인지, 일괄인지를 보고 내용의 수위를 조절하는 것
도 중요합니다. 진짜 자신이 한 행동이라도 면접을 보
러 가기 전 다시 한번 점검을 해야 합니다.

사례

지방 거점 국립대 영어영문학과 최종 합격

활동이 많지 않다면 학교에서
단체로 진행하는 활동에
의미를 부여하라!

한국 지리 수업 시간에 중국인 관광객들 많음에도 제주
도 재방문율이 떨어지고 있다는 말을 듣고 궁금증이 들었
습니다. 마침 현장 체험학습 논문보고서 대회가 있어 '제
주도 중국인 관광객 분석을 통한 새로운 문화 콘텐츠 접
근'이라는 주제로 참가하였습니다. 먼저 관광객 분석을 통
해 제주도 문화 콘텐츠의 문제점에 대한 원인 분석을 하
기 위해 현장학습에서 진행할 설문 조사지를 팀원들과 만
들었습니다. 가장 만족스러웠던 활동과 재방문 의사를 물

어보고, 그 결과와 한국은행의 실제 통계 결과를 참고해 보며 기존의 단순한 자연경관 감상의 한계를 파악했습니다. 그리고 이러한 원인 분석을 통해 새로운 문화 콘텐츠 개발을 위한 토론을 하였습니다. 저는 연령대별 공략법을 제시했습니다. 중국인 방문객 중 높은 비율이 20, 30대인 이유 중 하나는 한류의 영향이라는 것을 고려해 대중예술 산업의 중요성을 역설했습니다. 또한 현지에서 반응이 좋은 해녀 '몽니' 애니메이션의 캐릭터 상품, 동화책 등 저연령층을 대상으로 한 방안도 고안했습니다. 또한 관계를 중요시하는 '꽌시 문화' 등 중국인의 민족성과 연관 지어 제주도에 유배되었던 추사 김정희와 중국 문인의 인연, 제주 설화 속 중국의 모습 등 연결 고리를 활용한 콘텐츠의 필요성을 제시하기도 했습니다. 바로 현실에 적용되는 것이 아닌 소논문 활동에 불과했지만, 우리나라의 상품을 개선하여 경쟁력을 키워나갈 방법을 모색했던 이 활동은 미래 국제사회에서 활약하고자 하는 저의 꿈을 먼저 맛보게 해준 소중한 경험이었습니다.

위 활동은 얼핏 보기엔 논문보고서라는 것을 한 활동으로 볼 수 있습니다. 하지만 이는 학교에서 수학여행 체험 전후를 통해 전체 학생이 참여한 활동입니다. 학교에서 정기적으로 진행하는 활동들이 있습니다. 그러한 활동 안에서 개인이 노력한 경험과 그것을 통해 배운 점, 느낀 점을 적는다면 2번 문항을 조금 더 수월하게 작성할 수 있습니다. 그리고 조별 활동을 적을 때 조심해야 할 점은 조별 활동에 무게를 두기보다는 조별 활동 안에서 자신이 노력한 점을 적어야 한다는 것입니다. 자기소개서는 개인을 평가하는 것이지, 단체를 평가하는 것이 아니기 때문입니다.

사례

꼭 전공에 맞는 활동이 아니어도 된다!

과학 심화 동아리에서 실험이나 부스 운영과 같은 활동을 통해 교과서 외의 내용을 직접 체험할 수 있었습니다. 동아리 시간뿐 아니라 주말을 이용해서도 여러 주제로 많은 활동이 이루어졌습니다. 그중에 가장 기억에 남는 활동은 세울림 과학축전에 동아리에서 부스 운영을 했던 것입니다. 부스 운영 오후반장이었던 저는 오전반장과 함께 친구들을 모아 토의를 하기로 했습니다. 좋은 의견이 많이 나온 만큼 의견을 모으기 쉽지 않았지만 저는 토의가 진행될 때마다 친구들의 의견을 메모해 다음 토의 때 각 의견의 장단점을 정리해와서 사회자의 역할을 해내었습니다. 특히 특수교육대상 학생들까지 참여하는 만큼 몇 번에 걸친 토의를 통해 주제를 가장 위험 요소가 적고 설명하기 좋은 액체 자석으로 정했습니다. 부스 운영을 하기 전, 역할 분담을 하게 되었을 때 더운 실험복을 입고 부스 밖의 볕에 서서 계속 예약을 받고 실험 후에 설명도 해야 하는 역할을 모두가 하기 싫어하자 제가 자원했습니다. 누군가는 해야 할 일이었고 무엇보다 제가 우리 오후반을 대표하는 장이었기 때문입니다. 예약을 접수하는 과정에서 학생들의 순서가 꼬이기도 마지막에는 실험 물품이 부족한 상황이 생기기도 했지만 저는 임기응변으로 학생들에게 미리 만들어놓은 예시 자석으로 과학적 사실에 대해 설명을 하며 힘든 상황을 헤쳐나갔습니다. 어떤 상황에서도 흔들림 없는 장의 모습을 보여주었고, 소통을 중심의 진행 과정과 문제가 발생했을 때 해결을 할 수 있는 리더십을 키울 수 있었습니다.

학생들은 자기소개서 2번 활동에서 꼭 전공과 연관 지으려는 습성이 있습니다. 그렇기에 관련 활동이 없으면 아예 소재도 구하지 못해서 난감해합니다. 하지만 위 지원자는 전공과 동떨어진 리더십을 보여주기 위한 활동을 보여주고 있습니다. 어설픈 전공 연계보다는 확실한 자신의 장점을 평가자에게 보여주는 것 또한 긍정적 평가로 받을 수 있습니다. 어떤 의미를 가지고 활동을 시작했더라도 그 의미가 아닌 다른 성장한 점, 배운 점을 적는 것도 나쁘지 않습니다.

진로에 필요한 간접적 영역도 고려해보자.

어느 날 '이세돌'과 '알파고'의 바둑 대결을 통해 인공지능이 인기를 끌게 되고 의료뿐 아니라 모든 분야에서 인력 부족을 인공지능으로 대처할 수 있다는 의견들이 나왔습니다. 이러한 이슈를 통해 학교에서 개최된 '인공지능의 발전은 인류의 삶에 긍정적으로 기여할 것이다.'라는 주제에 대한 토론이 진행되었습니다. 저는 인공지능이 아무리 발달해도 감성을 가진 인간의 직업을 대신할 수 없다는 생각에 반대하는 입장을 표명하며 토론에 참여했습니다. '만들어진 생각'을 읽으면서 인공지능에 대한 고등학생들의 입장을 정리하였습니다. '지피지기 백전불패'라는 말이 있듯 찬성 측의 근거도 찾아보았습니다. 영상의학 등 환자와의 접촉이 필요 없는 의료 분야에서는 인공지능의 도입이 효율성과 인력 보충 그리고 개개인을 위한 맞춤 서비스가 다방면으로 제공될 수 있다는 근거가 있었습니다. 그 외에도 교육 부분에서 MOOC(온라인 공개 수업)와 같은 균등한 기회의 제공, 인간에 대한 이해 등 긍정적인 측면에 기여한 사실도 알게 되었습니다. 토론 활동을 준비하면서 처음의 편견을 바탕으로 인공지능에 대해 부정적으로만 생각한 것은 아닌지 반성의 기회를 가진 후 인공지능의 도입이 경제적, 교육적 분야에서 긍정적인 결과를 얻을 수 있다고 생각하였습니다. 편견은 사람의 시야를 좁혀 다른 면에 대한 긍정적인 면을 보지 못하게 할 수 있음을 깨달았습니다. 따라서 항상 저의 주장만 내세우기보다 다른 입장을 가진 사람들의 이야기를 들어가면서 최선의 해결책을 찾기 위해 노력할 것입니다.

간호학과 지원자이기에 당연히 생물에 관련된 활동, 봉사에 초점을 맞춘 능력을 보여주기 쉽습니다. 하지만 간호사는 늘 여러 사람과 접해야 하는 직업인만큼 소통 능력도 좋아야 합니다. 직접적인 능력을 보여줄 수 있는게 없으면 이렇게 간접적 영역을 보여주는 것도 의미가 있습니다. 물론 내용의 소재는 너무나 접근하기 쉬운 토론으로 하였지만 그것에서 본인만의 의미를 도출해내었습니다. 또 지극히 일반적인 소재이지만 지원자의 교과 성적이 1점대 후반인 것을 고려해서 본다면 나쁘지 않게 볼 수 있습니다.

지방 국립대 경영학과 최종 합격

배운 지식으로
현실을 판단해보기!

자기 생각을 논리적으로 표현하기 위해 인문 논술 반에 들어가 여러 주제에 대한 글을 썼지만, 원전에 대하여 글을 쓴 것이 기억에 남습니다. 예전에 원전 사고에 관한 영화를 본 이후로 후쿠시마 원전사고 같은 재난이 언제 다가올지 몰라 탈원전을 지향하는 정부의 방향에 공감하였습니다. 하지만 글을 쓰기 위해 자료를 찾으면서 원전의 위험성보다 장점에 대해 주목하게 되었습니다. 원전을 포기한다면 사고의 위험에서 벗어날 수도 있지만, 우리나라 제1발전양식인 화력발전에서 나오는 이산화탄소가 엄청나다는 점과 원자력발전보다 수십 배의 땅이 필요하지만, 효율이 낮아 당분간 계속 적자를 낼 것으로 예상되는 신재생발전이 원전의 빈자리를 대체하기 어렵다고 생각해 탈원전보다는 원전기술에 대한 안전 기준을 강화하고 핵폐기물 처리 문제, 신재생 에너지에 대한 투자를 늘리자고 주장하게 되었습니다.

끝으로 독서 활동 시간은 사학자를 희망하는 제가 당면할 과제에 대해 배우고 고민할 수 있는 시간이었습니다. 당시 AI가 뜨거운 감자로 떠오르고 있었기에 AI에 대한 '딥 씽킹'을 읽게 되었습니다. AI가 인류 이상의 능력을 갖추고 있고 이로 인해 미래에 AI와 로봇에게 일자리를 뺏길 것이라는 이야기를 듣고 AI에 대해 부정적인 시각을 가졌습니다. 하지만 AI의 장점이 인류의 창의성을 더 높은 경지로 데려다줄 것이라는 예측과 AI를 경쟁 대상이 아닌 진보를 위한 파트너로 보게 되었습니다. 오늘날 중공업 현장에서 사람을 대신해 기계가 많은 부분을 대체하지만 19세기 초 영국에서는 일자리를 찾기 위해 기계를 부수는 저항이 있었듯이 변화에는 반대가 뒤따르나 새로운 변화는 인류 발전에 기여하였습니다. 저는 이 책의 저자처

럼 변화를 두려워하는 사람들에게 긍정적인 시선을 가지
고 이끌어주는 사학자가 되겠다는 결심을 하였습니다.

자소서 2번의 두 번째, 세 번째 문단입니다. 두 문단 모
두 비판적인 모습을 살리기 위해 노력했던 기억이 납니
다. 이렇게 본인이 책에서 본 내용에서 한 발자국 더 나
아가 줘야 합니다. 단순히 '무엇을 배웠다', '무슨 주
제에 대해 토의했다'라고 쓰는 것은 빈칸으로 두는 것
과 큰 차이가 없을 정도입니다. 토의하고 주장했다면,
'어떤 주장을 했고, 근거는 무엇'이었는지 적어주세요.

지방 사립대 특수교육학과 최종 합격

관련 용어의 사용!

도움반 친구들과 함께 장애인 체육대회를 나가기 위해 연
습했습니다. 종목에는 후크볼, 라켓룬 등이 있었고, 특히
'보치아'의 게임 규칙과 잘할 수 있는 방법을 설명하는
데 중점을 두었습니다. 시범을 보여주며 규칙설명을 했
지만 그들은 잘 따라 하지 못했습니다. 찬찬히 관찰해보
니 그들은 전부 다른 상황에 처해 있었습니다. 그래서 팔
의 움직임이 한정적이었던 친구에게는 경기 시작부터 공
과 비스듬하게 앉으라고 하였습니다. 힘이 없는 친구에게
는 다른 친구가 너의 공을 밀어줄 것이니 최대한 목표점
과 일직선으로 공을 굴리라고 하였습니다. 목표점보다 공

을 멀리 보내는 친구에게는 힘을 빼보라는 등 개개인의 특성에 맞는 방법을 모색하여 각각 다른 조언을 해주었습니다. 이를 통해 일반화의 효율성도 중요하지만 특수교육에서는 개인의 다양성 역시 중요하다는 것을 느꼈습니다. 학생 개개인에게 관심을 가져서 '할 수 없는 것', '할 수 있는 것', '배우면 할 수 있는 것'을 구분하고 최대한 잘 습득하도록 도와 자립심을 키워주는 특수교사가 되고 싶습니다.

특수교육과를 지원한 학생의 2번 문항입니다. 장애인 체육대회를 준비하며 도와준 내용으로 채워졌는데요. 업그레이드하기 위해 추가한 것이 '후크볼', '라켓룬', '보치아' 등의 게임명입니다. 장애인 체육대회에 대한 관심도 표현하고, 게임 규칙에 대한 자세한 설명도 필요도 없어져서 글자 수를 아낄 수 있었습니다. 활동이나 실험의 진행 과정에서 사용된 전문용어 비슷한 것이 있다면 꼭 살리시길 바랍니다.

사례

지방 사립대 광고 관련 학과 최종 합격

구체적으로! 또 구체적으로!

1학년 때 영어 과목에 대한 흥미로 시작한 활동이었습니다. 지역 대학의 영어 신문동아리와 영어 방송국을 취재하면서, 스스로 영어에 흥미를 느낄 수 있는 동기가 되었기에 그다음 해도 동아리 활동을 이어갔습니다. 특히 영어 방송국 탐방을 통해 스포츠 소식을 전하는 생방송 프로그램에 참여하기도 했습니다. 진행자로부터 제가 좋아하는 팀을 좋아하는 이유와 그해의 전망에 대해 대답했습니다. 1년 동안 각자 취재한 내용을 담은 영어 기사를 모아서 신문으로 발행했습니다. 1학년 때는 "롯데 야구팀의 현재와 미래", 2학년 때는 "롯데 자이언츠와 리버풀의 동병상련"이라는 제목으로 기사를 작성했습니다. 기사를 작성하면서, 스포츠에 관심 없는 친구들에게는 지루할 수 있다고 생각했습니다. 그래서 스포츠에 관심 없는 친구들도 관심을 가질 수 있도록 노력했습니다. 예를 들어 OPS라는 어려운 야구 용어를 '야구에서 장타율과 출루율을 합친 수치'라고 설명했습니다. 기사에 맞는 어휘 선택의 어려움을 느꼈습니다. 외국 기사들을 살펴보면서 기사 내용에 맞는 단어로 표현해야 한다는 점을 배웠습니다. 예를 들어 외국 스포츠 기사에서 '팀의 몰락'에 쓰이는 표현들에는 'crumbled', 'break down'이 있었습니다. 이러한 활동을 통해, 기자는 글도 잘 써야 할 뿐만 아니라 독자가 이해하기 쉽게 어휘 선택도 신경 써야 하고 그에 맞는 관련 자료도 찾아보면서 한 기사를 적는데 큰 노력을 해야 한다는 점을 깨달았습니다.

뒷부분의 '팀의 몰락'을 나타내는 단어들을 제외하고는, 모두 학생의 실제 이야기를 기술한 것입니다. 주제의 구체성, 문제 해결 과정의 구체성 등이 모두 잘 살아 있습니다. 제가 첨삭을 하는 과정에서 제일 많이 쓰는 단어가 '구체성'입니다. 초안에서는 '기사들을 작성했습니다', '영어 표현들을 새롭게 배웠습니다'라고 표현되어 있었습니다. 어떤 방법으로 구체화할 수 있는지 좋은 예시가 될 것 같아 첨부해보았습니다.

제목 달기와 빈 줄 넣기

적극적인 자세로 광고인을 만나보다

2학년 때 '선정적 광고가 청소년에게 미치는 영향'을 주제로 논문 대회에 참가하여 광고가 청소년에게 부정적인 영향을 미칠 수 있다는 점을 설문을 통해 검증했습니다. 이에 실제 사례를 확인하고 싶어 3학년 때 '청소년 대상 광고의 실태와 개선 방향'을 주제로 교내 논문대회에 한 번 더 참가하였습니다. 광고의 역기능 사례와 그에 따른 제재 방안으로 관련 교육의 필요성을 제안하고 광고가 청소년에게 미치는 엄청난 파급력을 조사하였습니다. 논문을 작성하던 중 광고 관련 자료 수집이 어려웠고, 도움을 받기 위해 광고업계에 종사하시는 분께 직접 이메일로 연락을 드려 만나보았습니다. 면담을 통해 광고가 만들어지는 과정과 광고인의 준비 과정에 대해 생생하게 알 수 있었고 조언과 충고를 들을 수 있었습니다. 희망하는 분야에 계신 분을 직접 만나 보니 광고인의 되겠다는 의지를 굳건히 다질 수 있었고, 그 분야에 대한 지식도 누구보다 자세히 들을 수 있었습니다.

창의력의 원천을 고민해보다

독서와 토론으로 여러 분야의 풍부한 지식을 쌓아보고자, 친구들과 함께 뜻을 모아 '토론과 독서 토독토독 동아리'를 만들었습니다. 각자 관심 분야의 책을 선정하고, 토의 주제를 정하여 다양한 테마들을 접해볼 수 있었습니다. 경제학, 심리학, 철학 등 여러 학문에 대한 토론을 거치며 '광고의 창의력'의 원천에 대해 깊이 생각하게 되었습니다. 광고는 그저 반짝 튀는 아이디어와 강렬한 이미지로 만들어진다고 생각했었는데, 인간을 설득하는 것이니 우선 '인간'에 대해 알아야 하므로 '인문학적 소양'에서부터 광고의 창의력이 나온다는 것을 깨달았습니다. 그중에서도 인간의 마음을 이해하는 '심리학'과 설득을 위한 '커뮤니케이션 능력'이 광고인에게 가장 필요한 소양이라고 생각이 들어 이를 발전시키기 위해 담당 선생님께 말씀드려 또래 상담사에 자원하기도 했습니다. 창의력은 막연하게 타고나는 것이라 생각했지만 노력으로 성장할 수 있다는 깨달음은 또 하나의 긍정적 자극이 되었습니다.

최상위권 대학, 학과의 경우가 아니라면 2번 문항에서 소제목을 달아보는 것도 나쁘지 않습니다. 평가자가 한눈에 각 문단의 의도를 확인할 수 있고, 내용이 더 잘 표현된 것처럼 착각하게 할 수 있기 때문입니다. 더불어 중간에 빈 줄을 넣는 것도 시각적으로 '시원한 느낌'을 줄 수 있습니다. 자소서의 글자 수는 byte로 처리되기 때문에 부담 없이 사용하셔도 됩니다.

지방 거점 국립대 건축학과 최종 합격

과정이 중요하지,
결과가 중요한 것이 아니다.

(과학 경시)

3학년 1학기에 교내 과학 경시대회에 지원했습니다. 막 공부를 열심히 하기로 마음을 먹었던 시기라 더욱 열정이 뜨거웠던 것 같습니다. 생활기록부에 입상기록을 올릴 좋은 기회이기도 하고 경시대회를 토대로 성적 향상도 이루어보고 싶었습니다. 두 과목을 선택하여 시험을 보는 형식으로 진행되었는데, 화학과 생물을 선택했습니다. 2주간 학교 수업에 집중하고 인터넷 강의 시청과 더불어 따로 2시간씩 시간을 정해놓고 공부했습니다. 한 문제 차이로 아쉽게 입상하지는 못했지만, 이때부터 과학에 재미를 붙여서 이후에 과학 성적을 많이 올릴 수 있었습니다. 학교 공부에 재미를 붙이고 학습 습관이라는 큰 결실을 가져다준 시간이었습니다.

(수학동아리 – *테*랄)

건축학과라는 목표가 생기고 마음속에 가장 급했던 것이 수학 성적 향상이었습니다. 그래서 1학년 때의 영어 관련 동아리, 2학년의 운동 동아리에 이어, 이번에는 수학 동아리에 가입하였습니다. 운이 좋게도 수학 내신 1등급 친구의 옆자리에 앉게 되었고 그 친구에게 많은 도움을 받았습니다. 기출문제 중에 난이도가 높은 문제를 칠판에 적고 같이 풀어보는 방식으로 진행되었습니다. 옆자리 친구가 착해서 친절하게 설명해주었지만 그래도 가끔은 이해가 안 되는 문제들이 있었습니다. 친구의 성의와 고마운 마음에 설명을 들으며 이해한 척하고 머릿속으로 계속 풀어내 보려고 노력했던 기억도 여러 번 있습니다. 또한 잘하는 친구들의 스킬을 접해보는 것도 좋은 경험이 되었습니다. 특히 확률 문제들은 답안지에 나와 있는 풀이 외에도 다양한 접근법으로 쉽게 답을 구할 수 있는 경우가 많았습니다. 짧은 순간에는 안 되겠지만, 수학 능력 시험 전까지는 최대한 그 친구들을 따라잡기 위해 노력할 것입니다.

학생들이 자소서를 부담스러워하는 이유 중의 하나가 훌륭해 보이는 결과물이 떡하니 있어야 할 것 같은 부담감입니다. 그런 것이 있으면 좋지만, 그런 친구들만 학생부종합전형에 도전한다면, 이 전형은 매년 미달일 것입니다. 내가 지원하는 곳이라면, 경쟁자들도 나랑 비슷합니다. 눈에 띄는 결과물이 없더라도 열심히 한 부분이 있으면, 그 과정에 대해서 열심히 적어보세요. 결과를 억지로 포장할 필요도 없습니다. 글을 읽는 입장에서도 담담하고 솔직한 평가로 마무리하는 것이 편안하게 느껴집니다.

사례

지방 국립대 기계공학과 서류 불합격

가능하면 다양한 주제로!

2학년 때 학교 내에서 실시한 **시 교육청 주관 '원어민과 함께하는 고교 영어 인터뷰'에 참가하였습니다. 인터뷰는 두 가지 주제를 미리 선정하여 그와 관련된 내용을 영어로 원어민과 대화하는 활동이었습니다. 이 활동에 참여하게 된 이유는 평소에 누나가 외국인을 많이 집에 데려왔는데 외국인과 말하는 부담감이 있어서 이 활동을 하면서 조금이나마 영어로 말하는 것에 대해서 자연스러워지고 싶었습니다. 1학년 때에도 이 활동을 할 수 있었지만, 그때에도 외국인과 대화한다는 점에서 부담감이 있어서 못했습니다. 그러나 2학년 땐 자신감을 가지고 해보자는 생각으로 참여하였습니다. 이 활동을 하기 위해서 미리 CNN 뉴스를 보면서 어떻게 영어로 대화하는지에 대해서 배우고 평소보다 영어단어를 열심히 외우면서 영어 어휘에 대한 부분을 극복할 수 있도록 노력했습니다. 그 결과 생각보다 인터뷰는 쉽고 재미있게 진행할 수 있었습니다. 그리고 외국인과의 대화에 대해서 자신감도 가지게 되었고 그 뒤에 외국인과 대화할 기회가 생겼을 때 편하게 할 수 있게 되었습니다.

2학년 때 동아리 활동으로 '*파람'이라는 기타 앙상블 팀의 동아리 부원으로 활동하였습니다. 이 동아리를 처음에 들어갈 때는 기타를 1학년 때 조금 배운 것이 있기는 했지만 다른 부원인 친구들에 비해서는 실력이 많이 부족하였습니다. 부족한 기타 실력을 보충하기 위해서 점심, 야간 자율학습 시간을 활용하여 다른 부원들만큼 기타를 연주하기 위해서 기타 연습도 하였습니다. 연습하여도 부족했던 곡들이 몇 개 있었지만 다른 부원들보다 노래를 열심히 부르는 것으로 최대한 부원들에게 도움이 되도록 동아리 전체를 위해서 노력했습니다. 그렇게 연습을 해서 여러 학교 행사 때에 기타를 연주하였고, 문화회관 야외무대에서 열린 길거리 음악회에 참가하였습니다. 1년 동안 열심히 노력했다는 점에서 매우 뿌듯하였습니다. 이 활동을 시작한 계기로 2학년 한해를 여러 활동을 적극적으로 할 수 있게 된 출발점이 되었으며 다른 활동을 할 때도 자신감을 가지고 도전해보게 되었습니다.

2학년 때와 3학년 때 진로에 관련된 논문을 읽고 감상문을 쓰는 대회가 있어서 참여하였습니다. 이 대회에서 저는 최근 사회의 이슈 중 하나인 미세먼지에 대한 논문을 주제로 선정하였습니다. 총 7개의 논문을 읽고 그중에 3개를 골라서 감상문을 쓰게 되었습니다. 여기에는 초미세 먼지 농도에 따른 질환, **지역 겨울철 초미세 먼지 배출원 기여도, **지역 용도별 미세먼지의 특징에 대한 논문을 사용하였습니다. 감상문을 쓴 뒤에 느낀 점은 생각보다 미세먼지에 대한 현재 논문의 수가 부족하고 논문이 있더라도 대부분이 2015년 이전의 논문들이라서 더욱더 최근에 심각해진 미세먼지에 대한 원인 등을 알기는 쉽지 않았습니다. 하지만 미세먼지에 대한 여러 문제를 알게 되었고 이 부분에 관해서 연구해서 미세먼지 중 어떤 물질이 건강에 해를 입히고 어떤 곳에 그 물질이 나오는지에 관한 새로운 사실을 알아내고 싶었습니다.

2번 문항은 가능하면 3개의 덩어리로 구성하라고 말씀드렸습니다. 그 안에서 가능하면 3가지의 아이템이 균형을 이룰 수 있도록 신경을 씁니다. 예를 들어 3가지 모두 너무 학업적인 것들로 채우지는 않습니다. 학업적인 것 2개가 나왔다면 나머지 1개는 발표능력이나 예체능과 연관 있는 것으로 선택합니다. 구상과정에서 먼저 확정된 이야기 2개가 활발한 활동들이 주요 내용이라면, 마지막은 연구하고 앉아서 파고드는 느낌으로 꾸며 봅니다. 이 예시도 표현은 조금 아쉽지만, '회화능력', '기타', '논문연구'라는 큰 흐름 속에서 다양한 면을 보여주려고 했었습니다.

동일 대회에 계속 참여한
경험 살리기!

인문·자연 주제 탐구대회라는 기회는 우연히 다가왔습니다. 1학년 사회시간에 모둠 과제의 주제로 '사회적 기업'을 골라서 수행하던 중 인문·자연 주제 탐구대회가 열리게 되었고 한 번쯤 참가해보면 좋을 것 같아 동일한 주제로 참가하게 되었습니다. 하지만, 시간에 쫓겨 급하게 준비했던지라 상은 받았지만, PPT를 만들고 발표하는 데 부족함을 느꼈고 아쉬움이 많이 들었습니다.

그래서 2학년이 되어 '원전'과 관련된 주제로 새로운 구성원과 함께 다시 도전해보기로 결심했습니다. 준비 과정에서는 1학년 때보다 마음이 홀가분했습니다. 1학년 때는 과제로서 준비하는 느낌이었다면, 2학년 때는 정말 관심 있는 분야를 '탐구'하는 느낌이어서 오히려 즐거웠습니다. 또한 팀원끼리의 합이 잘 맞아서 그런지 그리 뛰어난 친구들로 구성되지 않았음에도 불구하고 좋은 결과를 얻을 수 있었습니다.

이 활동을 하면서 주제와 관련된 지식을 습득한 것도 좋았지만 발표를 위해 관련 정보를 인터넷은 물론 서적을 통해서도 구해보고 선생님께 조언도 얻어가면서 진정한 탐구를 처음으로 해보았던 것 같아서 더 좋았습니다. 1학년 때는 남의 정보를 도둑질해서 쓴 느낌이라면 2학년 때는 정보들을 조합하여 다시 생각해보고 친구들과 얘기해보면서 나만의 것으로 만들어가는 느낌을 받아서 색다르기도 했습니다. 또한 같은 활동을 각각 다른 팀으로 참여해보니 '평범한 다수라도 뛰어난 개인을 능가하는 무언가를 해낼 수 있다'라는 것을 깨달을 수 있었습니다. 만약 혼자 했다면 힘들었을 분량의 보고서도 역할 분담을 통해 완벽하게 끝낼 수 있었고, 발표와 ppt의 내용을 구성할 때도 다양한 의견들이 모여서 보다 나은 준비를 할 수 있었기 때문입니다.

대부분의 대회는 1년에 1회 진행이 됩니다. 그런 대회를 2회 참여했다는 것은 그 자체만으로 관심도나 꾸준함 등을 보여줍니다. 또한, 첫 번째는 입상하지 못하거나 장려상 정도 입상했을 확률이 높습니다. 더 낮은 학년이니까요. 그에 비해 두 번째에는 학년도 높아지고 경험도 있기에 더 좋은 상을 타는 경우가 많습니다. 그랬을 때는 두 번의 노력을 모두 표현해 주면 좋습니다. 꼭 제가 말한 것처럼 입상한 경우가 아니더라도, 말은 하기 나름이니까요. 본인이 2회 참여하여 1번이라도 입상한 대회가 있다면 자소서 2번의 후보로 올려놓으세요.

2번 문항은 1번, 3번, 4번 문항 쓰고 남은 아이템 중 제
일 좋은 것 3개 들어오는 자리

[벽화를 통해 배운 협력]

두 번째는 미술 프로그램 봉사를 하던 요양병원에서의 벽
화 그리기 활동입니다. 매달 정기적으로 재능기부 봉사활
동을 진행하던 요양병원에서의 프로그램 수업 이후 나가
는 길에 본 회색 외벽은 어딘지 모르게 쓸쓸하고 삭막해 보
였습니다. 외벽이 화사하다면 어르신분들과 병원의 분위
기가 좀 더 밝고 따뜻해 보이지 않을까 생각했던 저는 병
원 담당자분께 말씀드려 벽화 프로젝트를 진행하게 되었
습니다. 규모가 컸기 때문에 혼자 할 수 없던 저는 교내 미
술부에 협조를 구해 받은 희망자들과 관심이 있는 친구
들 11명을 모아 함께 벽화를 그리게 되었습니다. 어르신들
의 즐겁고 행복했던 순간을 표현하기 위해 옛날 시골 풍경
을 주제로 잡고, 밑그림 선정에 불만을 줄이고 다양한 아
이디어를 얻기 위해 한 사람당 한 작품씩 그려 담당자님
께 선정을 부탁드렸습니다. 또한 어르신들의 어린 시절
의 모습을 밝고, 화사한 분위기로 그린 저의 작품을 바탕으
로 하여, 다른 친구들의 그림 중 좋은 아이디어를 더해 각
자의 개성을 담아 그리고 채색을 하게 되었습니다. 진행
과정에서 계속되는 무더위와 독한 페인트 냄새에 지친 친
구들이 힘들어하고 지쳐갈 때 이들을 격려하며 프로그램

을 진행하였습니다. 벽화에 대한 건의사항과 요구사항들을 듣고 최대한 수용하여 친구들과 큰 마찰 없이 순탄하게 벽화를 마무리 지을 수 있었습니다. 벽화 활동을 마무리 지으면서 공동체 활동 중 '협력'에 대해 알게 되었고, 단체봉사 중 리더 활동을 하며 갈등 사안을 최소한으로 줄이도록 노력하며 리더는 같이 활동하는 사람의 '위'가 아닌 '동등한 위치'에서 보조하고 지원하는 역할임을 알게 되었습니다.

보통 4번 문항이 있는 대학들이 많습니다. 그중 1번, 3번, 4번 문항은 2번 문항보다 들어가야 하는 주제가 더 명확한 편입니다. 그러다 보니 2번 문항은 다른 문항들에서 사용하지 못한 괜찮은 이야깃거리를 써주는 곳이기도 합니다. 위 문항은 정확히는 3번 문항에 더 적합한 스토리입니다. 하지만 학생이 꼭 자소서에 나타내어 자랑하고 싶다면, 들어올 수 있는 가능한 자리는 2번 문항입니다. '이거는 나눔이나 협력인데…'하고 고민하실 필요 없습니다. 평가자는 자기소개서 1번부터 4번 문항을 아주 빠른 속도로 읽고 포괄적으로 평가하기 때문입니다.

IV.
자기소개서
3번 문항 따라하기

HB

자기소개서 3번 문항

학교 생활 중 배려, 나눔, 협력, 갈등 관리 등을 실천한 사례를 들고, 그 과정을 통해 배우고 느낀 점을 기술해주시기 바랍니다 (1,000자 이내).

'인성'을 평가하는 항목입니다. 하나의 이야기로 1,000 자를 이끌어가면 아무래도 지루해지기 쉬워서, 550자 정도의 큰 덩어리와 450자 정도의 작은 덩어리로 구성합니다. 큰 덩어리는 '갈등관리'로, 작은 덩어리는 '외부봉사활동'이 제일 무난합니다. 우선, '갈등관리'에 대해 설명하겠습니다. 겉으로 화려하게 드러나는 활동보다는 학생이 개인적으로 신경을 많이 썼던 내용을 주제로 삼으시면 됩니다. 학생들에게 보통 이렇게 질문합니다. '가장 짜증 났던 인간관계는?', '내신 공부 외에 가장 스트레스받았던 일은?', '고등학교 기간 인간적으로 내가 참 멋있었다고 생각했던 경험은?', '내가 반 아이들에게 기여했던 일이 있는지?' 등입니다. 이런 주제로 본인의 심정과 문제 해결을 위해 노력했던 행동들을 표현해주면 됩니다. 글이 지극히 감정적으로 보일 수 있습니다. 3번 문항은 그래야 좋습니다. '인성'을 평가하는 문항이니까요. 작은 덩어리 450자 문항은 외부 봉사 활동에 대하여 적는데... '어떤 봉사를 하러 가서 무슨 활동을 했다. 그래서 느낀 점은 이렇다.'라고 하면 평가자는 기억에 남는 것이 하나도 없습니다. 대부분 그렇게 쓰니까요. 10년째 그런 자소서를 수백 개씩 읽는다고 생각해 보세요. 극한 직업이지요. 재미도 없고. 실제로 일어나는 일입니다. 그래서 여기에서는 광고적 기법을 이용합니다. 하나의 장면을 제시해주는 것이죠. 이미지화해서, 그거라도 평가자의 머리에 남기도록 시도합니다. 어떤 봉사이고 언제 갔는지 등은 아주 간략히 적어줍니다. 그리고 본인이 가장 기억에 남는 한순간을 그림으로 그려봅니다. 그리고 거기에 대한 생각이나, 느낀 점, 평가들을 제시해주고, 끝. 이렇게 1,000자를 채워보십시오.

강 선생님

성 포인트

이 선생님

3번은 1, 2번과는 조금 다른 영역입니다. 나눔이나 협력 또는 배려와 갈등 관리 등 인성적 측면이 강하게 드러나는 항목입니다. 자소서를 쓰는 학생들이 3번 항목에 대한 질문을 많이 합니다. 3번을 통해서 보고 싶은 것은 우리가 공부하고 연구하는 모든 것들이 대학이나 사회에 나갔을 때 혼자만의 능력이 아니라 협업이나 조직과 어울릴 수 있는 공동체 의식을 갖춘 사람을 원합니다. 특히 4차 산업혁명의 추세로 각기 다른 전문분야의 다양한 사람과의 원활한 소통이나 상호 이해가 매우 중요하게 작용합니다. 그래서 최근 더욱 중요해지는 항목입니다. 기술할 때는 추상적이거나 선언적인 내용보다 실제 경험한 사례를 매우 구체적이고 세밀하게 쓰는 것이 좋습니다. 그리고 그 경험을 통해서 깨닫거나 느낀 것을 반드시 포함하는 것이 필요하고 중요합니다.

홍 선생님

자기소개서 3번은 지원자의 '인성'을 평가하는 항목입니다. 문항에 나와 있듯이 배려, 나눔, 협력, 갈등 관리의 사례를 적고, 배우고, 느낀 점을 드러내면 됩니다. 지원자가 학업적인 능력 외에도 학교 또는 사회 속에서 사람들과 어떻게 관계를 맺으며, 어떤 역할을 할 수 있는지를 평가합니다. 이 부분에서 리더로서 주도적 역할을 보여주어도 되지만 꼭 그렇지 않은 사례도 됩니다. 구성원으로서 자신의 역할에 충실하며 배우고 느낀 점을 작성해도 됩니다. 이 문항을 작성할 때 주의할 점은 본인을 너무 부각하기 위해 환경이나 주변인들을 너무 부정적으로 나타낼 수 있다는 것입니다. 그렇기 때문에 문제의 해결 과정에서 자신의 역할을 중심으로 작성하고, 주변의 도움을 받은 후 어떻게 긍정적 변화를 이뤄냈는지를 표현하는 것도 좋습니다.

4-2 학생 원본
vs 선생님 첨삭본

첨삭 지도 1 :
지방 사립대 의료보건 계열 합격

첨삭 지도 전

학교생활을 하면서 나의 경험이 누군가에게 나눔이 되고, 배려가 되는 조직과 단체를 위해서 협력적 행위가 어떤 것인지를 찾아보고 작성해야 합니다. 단순한 느낌이나 소감으로는 부족하고, 구체적 행위를 통한 변화된 모습까지 보여줄 수 있는 글이 좋습니다.

학교 동아리 봉사활동을 통하여 다른 사람을 위해 봉사하고 또 그 사람들에게 힘이 된다는 것이 얼마나 뿌듯한지를 느끼게 되었습니다. 비록 몸은 조금 힘들지만, 간호사가 되어 많은 사람을 돕게 되면 보람도 느끼고 행복하지 않을까 생각하며 다시 한번 의지를 다지게 되었습니다. 친구들과 갈등이 많지는 않았지만 사소한 일로 감정이 상할 때는 있었습니다. 그런 상태가 지속되면 결국은 싸움으로 이어지는데 감정이 상한 일이 있을 때 웃어넘기지 못할 일이라면 마음에 담아두기보다는 친구에게 나는 너의 이런 행동 때문에 기분이 상했다고 말하고 그 친구 또한 저에게 마음 상한 것이 없는지 물어보고 오해의 소지를 남겨두지 않았습니다. 그래서인지 친구들과 큰 다툼 없이 잘 지내는 것 같습니다.

간호사의 꿈을 갖고 노력을 성실하게 한 경우이지만 전공 적합성이나 학교생활 등에 비해서 자신을 표현하는 것이 서툴러서 자신의 장점을 잘 부각하지 못하였음. 생활기록부와 틈틈이 써놓은 일기장과 플래너 등을 참고하여 꿈과 희망을 위한 노력의 과정과 결과물에 대한 진실한 마음을 포함할 수 있는 방향으로 전개하여 숨겨진 글쓰기와 표현의 재능을 발휘하는 면모를 보여줌.

2학년 때 학교생활에 적응을 잘하지 못해서 힘들어하는 친구가 있었습니다. 말수도 적고 늘 혼자 있는 친구였습니다. 발표 수업 때 같은 조가 되어서 친구와 얘기를 해야 했습니다. 발표조의 배정이 있던 날 급식을 혼자 먹는 모습이 안타까워서 먼저 다가가서 말을 건넸습니다. 당황하면서 불편한 기색을 보였습니다. 감정이 상했지만 참고 제 소개를 먼저 하였습니다. 간단하고 짧게 필요한 대답만 해서 첫날은 더 이상 대화를 할 수가 없었습니다. 친구의 말과 행동을 유심히 관찰하고 좋아하는 것을 파악하려고 했습니다. 친구는 필기구를 모으는 취미가 있었습니다. 그리고 필기구에는 작은 스티커로 꼭 자신의 물건임을 표시해두었습니다. 주말에 봉사활동을 마치고 친구가 좋아할 만한 샤프와 삼색 볼펜을 사서 친구 이름을 붙여 건넸습니다. 매우 놀란 표정 속에는 기쁨의 눈빛이 있었습니다. 필기구를 좋아하는 걸 어떻게 알았냐는 질문은 중요하지 않았습니다. 그날부터 친구와 즐겁게 공부하고 쉬는 시간에는 서로의 이야기를 했습니다. 친구의 꿈은 치위생사였습니다. 어릴 적에 구강에 문제가 있어서 입 냄새가 나는 특이한 질병이 있어서 성격도 바뀌고 대인관계를 기피했다고 했습니다. 저는 친구에게 제가 친하게 지내던 친구들도 소개해주고 발표자료를 만들기 위해서 같이 밤을 새우기도 했습니다. 2학년 마지막 날 봄방학을 하던 날에 친구는 나이팅게일 모자를 저에게 선물하였습니다. 그리고 꼭 저에게 꿈을 이루라고 하면서 가관식 날이 기다려진다고 했습니다. 순간 눈물이 핑돌았습니다. 집에 와서 친구가 써준 편지를 읽으면서 또 한 번 울었습니다. 입 냄새 완치가 안된 줄 알면서도 모른 척했던 저에게 정말 고마웠다는 내용이었습니다. 조별발표를 위해서가 아니라 정말 친구를 좀 더 아끼고 위하는 마음이 부족했던 저 자신이 원망스러웠습니다. 제 꿈인 간호사는 누구도 차별하지 않고 있는 그대로의 인간

을 사랑해야 한다는 사실을 일깨워준 고마운 친구
였습니다.

첨삭 지도 2 :
지방 사립대 관광 계열 합격

첨삭 지도 전

학교청소에 할 청소 분담 구역을 정하는데 저희 반
이 4층이어서 쓰레기 분리수거 제일 기피하고 마지막
에 항상 남아서 제가 직접 자원하여 청소 분담 구역
을 맡았습니다. 제가 이 구역을 맡은 이유는 저는 평소
에도 걷는 것을 즐기기 때문에 저에게는 정말 좋은 청
소 구역이었기 때문입니다. 그런데 분리수거를 하다 보
면 교실에는 공간이 좁기 때문에 모든 종류의 쓰레기통
을 둘 수 없기 때문에 결국 몇몇 종류의 쓰레기를 같
이 담아야 했습니다. 그래서 내려와서 그것을 열심히 분
리수거를 해야 하는데 아이들이 분리수거를 똑바로 하
지 않아 다 섞여 있거나 또는 제대로 다 마시지 않은 병
을 버려 쓰레기통에서 냄새가 나는 일이 한두 번 일
이 아니었습니다. 그래서 친구들에게 몇 번씩 우리가 이
런 수고를 하고 있다고 함에도 제대로 분리수거가 되

교칙의 준수와 분리수거 등에 대한 일화를 활용하여 배려하는 모습이나 공동체 정신을 발전시키는 좋은 사례가 될 수 있습니다. 다만 좀 더 구체적이고 일회성의 일이 아닌 지속적인 나의 노력을 보여주는 방향으로 기술하는 것이 필요합니다.

지 않았습니다. 그래서 저는 아이들에게 모두 집중하고 있을 때 제대로 말하고 쓰레기통에 잘못된 쓰레기가 있으면 그것을 잘못 버린 친구에게 가서 한 번 더 말해줘서 이러한 일들을 점점 줄여나갔습니다. 그리고 평소에 환경에 관심이 조금 가지고 있었는데 하루에 정말 쓰레기가 많이 나온다는 것을 실감할 수 있었습니다. 그것을 보면서 평소에 쓰레기를 줄여야 한다는 생각을 하고 있었지만 그렇게 와닿지 않았는데 이번 기회를 통해 또 크게 느끼게 되었던 것 같습니다. 그리고 분리수거를 하면서 나도 분리수거하는 것을 잘 모른다는 생각을 하게 되었습니다. 그래서 완벽히는 아니지만 청소를 맡은 기간 동안 열심히 관심을 갖고 하게 되었던 것입니다. 방 배정을 하는데 3명이 한방을 쓰게 하였습니다. 저랑 친구랑 낯을 많이 가리는 친구 이렇게 같이 한방을 쓰게 되었는데 그 친구가 많이 불편해할까 봐 어색하지 않게 말도 하고 제가 맛있다고 들은 음식 사온 것을 같이 나눠먹으며 최대한 불편하지 않게 해주었습니다.

학예제의 에피소드를 활용한 것으로 성공적으로 마무리한 부분에 대한 평가의 의미와 단합의 부분은 좋으나 좀 더 전체적인 글의 구성과 조합에 어울리도록 구성하고 마지막 느낀 점을 크게 변화를 주지 말고 살리면 좋겠습니다.

반 친구들이 학예제 나간다고 했는데 그런 부분이 방해된다고 생각할 수 있었는데 이해와 배려를 해주고 응원까지 열심히 해줘서 너무 고마워서 학예제 끝나고 춤춘 아이들끼리 받은 상금으로 모아서 반 친구들에게 선물을 해주었는데 전혀 아깝지 않았고 좋아하는 모습이 너무 기분이 좋았습니다. 이런 부분에서 정말 사람끼리의 정은 서로를 행복하고 기쁘게 해주는 것이라고 생각했습니다.

첨삭 TIP

자신이 좋아하고 잘하는 것이 무엇인지에 대한 고민과 성찰보다는 단순한 수치 정보에 의해서 꿈을 실현할 수 없다는 생각을 하였으나, 명확한 목표를 설정하고 학교생활과 비교과 활동 등을 꾸준히 하면서 장점을 잘 살림. 초안이 무난하게 작성되어 글 다듬기와 구체적인 표현을 강화하여 작성되도록 조언.

첨삭 지도 후

분리수거 활동을 하면서 '나 자신이 먼저 노력하면 모두가 변한다'라는 사실을 확인할 수 있었습니다. 저희 반은 4층에 있어서 분리수거를 하려면 1층까지 내려가서 운동장까지 가야 했습니다. 청소 당번을 정하는데 친구들은 분리수거를 꺼렸습니다. 하지만 저는 걷는 것을 좋아해서 산책하는 느낌으로 분리수거에 자원했습니다. 분리수거를 담당하다 보니 저는 분리수거가 정말 제대로 되지 않는다는 것을 알게 되었습니다. 반에서 분리수거를 제대로 하지 않으면 분리수거 담당이 내려와서 하나하나 다 빼서 다시 분리수거를 하여야 했습니다. 정말 너무 힘들었습니다. 매일 분리수거를 하면서 친구들에게 분리수거 방법을 설명하고 모두의 협조를 구했습니다. 그 결과 저희 반은 다른 반에 비해서 분리 수거율과 청결심사에서 항상 최고의 평가를 받았습니다. 소극적이었던 친구들이 조금씩 변하고 쓰레기 줄이기를 해야 할 필요를 모두가 느끼게 되었습니다. 또한 학급 회의 시간에는 일회용품 줄이기와 재활용 등에 대한 아이디어가 많이 나와서 가장 모범적인 반으로 지정이 되었습니다. 작은 노력이 시간이 지나면서 큰 변화를 이끌어내는 것을 느낄 수 있었습니다.

학예제를 준비하면서 친구들과 함께 춤을 추기로 하였습니다. 친구들이 각자 맡고 싶은 부분이 비슷해서 결정이 쉽지 않았습니다. 이러한 갈등을 보면서 저는 각자가 잘할 수 있는 부분과 하고 싶은 부분을 쓰도록 하고, 서로 그 이유에 관해서 토론하는 과정을 거쳐서 결정하도록 했습니다. 특히 한 곡에서 우선순위가 밀리면 다른 곡에서는 먼저 선택할 수 있도록 하였고, 서로의 장단점을 파악하는 과정에서 모두가 합의할 수 있는 배역을 맡게 되었습니다. 또한 춤을 잘 못 추는 친구들은 따로 시간을 내어서 함께 연습하고 도와주었습니다. 학예제 때 전교생의 박수갈채를 받으면서 서로 타협하고 대화하면서 함께 결정에 참여했을 때 더 좋은 결과라 나온다는 사실을 배울 수 있었습니다.

첨삭 지도 3 :
수도권 사립대 공학 계열 서류 합격

첨삭 지도 전

사람들과 소통이 중요해지면서 대인 관계에 있어서 역지사지를 중요한 덕목으로 생각하게 된 계기가 있습니다. 1학년 때 동아리에 참여하여 다양한 활동에 참여하였습니다. 그중에서도 사물놀이에 참여하여 장구를 치게 되었습니다. 처음에는 친구들과도 많이 친하지 않고 대부분 선배라 분위기가 경직되고 어색해서 연주가 잘 안 되었습니다. 하지만 여러 번 수업 후 서로 가까워지고 선배들도 저희의 긴장을 풀어주기 위해 먼저 말을 걸어주었습니다. 합주는 서로 간의 호흡이 중요한 만큼 화합이 잘되자 연주도 만족스러웠습니

좋은 소재입니다. 본인의 선행이 드러난 부분이 있어서 더욱더 좋습니다. 사물놀이의 구성과 역할 및 동아리 활동에서 단순한 악기의 선정에 대한 배려 외에도 활동을 하면서 세부적인 후배들을 위한 마음이나 행동 등을 한두 개 정도 더 추가하면 좋을 듯합니다.

다. 이 경험을 바탕으로 2학년 때 후배들에게 먼저 다가가고 배려하려고 노력했습니다. 특히 악기선정에 있어서 우선권이 선배들에게 있기에 1학년 후배들이 힘들어한다는 사실을 알고 있습니다. 저 또한 똑같은 경험이 있으므로 먼저 나서서 비교적 인기가 적은 악기를 선택했습니다. 선배로서 배려하는 것이 당연하다고 생각했고 덕분에 동아리 부원들은 협력하고 사이좋은 모습을 보였습니다. 서로의 입장을 이해한다면 조직이 화목해지고 인간관계 또한 작은 부분일지라도 소홀히 하면 안 된다는 것을 알았습니다.

이러한 경험은 제가(리더로서 마땅히 가져야 할 덕목을 고민하는 데 도움이 되었습니다. 리더의 덕목을 깨달았다.) 좋은 리더가 되는 데 도움이 되었습니다. 축구대항전에서 친구들의 추천으로 주장을 맡게 된 저는 리더의 역할을 잘 수행하고자 고민하고 노력했습니다. 선수를 선발하고 포지션을 정하는 과정에서 각자가 뛰고 싶은 자리를 말하고 그 안에서 가장 효율적인 포메이션을 정했습니다. 평소에 저희 반은 비교적 약체라는 평가를 받아왔습니다. 아이들은 스스로 약하다는 생각에 소극적이고 눈치를 보는 모습이 보이며 평소 실력도 보여주지 못했습니다. 저는 주장으로서 져도 좋으니 즐기자는 생각을 가지고 각자에게 해야 할 일을 알려주었습니다. 모든 사람이 다르기 때문에 각자의 입장에서 저는 장난으로 긴장을 풀어주기도 하고 할 수 있다는 용기를 북돋아 주기도 했습니다. 실제 경기 중에 승부차기 순서를 정해하는데 이때 저는 잠시 승부욕에 눈이 멀어 독단적으로 결정을 내렸고 패배했습니다. 스스로 인정하기 힘들었지만 저의 잘못된 판단으로 피해를 본 다른 친구들에게 곧바로 잘못을 인정했습니다. 이를 교훈 삼아 다음 경기에서는 스스로 정할 수 있도록 분위기를 조성해주었고 자연스럽게 좋은 결과가 뒤따라왔습니다. 리더는 모든 구성원을 잘 이해하고 파악하는 것이 중요하며 이것이 잘 실천되면 구성원들을 이끌어나가는 것은 뒤따라온다는 것을 알게 되었습니다.

역시 좋은 소재이며 구성도 좋습니다. 이후의 과정에서 반의 단합과 서로를 이해하고 위하는 마음이 더 커진 내용을 조금만 더 보완하면 더 좋겠습니다.

첨삭 TIP

평소에 대인관계나 학교 활동에서 적극적인 자세로 학교생활을 한 것을 중심으로 자신을 표현하도록 함. 초안의 내용이 잘 잡혀 있어서 구체적인 내용을 보완하고, 활동의 과정을 통해서 무엇을 배우고 느끼며 생각하게 되었는지를 강화하는 방향으로 조언.

학생회 임원, 동아리 4개, 멘토링 활동, 사물놀이 활동 등 많은 학교 활동을 하면서 가장 많이 배우고 느낀 것은 역지사지 태도의 필요성과 상대방의 기분을 먼저 생각해 보는 것이 필요했습니다. 사물놀이를 하면서 선배의 일방적인 악기 선정이 후배들의 불만을 초래하는 것을 보고 2학년이 되었을 때 자유롭게 자신의 악기를 선정하도록 했습니다. 교내행사는 물론이고 경로잔치 재능기부와 장애인 친교 활동 행사 등에서 모두가 즐기면서 최선을 다하는 모습을 볼 수 있었습니다. 제가 1학년이었을 때 느꼈던 일방적인 결정을 자율적인 결정으로 변경했을 뿐인데 결과는 너무 달랐습니다. 학급별 축구대항전에서 제가 주장으로서 임의로 선정한 포지션으로 인해 단합이 깨어지고 협력이 되지 않아 실패한 경험을 바탕으로 최대한 구성원의 자발적인 협조를 끌어내려고 했던 노력의 결과였습니다. 부반장 활동을 할 때는 부반장으로서 지시하고 일방적인 전달을 하지 않고 항상 친구들의 의견을 먼저 묻고 토론하는 과정을 거쳤습니다. 학급 회의가 좀 더 길어져서 일부 친구들의 불만도 있었지만 결정된 내용에 대해서는 모두가 잘 이해하고 협조하는 분위기를 만들 수 있었습니다. 1학년 때 또래 멘토링을 하면서도 멘토와 멘티를 바꾸어서 하자는 제안에 멘티는 망설였지만, 누구나 서로 배울 것이 있다는 생각으로 제안하였고, 실제로 제가 멘티에게 많은 것을 배울 수 있었습니다. 학년을 마칠 때 더 이상 멘토와 멘티가 아닌 정말 친한 친구가 될 수 있었던 이유를 멘티가 말해줬습니다. 자신의 자존심을 살려주었고 덕분에 많은 자신감이 생기고 더 적극적으로 공부하고 학교생활도 즐거워졌다고 했습니다. 그 후로 정말 바쁜 학교 활동을 하면서도 모두와 잘 지내고 항상 친구들과 즐겁게 지낼 수 있었던 이유는 '나보다는 상대의 입장에서 먼저 생각하고 행동하기'라는 원칙을 지켰기 때문이라고 생각합니다. 역지사지의 마음은 결국 자신을 위해서도 필요한 소중한 가르침이라는 것을 다양한 활동을 통해서 배웠습니다.

첨삭 지도 전

고등학교 학생 생활의 마지막인 3학년에 저는 친구들이랑 더욱더 재미있고 기억에 남는 추억을 만들고 싶어서 반장 선거에 출마해 친구들의 지지를 얻어 반장에 당선되었습니다. 제가 반장을 고등학교에 올라와서 처음 해보는 활동이라서 그냥 선생님들 심부름을 할 때 도와드리고 반 친구들이 공부할 때에는 조용히 시키는 그런 행동만 하면 되는 줄 알았습니다. 하지만 반장이라는 직책이 생각보다 무거운 직책이라는 것을 알게 되었습니다. 처음으로 반장의 무게를 알게 된 상황은 우리 반의 단체 티셔츠를 정할 때 생긴 일입니다. 반 티 정하는 일은 정말 쉽지가 않았습니다. 우리 반 친구들이 생각하는 반 티가 각자 달랐던 것입니다. 축구 유니폼을 하자 한복을 하자 이런 식의 의견대립이 있었습니다. 그래서 다수결로 투표를 해서 많은 득표가 나오는 것으로 하자라고 의견을 내주었고 두 의견의 장점을 이야기를 설명해주고 투표를 하여서 우리 반 의견을 하나로 모으는 데 성공했습니다. 이 상황에서 전 리더는 구성원들을 하나로 모을 수 있는 책임 의식이 있어야 한

반장으로 역할의 중요성을 느끼고 모범을 보인 내용으로써 반의 분위기가 변화하며 단합하는 과정이 상세히 기술되면 좋겠습니다.

다고 생각했습니다. 두 번째로 반장 활동을 하면서 알게 된 점은 '반장은 반의 얼굴이다'입니다. 반장으로써 일을 잘했을 때와 못했을 때가 있습니다. 잘했을 때는 반장이 잘하니깐 반 아이들도 잘하네 이런 이야기를 듣습니다. 하지만 반대로 반장이 잘못했을 경우 반장이 이러니깐 반 아이들이 이 모양 아니야 이런 이야기를 듣습니다. 전 저 때문에 반 친구들이 피해를 보는 것이 싫습니다. 그래서인지 반장이 되고 나서 일을 하나하나 할 때마다 최선을 다합니다. 때때로 친구들이 반장 말을 잘 듣지 않을 때도 있습니다. 자습하는 시간인데 시끄럽게 떠들고 옆 친구 공부하는 데 방해하고 그런 친구들이 있을 때 조금 난감합니다. 이런 친구들이 있을 때는 조용히 그 친구 옆으로 가서 주의를 줍니다. 그러면 그 친구도 미안하다고 하고 조용히 자습합니다. 학급의 리더로써 이런 사소한 일 하나하나도 잘 해나가야 한다고 생각합니다. 제가 생각하는 리더는 구성원들과의 소통이라고 생각합니다. 대표적인 예로 학업 스트레스 때문에 예민해진 친구들 사이를 조율을 잘해나가야 한다고 생각합니다. 모두가 힘든 이 시기를 밝고 쾌활한 제 특유의 성격으로 다 같이 함께 이겨나가겠다고 다짐합니다.

리더로써의 역할을 강조하려는 내용이므로, 단순히 주의를 주는 감독자의 역할에서 끝나는 내용보다는 평소 반장으로써 느껴온 책임감에 더해 구체적인 문제 해결 과정을 꼼꼼하게 묘사하는 것이 더 좋겠습니다.

좋은 소재를 많이 가진 경우로서 초안의 글이 추상적이고 구체적인 내용이 다소 약해서 사실적 요소를 강조하는 글쓰기의 중요성을 알려줌. 읽는 사람이 평가와 가치를 부여하도록 하기 위해서 철저하게 팩트를 중심으로 구성하면서 마지막에 자신의 느낌이나 감정을 기술하도록 조언.

첨삭 지도 후

3학년 때 재미있고 기억에 남는 추억을 만들고 싶어서 반장선거에 출마해 당선되었습니다. 단합을 위해서 반 티를 정하자는 의견을 모았습니다. 하지만 친구들은 각자가 생각하는 스타일이나 색깔을 하자고 다양한 주장이 나왔습니다. 축구 유니폼을 하자 한복을 하자 이런 식의 의견 대립이 있었습니다. 토론의 과정이 치열해서 나중에 자신이 원하지 않는 스타일이 되면 절대 반 티를 입지 않겠다는 극단적 의견도 있었습니다. 그래서 저는 다소 시간이 걸리지만 모든 희망하는 사람이 앞으로 나와서 왜 자신이 주장하는 것을 반 티로 정해야 하는지를 얘기하도록 했습니다. 그리고 어렵지만 자신이 선택한 반 티가 가진 단점을 두 가지씩 꼭 얘기하라고 했습니다. 모두 자신이 요구하는 반 티의 장점을 얘기하기는 쉬웠지만 단점에 대해서는 생각해보지 않아서 잘 몰랐습니다. 하지만 단점을 얘기하지 않으면 투표 대상에서 제외될 수 있는 규칙을 정해두어서 시간을 갖고 다시 얘기할 수 있도록 했습니다. 다음번 토론과 주장을 얘기하면서 그 이전보다 훨씬 후보 진출이 줄었습니다. 그중에 일부는 친한 친구의 주장을 위해서 자기 생각과는 달리 밀어주기식으로 나왔다고 해서 기권도 하였습니다. 그렇게 해서 최종적으로 두 팀으로 남게 되었고 축구유니폼과 한복 스타일이 최종 후보에 올랐습니다. 마지막 투표를 앞두고서 어떤 결과가 나와도 반 티의 결정을 따르겠다는 다짐을 하고 마침내 반 티를 정할 수 있었습니다. 반 티가 결정된 후로 체육대회나 교내 행사에 한 명도 빠짐없이 반 티를 입고서 행사를 했습니다. 그 일 이후로 저희 반에서는 항상 사소한 싸움이나 다툼이 있으면 누구든지 옆에 있는 친구들이 상대방의 입장에서 원인과 이유를 두 가지 말하고 싸워야 한다는 등 재미있는 일이 많이 벌어지게 되었습니다. 몇 달 동안 즐거운 분위기로 공부하고 모두 잘 지낼 수 있었던 비결은 서로의 입장을 거꾸로 생각해보기가 중요한 역할을 한 것 같습니다. 역지사지의 정신이 왜 필요한지 알 수 있었던 경험이었습니다.

첨삭 지도 전

교내 물리동아리 활동 중에 하나로 교육청에서 주관한 과학 축전에서 광섬유의 원리에 관하여 부스를 운영할 기회가 있었습니다. 며칠 동안 부스를 운영하며 어린아이들, 연세가 있으신 분들과 장애인 분들이 체험하러 오셨습니다. 광섬유의 원리를 설명해 드린 후 광섬유와 LED 전구를 이용하여 자신만의 작품을 만드는 체험을 진행하였는데, 몇몇 어린아이들과 장애인 분들은 광섬유의 원리 중 하나인 전반사를 모르시는 분들이 많아 설명해드리는 데 어려움이 있었습니다. 저는 아이디어를 내어 레이저 포인터와 큰 플라스틱 수조를 이용하여 전반사를 직접 눈으로 볼 수 있도록 하여 쉽게 이해할 수 있도록 설명해 드렸습니다. 본인이 모르고 있던 과학 지식을 직접 실험을 통해 알아가며 신기해하던 표정을 볼 때 만족감이 들었습니다. 시간이 좀 더 지나자 사람들이 많아져서 체험을 하려고 기다리시는 분들로 복잡해져서 다툼이 일어나기도 하였습니다. 우리는 그런 문제를 해결하기 위해 체험하시는 분들을 담당하는 역할과 기다리시는 분들을 위해 소소한 이벤트를 진행하는 역할로 나누어 더욱 원활하게 부스를 운영할 수 있었습니다. 저는 두 역할을 돌아가면서 맡으며 설명을 하다가 어려움이 생긴 후배를 도와 쉽게 풀어서 설명할 수 있도록 해주거나 기다리는 사람이 적을 때를 이용하여 부스 주변에서 파는 간식거리들을 동아리 부원들을 대신하여 가져다주기도 하였습니다. 부스를 운영하던 중 옆에 있던 다른 학교 동아리의 부스와 우리 동아리 부원들 간에 의자 수를 가지고 다툼이 일어나기도 하였습니다. 저는 그 다툼이 일어난 원인을 서로 원만한 대화를 통해 알아보고 우리가 의자를 양보하는 대신 상대방의 부스에 체험하러 오신 분들께 우리 부스도 체험해보실 수 있도록 추천해주도록 부탁했습니다. 나중에 과학 축전이 끝날 때쯤에는 그 부스 동아리 학생들과 관계가 좋아져서 나중에 함께 동아리끼리 연합해서 실험 활동을 진행해 보는 게 어떻겠냐는 제안을 받기도 하였습니다.

배려와 갈등관리의 차원에서 접근한 것이라면 좀 더 구체적인 내용을 넣어서 나의 주도적 역할이 무엇인지를 보여주고, 그 일을 통한 변화된 내용도 함께 보여주면 좋을 듯합니다.

첨삭 TIP

소재가 잘 잡혀 있으나 감동의 요소와 말하고자 하는 의도가 희석되어 정확한 평가를 하기 어려운 모호한 글에 대한 문제점을 알려주고, 사실과 과정에서 보여준 자신의 노력으로 모두가 긍정적으로 변화된 과정을 좀 더 잘 드러나게 조언.

과학 축전에 참여하여 양보와 배려의 중요성을 느낄 수 있었습니다. 광섬유의 원리에 관한 일반인 체험 부스를 운영하였습니다. 며칠 동안 부스를 운영하며 어린아이들, 연세가 있으신 분들과 장애인 분들이 체험하러 오셨습니다. 광섬유의 원리를 설명해드린 후 광섬유와 LED 전구를 이용하여 자신만의 작품을 만드는 체험을 진행하였는데, 몇몇 어린아이들과 장애인 분들은 광섬유의 원리 중 하나인 전반사를 모르시는 분들이 많아 설명해 드리는 데 어려움이 있었습니다. 저는 아이디어를 내어 레이저 포인터와 큰 플라스틱 수조를 이용하여 전반사를 직접 눈으로 볼 수 있도록 하여 쉽게 이해할 수 있도록 설명해 드렸습니다. 본인이 모르고 있던 과학지식을 직접 실험을 통해 알아가며 신기해하던 표정을 볼 때 만족감이 들었습니다. 시간이 좀 더 지나자 사람들이 많아져서 체험을 하려고 기다리시는 분들로 복잡해져서 다툼이 일어나기도 하였습니다. 우리는 문제를 해결하기 위해 체험하시는 분들을 담당하는 역할과 기다리시는 분들을 위해 소소한 이벤트를 진행하는 역할로 나누어 더욱 원활하게 부스를 운영할 수 있었습니다. 저는 두 역할을 돌아가면서 맡으며 설명하다가 어려움이 생긴 후배를 도와 쉽게 풀어서 설명할 수 있도록 해주거나 부스 주변에서 파는 간식거리를 동아리 부원들을 대신하여 가져다주기도 하였습니다. 부스를 운영하던 중 옆에 있던 다른 학교 동아리의 부스와 우리 동아리 부원들 간에 의자 수를 가지고 다툼이 일어나기도 하였습니다. 다툼이 일어난 원인을 서로 원만한 대화를 통해 알아보고 우리가 의자를 양보하는 대신 상대방의 부스에 체험하러 오신 분들께 우리 부스도 체험해보실 수 있도록 추천을 해주도록 부탁했습니다. 나중에 과학 축전이 끝날 때는 그 부스 동아리 학생들과 관계가 좋아져서 나중에 함께 동아리끼리 연합해서 실험 활동을 진행하자는 약속도 하였습니다. 서로 양보하고 도와주면 모두에게 이득이 된다는 사실을 깨달을 수 있었습니다.

첨삭 지도 전

저는 공부방에 매주 월요일 방문하여 2시간씩 불우한 환경에 처한 어린아이들을 가르치는 봉사활동을 하였습니다. 저는 제 꿈인 수학 강사가 되는 데에 이 활동이 큰 도움이 될 뿐만 아니라 저의 재능을 힘든 사람들과 나누는 것이 보람찰 것이라고 생각돼서 이 활동에 참여하였습니다. 이 활동을 처음 시작했을 때는 초등학생인 아이들을 가르치는 일이다 보니 아이들이 수업에 집중하지 않아서 힘들었습니다. 제가 담당하던 아이는 첫 수업 날 저에게 왜 왔느냐고 화를 내면서 이름도 안 가르쳐 줬습니다. 하지만 함께 공부하는 시간이 늘어가면서 그 아이와의 관계가 더욱 가까워졌고, 그 아이는 갈수록 제 수업에 열심히 집중해 주었습니다. 그럴수록 저도 더욱 수업에 진지하고 열심히 임하게 되었습니다. 어느 날은 기말고사에서 100점을 받았다고 저한테 그 아이가 자랑하였는데, 저는 정말 큰 감동을 받았습니다. 교육자가 되겠다는 저의 진로가 정말 저에게 적합 하다고 느꼈습니다. 그리고 나눔의 기쁨을 느낄 수 있었습니다.

단순히 시간이 늘어서 아이의 변화를 유도했다기에는 인과 관계가 약하니, 아이를 변화시키기 위한 어떤 노력을 하고 어떤 변화를 보였는지 추가하면 좋겠습니다.

저는 3년간 학생회 자치 회의에 꾸준히 참가하였습니다. 한 반의 대표로서 이 회의에 참여하며 친구들이 평소에 건의하고 싶어 하는 의견들을 귀 기울여 들어 두었다가 학생회 자치 회의에서 발표하면서 친구들의 불편을 줄이기 위해 노력했습니다. 2학년 때에는 교문 앞에서 친구들의 통학에 불편이 없도록 교통 지도를 하는 활동을 2주간 하였습니다. 사실 이 활동을 하면서 평소보다 훨씬 일찍 일어나 일찍 학교에 가야 하다 보니 평소보다 훨씬 피곤했습니다. 하지만 제가 조금 더 희생함으로써 전교생이 더 편하게 등교할 수 있다고 생각하니 힘들다는 마음보다는 보람차다는 마음이 더 강해졌습니다.

교문 지도를 2주간 하는 방식에서 느낀 것을 토대로 이후의 학교에서의 변화와 자신의 변모된 모습을 좀 더 자세하게 표현하면 좋을 듯합니다.

첨삭 TIP

활동이나 소재가 많았으나 표현하는 방식과 추상적 내용과 선언적 내용이 많아서 감동의 요소가 다소 아쉬워서 '자기객관화'의 중요성을 인식하도록 상담 후 재작성. 가치와 평가 판단은 글을 읽는 사람의 몫으로 돌리도록 하고, 글에 드러난 자신의 주장보다 자신의 행동과 실제 사실에 의해서 판단됨이 중요하다는 것을 조언하면서 강조.

매주 월요일 방문하여 2시간씩 불우한 환경에 처한 어린아이들을 가르치는 봉사활동을 하였습니다. 저는 제 꿈인 교사가 되는 데에 이 활동이 큰 도움이 될 뿐만 아니라 저의 재능을 힘든 사람들과 나누는 것이 보람찰 것이라고 생각돼서 이 활동에 참여하였습니다. 이 활동을 처음 시작했을 때는 초등학생인 아이들을 가르치는 일이다 보니 아이들이 수업에 집중하지 않아서 힘들었습니다. 제가 담당하던 아이는 첫 수업 날 저에게 왜 왔느냐고 화를 내면서 이름도 안 가르쳐줬습니다. 하지만 함께 공부하는 시간이 늘어가면서 그 아이와의 관계가 더욱 가까워졌고 그 아이는 갈수록 제 수업에 열심히 집중해주었습니다. 그럴수록 저도 더욱 수업에 진지하고 열심히 임하게 되었습니다. 어느 날은 기말고사에서 100점을 받았다고 저한테 그 아이가 자랑하였는데, 저는 정말 큰 감동을 받았습니다. 교육자가 되겠다는 저의 진로가 정말 저에게 적합하다고 느꼈습니다. 그리고 나눔의 기쁨을 느낄 수 있었습니다.

1학년 때에 반장, 2학년 때에는 학급 부반장과 학생회 부회장, 3학년 때에는 다시 반장이라는 역할을 수행하면서 3년간 학생회 자치 회의에 꾸준히 참가하였습니다. 한 반의 대표로서 이 회의에 참여하며 친구들이 평소에 건의하고 싶어 하는 의견들을 귀 기울여 들어 두었다가 학생회 자치 회의에서 발표하면서 친구들의 불편을 줄이기 위해 노력했습니다. 2학년 때에는 교문 앞에서 친구들의 통학에 불편이 없도록 교통지도를 하는 활동을 2주간 하였습니다. 사실 이 활동을 하면서 평소보다 훨씬 일찍 일어나 일찍 학교에 가야 하다 보니 평소보다 훨씬 피곤했습니다. 하지만 제가 조금 더 희생함으로써 전교생이 더 편하게 등교할 수 있다고 생각하니 힘들다는 마음보다는 보람차다는 마음이 더 강해졌습니다.

2학년이 되어 생물 자율동아리를 친구들과 만들어 동아리 활동했습니다. 우리는 동아리 담당 선생님으로부터 선배들이 광려천 생태계에 대해 연구하다 마무리를 짓지 못하여 아쉽다는 이야기를 듣고 우리 동아리에서 선배들의 연구를 이어 광려천 생태계에 대해 조사하기로 결정하였습니다. 먼저 통발을 만들어 광려천에 설치하기로 하고 주기적으로 토요일에 광려천에 가서 통발에 무엇이 들어 있는지 관찰하기로 하였습니다. 그런데 약속 시간이 되어도 번번이 늦게 오는 친구가 있었고 휴대전화가 없는 우리들은 무작정 기다려야 했습니다. 이렇게 약속 시간이 지켜지지 않자 우리는 다투게 되었고 서로 언짢은 말들이 오고 갔습니다. 자칫 잘못하면 광려천 생태계 조사 연구도 마무리 짓지 못할 처지에 놓이게 되었습니다. 그래서 저는 동아리 회의를 열어, 각자 친구들에게 실수한 것은 없는지 반성하는 시간을 가지고, 본인이 느꼈던 문제점에 대해 친구들과 이야기해보는 시간을 가졌습니다. 동아리 회의에서 각자 자기의 사정에 관해 이야기하면서 서로를 이해하고 생긴 갈등을 해결하여 광려천 생태계 조사를 잘하여 훌륭한 보고서를 만들자고 다짐하였습니다. 이 일로 상대방의 입장에 공감하고 상대방의 입장에서 상황을 바라보는 것이 갈등 해결의 시작임을 배웠습니다.

저희 부모님께서는 인간다운 삶의 시작인 배려를 제게 가르쳐주고자 하는 뜻으로 제가 태어나기도 전에 봉사활동을 시작하셨습니다. 어렸을 때부터 소망의 집, 은혜원 등 장애인 시설에서, 고등학교 진학 후에는 독거노인 도시락 배달을 하면서 자연스럽게 마음과 행동으로 배려를 실천하는 법을 배웠습니다. 봉사자의 입장이 아닌 배려를 받는 사람의 입장에서 필요한 것을 먼저 생각하고 행하는 것이 진정한 배려라는 것을 깨달았습니다. 배려는 누구나 할 수 있습니다. 먼 곳에서 거창하게 봉사활동이라 규정한 것을 실천하는 것이 아니라 가까이에서 도움이 필요한 사람에게 먼저 다가가는 것이 배려입니다. 또, 배려는 친구들과 좋은 교우관계를 유지하는 출발점이 됩니다.

해결의 구체적 방법을 좀 더 자세히 기록하고, 앞부분의 도입이 너무 산만하여 글의 균형이 사라지므로 구성과 분량을 재조정할 필요가 있습니다.

부모님 얘기는 약간 축소하고, 본인이 직접 활동한 내용을 상세하게 적어서 어떤 활동으로 무엇을 배우고 느낀 것인지를 기록하는 것이 더 좋습니다.

첨삭 TIP

소재가 좋음에도 불구하고 표현이나 구성의 방법을 약간 보완하는 것이 필요하다고 판단하여 활동의 내용을 기억하여 자세하게 설명하도록 한 후 작성하게 함. 말하고자 하는 의도를 간결하게 표현하는 법과 느끼고 배운 과정의 내용이 잘 드러나도록 조언.

첨삭 지도 후

부모님께서는 제가 태어난 것을 기념으로 봉사활동을 시작하셨고 저도 자연스럽게 유치원 때부터 부모님을 따라 소망의 집, 은혜원 봉사활동을 거쳐 고등학교 때는 독거노인을 위한 봉사를 하였습니다. 독거노인분들이 주말에 드실 국과 밑반찬 및 간식을 금요일 저녁에 직접 만들어 주말에 배달하였습니다. 독거노인 네분은 정부에서 주 5일 도시락 지원을 받지만, 주말에는 아무런 지원도 없었습니다. 처음에는 혹시라도 맛이 없어서 안 드시면 어떻게 할까 봐 마음 졸였는데 너무나 맛있게 드시는 모습을 보고 저도 기뻤습니다. 그리고 제가 직접 음식을 만들었다는 말씀을 드리자 나오는 눈물을 참으시는 모습을 보면서 혼자 끼니조차 해결하지 못하고 외롭게 살아가시는 독거노인을 보면서 저도 울컥한 마음이 들었습니다. 이가 좋지 않으신 분들이 계셔서 가능한 한 씹기 수월한 음식을 만들려고 했고, 어머니가 보시던 요리책과 인터넷에서 레시피를 찾아가면서 음식을 만드는 과정이 정말 즐거웠습니다. 봉사활동을 하면서 핵가족화된 현대 사회에서 독거노인의 삶에 대한 문제는 단순한 노인 문제가 아니라 우리나라 전체의 복지 문제라는 생각이 들기 시작했습니다. 평균 수명이 늘어나면서 더 오래 살게 되었지만, 노인분들의 생계와 생활에 대한 모든 비용을 국가에서 모두 마련하기가 쉽지 않다는 생각도 했습니다. 이럴 때 개인이 하는 봉사의 확대는 어쩌면 현대인에게 꼭 필요한 사회 안전망이 아닐까는 생각이 들었습니다. 일정한 나이가 되면 지역 사회나 정부에서 노인들을 책임질 수 있는 사회안전망을 구축해 사회 전체가 행복할 수 있는 조건을 만들어가야 한다는 생각도 함께 들었습니다. 격주 주말 도시락 배달은 아주 작은 관심이지만 더불어 살아가는 지역공동체를 만들 수 있는 작은 방안이라는 생각을 하였습니다. 누군가 심어 놓은 한 송이의 꽃이 모두를 기쁘게 하듯이, 누군가를 위한 조그마한 정성들이 모든 사람으로 확대되면 너무나 행복한 우리나라가 될 수 있다는 생각을 할 수 있었던 의미 있는 활동이었습니다.

4-3 사례를 통해 작성 포인트 따라하기

지방 거점 국립대 교육 관련 학과 최종 합격

갈등 관리!
자신의 반성으로 시작하라.

제가 가입한 신명은 사물놀이 및 모둠북 공연을 준비하는 동아리이기에 어느 동아리보다 부원 간 결속력이 중요했습니다. 부원 간 갈등이 일어나는 것을 막는 것이 동아리 기장인 제가 가장 신경 써야 할 부분이었습니다.

축제가 얼마 남지 않은 시점에 연습량에 비해 나아지지 않는 사물놀이에 부원들 모두 예민해져 있었습니다. 하지만 장구를 맡고 있던 한 친구가 계속된 실수를 범했습니다. 다들 연습으로 지쳐 있던 터라 모든 부원이 실수한 친구를 비난했습니다. 결국 상처받은 친구는 밖으로 나가버렸습니다. 이러한 갈등상황에 기장으로서 아무 것도 하지 못한 저 자신이 부끄러웠습니다. 저는 연습을 중단하고 부원들과 이야기를 나누었습니다. 서로 예민하고 힘든 점은 이해하지만 한 친구의 실수를 비난하는 것은 옳지 않다는 식으로 이야기를 이끌어나갔습니다. 그리고 그날 밤 기숙사에서 상처받은 친구와 대화를 시도하였습니다. 기장으로서 무능했던 저에 대해 용서를 구했고 친구는 제 탓이 아니라며 오히려 저를 위로해주었습니다. 또한 나머지 부원들이 너무 예민해져서 그랬을 것이라며 얘기하면서 양쪽의 입장을 고려하여 대화하려 노력했습니다. 다행히도 동아리 부원 모두 그 친구에게 사과했고 그 후 열심히 연습한 결과 축제에서 성공적으로 무대를 마무리했습니다.

이후 저는 동아리 내 갈등을 줄이고자 한 달에 한 번씩 진솔한 이야기를 하는 시간을 마련했습니다. 부원들의 마음속에 있던 진솔한 얘기를 들으니 앞으로 개선해야 할 점들이 보이기 시작했습니다. 문제점들과 개선 방향을 동아리 시간에 친구들에게 전하고 부원들의 의견을 수렴하여 문제점을 해결해나갔습니다. 점차 동아리 부원들의 불평들이 줄어들었고 다른 부원들의 눈치가 보여 하지 못한 말을 진솔하게 말할 수 있어서 좋았다는 친구의 문자는 저에게 커다란 보람이었습니다.

이러한 과정에서 진솔한 대화를 통한 문제 해결 방법을 배울 수 있었고 진정한 리더는 타인의 말을 경청해야 한다는 사실을 깨달았습니다. 아이들과의 진솔한 대화를 통해 마음으로 소통하는 법을 가르쳐주고 싶습니다.

3번 문항에서 많이 활용되는 소재가 갈등 관리입니다. 갈등이 일어난 상황에 대한 설명은 잘 적혀 있으나, 어떻게 갈등을 관리했는지는 자세히 표현되지 않아서 설득력이 떨어지는 경우가 많습니다. 그리고 때로는 너무나 간단하게 '대화를 해서 문제를 해결했다.'라는 표현을 쓰는 경우가 많습니다. 조금 더 설득력을 가지기 위해서는 자신부터 달라져야 함을 보여주어야 하고, 문제 상황의 키는 자신에게 나온다는 것을 보여주면 더 현실감 있게 보일 것입니다.

1점대 중반의 교과 성적이라면 무난한 봉사활동도 통과할 수 있다.

고등학교 1학년 때 재활원에 가서 봉사하며 평소 장애인을 동정의 대상으로 보았던 저의 편견을 깰 수 있었습니다. 저에게 장애인은 항상 도움을 주어야 하는 대상이었습니다. 그래서 처음 봉사활동은 할 때는 힘이 들었습니다. 저는 그분들의 의사는 고려하지 않고 무조건 도움을 주기만 하려 했기 때문입니다. 그분들도 자신이 할 수 있는 일은 스스로 잘하셨습니다. 그런데 제가 무조건 도우려다 보니 동정의 느낌이 났던 모양입니다. 열심히 하려고 했던 봉사활동에서 첫 단추를 잘못 끼운 것입니다.

저는 이후 그분들과 쉽게 친해지지 못했습니다. 소위 낙인이 찍힌 듯했습니다. 그래도 저는 그분들과 대화를 나누려고 시도를 했습니다. 그러나 그것마저도 쉽지 않았습니다. 저는 어떻게 하면 그분들의 마음도 풀어드리고 편하게 다가갈 수 있을까 고민했습니다. 제가 그림을 조금 그리는 편이라 제가 맡은 분들의 캐릭터 그림을 그려 진심으로 사과의 편지를 쓰고, 전달했습니다. 그리고 이후 저는 똑같이 제가 맡은 일에 최선을 다했습니다. 그런데 이분들이 이제는 저를 경계하지 않았고, 말도 걸어주기 시작하셨습니다. 그러면서 대화를 하기 시작했고, 완전히 오해도 풀 수 있고, 캐릭터 그림이 실물보다 못생겼다고 다시 그려달라고 하시는 분들도 계셨습니다. 저는 이후에도 그림 게임을 통해 더욱 친분을 쌓아 나갔습니다. 각자의 그림이 무엇을 그린 것인지 맞히는 게임을 해보자고 물어보았습니다. 게임을 하면서 그림에 대한 자기생각, 흥미, 경험 등에 관해 이야기하며 서로 공감할 수 있었습니다.

이렇게 저는 장애인에 대해 편견을 없앨 수 있었고, 저의 잘못된 인식이 의도하지 않게 타인을 힘들게 할 수 있다는 점을 반성하게 되었습니다. 또 의사소통을 제대로 하지 못하여 조그만 일도 더 커질 수 있다는 것을 깨닫게 되었습니다. 이러한 깨달음은 이후 학교생활에서도 나와 다른 다양한 친구들을 편견 없이 바라볼 수 있게 되었고, 먼저 배려와 공감을 통해 다가서려고 노력하게 되었습니다.

3번 문항은 인성이 중심이 되는 항목이다 보니 다른 항목에 비해 중요도가 떨어질 수밖에 없습니다. 그리고 내용도 비슷비슷합니다. 위 지원자도 흔한 봉사활동에서 내용을 조금 과장되게 보여주었을 뿐 특별하진 않습니다. 하지만 교과 성적이 뛰어나고, 봉사활동에서 자신만의 의미를 보여주었기에 크게 문제 될 것이 없다고 보입니다. 어떤 활동이든 그것이 자신에게 가지는 의미를 부각하는 것은 중요한 일입니다.

사례

지방 거점 국립대 공학 계열 학과 불합격

간부? 무엇을 했는지 과정이 중요하다!

2학년 때 처음으로 반장의 직책을 맡게 되어 이때까지 몰랐던 학급 운영의 비밀을 알게 되었고 반장으로써 내가 아닌 모두를 위하는 리더십 역량을 키워가는 경험이 되었습니다. 체육대회 때 반의 단합을 위해 반 티를 맞추기로 하였습니다. 서로의 다른 개성과 특색을 가진 친구들이 원하는 반 티를 하나로 통일하기에는 힘들었습니다. 너무 많은 의견이 나와 메신저 앱을 통해 만든 저희 반의 채팅방을 통해 원하는 스타일의 반 티를 골라 투표하기로 하였습니다. 이러한 방법을 통해 다수가 원하는 반 티를 결정하였지만, 그 반 티를 싫어하는 소수의 친구가 존재했기에 마음이 편하지는 않았습니다. 그래서 소수의 친구가 원하는 반 티를 해야 하는 이유를 주장하게 하고 마땅한 이유이면 재투표를 하였습니다. 재투표를 통해 다수와 소수들의 아무런 갈등도 없이 일치점을 이끌어낼 수 있었습니다. 이를 통해 반장이란 소수의 의견도 존중할 줄 아는, 편파적인 주장을 강요하지 않는, 함께 공통된 합일점을 찾아가도록 길을 제시해주는 지도자의 역할임을 알게 되었습니다.

학기 말이라 그런지 대부분의 친구가 아무런 목적 없이 생활하고 있는 것 같았습니다. 반 친구들과 다 함께 성탄 축하 예배를 위한 캐럴 경연 대회를 준비하려고 하였지만, 친구들의 수동적인 참여 때문에 준비가 더디어졌습니다. 저는 반의 분위기를 살리기 위해 부반장과 부장들을 모아 함께 노래를 불러보는 등 친구들의 관심을 끌어 참여를 유도하였습니다. 많은 친구들이 동참하기 시작하였고 노래를 잘 부르는 친구를 대표로 지정하여 즐겁고 유쾌한 캐럴송 연습을 설계하였습니다. 진행하면서 노래를 잘 부르지 못해 꺼리는 친구들이 있었지만 적당한 위치 조정을 통해 부담감을 낮출 수 있었습니다. 제출 시기가 마감될 때까지 저희가 만족할 만한 결과물이 나올 때까지 반복하고 또 반복하였습니다. 상을 받지는 못했지만 저와 함께해준 반 친구들의 협동심에 학급은 개개인 혼자서 이끌어나가는 것이 아닌 서로의 역할들의 조화를 이루어 운영된다는 것을 알게 되었습니다.

위 지원자는 간부를 하면서 활동한 두 가지의 사례를 통해 문항에서 요구하는 것을 표현했고, 본인이 그 과정에서 성장한 점을 보여주고 있습니다. 문항에서 요구하는 4가지 중 2가지를 보여주기 위해 따로 내용을 작성했습니다. 이렇게 작성할 때는 구체성이 떨어질 수밖에 없는 위험성이 있습니다. 위 학생 경우 첫 번째 사례에서는 배려, 두 번째 사례에서는 협력의 긍정성을 보여주고 있습니다. 하지만 그 과정에서 본인이 무엇을 한 것인지 역할의 설명이 부족합니다. 과정이 조금 더 구체적으로 나타났다면 더욱 설득력이 있지 않았을까 하는 아쉬움이 남습니다.

사례

지방 거점 국립대 물리학과 서류 합격

어떻게 문제를 해결했는지 구체적으로 설명하라!

2학년 체육 시간에 저희는 1학년과 시간마다 같이 체육을 하면서 문제가 발생한 적이 있습니다. 인원을 나눠 운동했는데 저는 그중에서 축구를 하였습니다. 2학년과 1학년 편을 나누어 진행을 하였습니다. 축구를 하다 보면 몸싸움도 벌어지고, 반칙도 빈번하게 일어났지만 심판도 제대로 없이 진행하다 보니 문제가 발생했던 것입니다. 체육 시간마다 축구를 하면서 문제는 점점 심각해지고 있었고, 경기 중 말싸움까지 번지기도 했습니다. 저는 경기가 과열되는 것을 보고, 즐겁게 하자고 시작한 축구가 선후배 간에 불화만 일으킨다고 보고 몇몇 친구들과 이를 해결하자고 했습니다.

먼저 각자의 입장을 들어보기로 했습니다. 2학년들은 1학년들이 잦은 반칙과 몸싸움을 심하게 한다는 입장이었고, 1학년들은 2학년들이 말을 막 하고, 1학년 의견을 무시한다는 입장이었습니다. 그래서 1학년 대표 2명과 2학년 대표 2명을 모아서 서로가 가지고 있는 입장들을 이야기하는 자리를 만들었습니다. 서로 간 오해가 있었던 부분을 풀고, 앞으로 경기 때 서로 조심하자는 입장이었습니다. 저는 스포츠를 할 때는 선후배가 없이 서로 존중하고, 규칙을 지켜야 한다고 했습니다. 그러다 나온 의견이 누군가가 심판을 보자는 것이었습니다. 심판이 있으면 서로가 더 조심히 뛰게 되고, 반칙도 줄어들 거라고 하였습니다. 하지만 저를 비롯한 모든 친구가 다들 경기를 뛰고 싶어 하였습니다. 하지만 제가 생각하기에도 심판은 꼭 필요해 보였습니다. 아니면 다시 문제가 발생할 수도 있다고 생각했기 때문입니다. 그래서 스스로 경기에서 심판을 보기로 했습니다. 이후 심판을 보면서 애매한 경우도 있었지만 친구들과 후배들은 제 말을 따라주었고, 큰 문제 없이 경기를 할 수 있었습니다.

항상 문제는 작은 오해에서부터 시작되었습니다. 아무리 작은 오해도 그대로 두면 큰 불화가 되는 것이었습니다. 서로 소통을 통해 문제를 하고, 전체를 위한 작은 배려가 전체를 행복하게 할 수 있는 큰 힘이라는 것을 깨닫게 되었습니다.

3번 문항에서 문제를 해결하는 사례를 많이 볼 수 있습니다. 그런데 보통 문제 해결 시 본인 중심으로 문제를 해결한다는 경우가 많이 있습니다. 한마디로 본인이 문제를 해결하는 영웅이 되는 것이죠. 하지만 현실에서는 이렇게 문제를 해결하기란 쉽지 않습니다. 그래서 조금 억지스러운 글을 쓰게 됩니다. 차라리 이럴 땐 위 학생처럼 문제를 해결할 수 있는 주체를 만들고, 그 안에서 자신이 어떻게 의견을 나누고, 행동하면서 함께 문제를 해결했는지를 보여주는 것이 현실적입니다. 그리고 문제를 해결해나가는 과정에서 배려와 협력 등 작은 부분도 연계되어 있음을 함께 보여주는 것도 좋습니다.

사례 | 지역 거점 국립대 국제 관련 학과 서류 합격

협력의 경우도 본인이 협력을 위해 노력한 점을 중심으로 작성하자!

무한 경쟁을 하며 주변의 친구들과 힘겹게 경쟁 관계를 유지하는 것 보다는 서로 협력하며 서로에게 힘이 될 수 있는 관계를 원했습니다. 그래서 서로 성적을 향상하기 위해 또래 멘토링을 하기로 결정하였습니다. 먼저 야간 자율학습 시간과 동아리 시간 등 자투리 시간을 활용하여 서로에게 최대한 도움이 되고자 하였습니다. 비슷한 실력의 친구들이었기에 그만큼 준비를 철저히 해야 하였습니다. 저

는 수학 멘토가 되어 수학에 흥미를 느끼지 못하고 어려워하는 친구의 모습을 보고, 어떻게 하면 그 문제를 해결할 수 있을까 고민하였습니다. 그리고 그 친구가 수학을 어떻게 조금 더 쉽게 접근할 수 있을지 고민하였습니다. 우선 문제를 풀어나가기보다는 개념을 정확하게 익히는 것이 중요하다고 생각했습니다. 그래서 아는 내용이더라도 한 번 더 학습하게 하면서 다음번에는 잊어버리지 않도록 그 친구를 챙겼습니다. 그리고 서점에 가서 기본적인 내용들이 담긴 쉬운 책을 구매해서 야간 자율학습 시간에 매주 월요일에 한 파트씩 학습하고, 그주 평일에는 시간이 날 때마다 함께 복습하였습니다. 친구와 학습 방법에 대해서 늘 소통하며 효과적으로 하려고 노력하였습니다. 그리고 서로 피드백을 열심히 하며 부족한 부분들은 고쳐 나갔습니다. 친구에게 설명해주기 위해 먼저 학습하는 과정에서 내가 모르고 지나친 부분들도 한 번 더 확인할 수 있었고, 나의 부족한 부분도 깨우치게 되는 계기가 되었습니다. 친구가 설명을 잘 알아듣지 못해 답답한 마음이 들었을 때는 제가 예전에 수학 문제를 풀 때 능력이 부족했던 저의 모습과 비슷한 느낌을 떠올리며 그 친구를 이해하고 더욱 성심껏 가르치려 노력했습니다. 결국 그 친구와 저는 서로 배려하고 협력하며 성적이 향상되는 기쁨을 누릴 수 있었습니다. 경쟁을 하면 효율적 측면에서 좋을 수 있습니다. 하지만 이번 멘토링 경험을 바탕으로 협력 또한 효율성이 크다는 것을 깨닫게 되었습니다. 그뿐 아니라 서로를 배려하면서 더 큰 성장을 할 수 있음을 알 수 있었습니다.

또래 멘토링 사례는 나눔, 배려 등 다양한 항목을 보여줄 수 있습니다. 더군다나 혼자서 진행되는 것이 아니기에 협력 부분도 돋보일 수 있습니다. 위 학생도 멘토로서 친구에게 자신이 자신 있는 과목을 나누기 위해 노력한 점을 중심으로 작성하고 있습니다. 멘토링은 멘토만 열심히 한다고 해서, 그리고 멘티만 노력한다고 해서 되지 않음을 보여주고 있으며, 이를 효율적으로 이끌어 가기 위한 노력이 돋보입니다. 그 과정에서 배우고, 느낀 점을 잘 드러내고 있습니다. 평범하지만 자신만의 의미가 있다면 멘토링을 소재로 작성해도 무관하지만 그만큼 많은 학생이 작성을 하기에 변별력은 떨어질 수 있음을 간과해서는 안 됩니다.

사례 — 서울 사립대 문화 관련 학과 불합격

하나의 깨달음이 더 큰 행동과 실천을 가져올 수 있음을 보여주자!

아침 자습 시간에 학생들이 잠을 너무 많이 자다 보니 담임선생님은 해결책을 만들어보자고 하셨습니다. 자는 습관이 반 전체 공부 분위기를 저하하고 있다고 생각한 저는 해결책을 만들어 보겠다고 했습니다. 제가 내린 방안은 짝지와 함께 스트레칭하기였습니다. 학습 분위기 조성 반장으로서 아침 시간에 약 7분 정도로 친구들이 쉽게 따라 할 수 있는 체조를 구성하여 체조 시간을 만들었고, 이를 시행했습니다. 하지만 몇몇 친구들은 이에 협조하지 않고, 개인 활동을 하였습니다. 저는 학급 회의 시간에 7분이라는 시간이 개인적으로 아까울 순 있지만 서로 협력해서 반 분위기가 학업적으로 좋아진다면 개인에게도 도움이 될 것이라고 설득하며 협력을 이끌어냈습니다. 그 후 저희 반 게시판에는 서로 도와 함께 공부하는 분위기를 만들자는 문구가 부착되게 되었고 저희는 다 같이 열심히 공부하여 1년 동안 학년 1위를 했습니다. 이렇게 협동을 이끌어내며, 조금의 배려가 큰 힘이 된다는 것을 깨달았습니다.

이후 배려를 실천하기 위해 2학년 때 학생회 화장실 청결 도우미를 자원했습니다. 공휴일, 평일을 불문하고 책임감을 가지고 주말 저녁마다 항상 깨끗한 화장실을 만들기 위해 노력했습니다. 1층은 1학년이, 3층은 2학년 일부가 주로 사용했습니다. 하지만 모두가 사용하던 화장실이었기 때문에 3층 화장실의 더러운 위생 상태로 1, 2학년 간 서로 흉을 보는 등 심한 갈등이 발생했습니다. 봉사 활동을 통해 2층 화장실이 수압이 낮아 변소가 잘 내려가지 않아 오해가 발생했다는 것을 깨달은 저는 학교에 의뢰하여 변소 수압을 조절해달라고 했으며 각 반 반장들을 소집하여 화장실 수압이 낮아서 이런 문제점이 발생한 것이니 서로 오해를 풀고 화장실을 사용할 때 끝까지 확인하는 배려를 갖추자고 공지하였습니다. 1, 2학년 간 갈등은 사실을 제대로 알지 못하고 소통의 부재인 것으로 나타났습니다. 따라서 저는 공동체 생활에 있어서 항상 소통을 중시하고 실천하면 서로 간의 갈등이 잘 해결될 수 있다는 것을 알게 되었습니다.

위 지원자의 사례는 두 사례를 보여주는 듯하지만 두 사례 사이에 연관성을 가지고 있는 글입니다. 첫 사례에서 배려의 힘을 깨닫게 되면서 두 번째 사례의 실천을 하게 됩니다. 그러나 두 번째 사례에서 또 다른 깨달음을 얻게 되는 내용입니다. 하지만 두 사례의 주제는 배려입니다. 이 내용을 통해 단체 생활을 할 때 중요한 협력과 배려를 깨닫게 되었음을 보여주고 있습니다. 상황과 과정을 잘 나타내고 있습니다. 따라서 위 지원자의 경우는 자기소개서보다는 교과 성적이 2점대 후반이고, 학생부가 꼼꼼하지 못한 것이 합불에 영향이 미쳤으리라 보여집니다.

배려, 나눔, 협력 등 항목은
자기 주변에서 쉽게 찾을 수 있다!

2학년 때 청소년 봉사단에서 5월에 진행한 '환경의 달 V-day' 행사는 저에게 특별한 가르침을 준 행사였습니다. 그 행사에서 저는 캠페인용 패널을 들고 다니며 홍보하는 역할을 담당하였습니다. 단순하게 서 있기보다는 직접 사람들을 만나며 이야기하면서 우리의 취지를 전달하였습니다. 그래서 저는 행사 전날 홍보 역할을 맡은 친구들과 여러 공식자료를 찾으며 조사를 했고, 내용을 제대로 전달하기 위해 말하는 연습도 하였습니다. 그런데 한 친구가 표현을 매우 힘들어했습니다. 본인도 잘하고 싶은데 내성적인 성격이라 힘들다고 하였습니다. 저는 저와 함께 홍보를 다니자고 했습니다. 혼자보다는 같이 있으면 조금은 자신감이 생길 수 있다고 생각했습니다. 당일 친구는 제 옆에서 조금씩 자신감을 찾아갔고, 시간이 조금 지나자 자신감이 붙은 친구는 혼자서도 잘하는 모습을 보였습니다. 아주 작은 일이지만 서로를 배려하고 협력하는 마음이 한 친구에게 큰 힘이 될 수 있다는 것을 깨닫게 되었습니다.

2학년 때 교내 토론 프로그램에서 조장을 맡아 팀을 이끌어본 경험이 있습니다. 하지만 경험이 부족했기에 첫 조별발표 준비 때는 무척 막막했습니다. 그중 제일 힘들었던 것은 모든 팀원이 다 적극적이지는 않다는 것이었습니다. 개인별 역할을 정하고 각각 발표를 해야 하는데 이를 꺼리는 친구가 있었습니다. 저는 그 친구와 이야기를 했습니다. 저에게 불만이 있으면 이야기를 해달라고 하였고, 친구는 자신이 원하지 않는 파트가 아닌데 일방적으로 정해졌다고 이야기했습니다. 제가 역할을 정할 때 나름의 기준으로 정하다 보니 이런 일이 발생하였던 것입니다. 저는 다른 친구들에게 양해를 구하고 다시금 역할 수정을 했습니다. 이후 저희는 발표 평가 때 만장일치로 최고 발표조로 선발될 수 있었습니다. 저는 이처럼 문제가 발생하면 타인이 아닌 스스로에게서 먼저 원인을 찾아야 한다는 것을 알게 되었고, 리더란 구성원을 조화롭게 할 때 더 빛난다는 것을 배우게 되었습니다.

보통 자기소개서를 작성할 때 문항별로 작성하는 사례를 나누어 놓습니다. 그렇다 보면 큰 행사나, 자신이 주체가 되어 진행한 일을 중심을 찾게 되고, 그런 사례가 없는 학생들은 소재에서부터 어려움을 겪게 됩니다. 하지만 위 학생을 보면 행사는 자신이 드러내고자 하는 내용의 환경일 뿐 그 이상도 그 이하도 아니라는 것을 알 수 있습니다. 친구에게 먼저 손을 내밀고, 문제가 있는 친구와 소통하는 등 일상적인 것에서 자신만의 의미를 부여했습니다. 큰 행사 활동을 보여주기보다 문항에서 요구하는 바가 잘 드러나도록 작성해도 무관합니다.

수도권 사립대 정치외교학과 불합격

전체를 위해 노력한 점,
그 과정에서 성장한 점을 강조!

2학년 때 학교 배구부가 전국체전에 나가게 되어 선도부 주도로 응원을 하게 되었습니다. 당시 선도부였던 저는 2학년을 이끌며 응원 연습 및 경기 응원을 하게 되었습니다. 학교 중요행사에 주요직을 맡아 기분은 좋았지만 걱정도 되었습니다.

먼저 한동안 대회 응원이 없어서 응원가, 율동 등 응원에 필요한 요소들에 대해서 전혀 알지 못했기 때문에 2학년 선도부들과 함께 회의를 시작했습니다. 각각 역할을 나누어 율동을 준비할 친구, 학교 응원가를 배울 친구, 응원에 필요한 도구를 챙기는 친구 등 나누었습니다. 저는 본교에 25년 근무하신 음악 선생님에게 요청을 하여 응원가를 연습하였습니다. 그러면서도 틈틈이 율동하는 친구들과 인터넷을 찾아가며, 같이 연습도 하였습니다. 무언가를 위해 친구들과 함께 준비하는 것이 재미도 있었지만, 학업에 대한 걱정도 있었습니다. 그래서 연습 시간을 정해 학업에도 충실할 수 있도록 연습을 하였습니다. 이렇게 열심히 준비하는 모습에서 처음 응원 활동에 대해 불만을 가진 친구들도 조금씩 관심을 보여주었습니다. 저는 친구들에게 최대한 학업에 방해가 되지 않도록 준비를 하겠다고 하였고, 당일 선도부를 중심으로 연습한 응원단이 이

끄는 대로 따라만 가면 된다고 친구들을 설득했습니다. 시합이 다가오면서 마지막 점검으로 전교생을 대상으로 응원가 및 율동을 시범하게 되었습니다. 미흡한 부분도 많았지만 서로가 서로를 믿고 시범을 하였습니다. 전교생들은 큰 목소리로 함께해주었습니다. 이후 대회까지 남은 기간 우리는 더욱 힘을 내어 미흡한 부분을 맞추며 준비했습니다. 경기 당일, 걱정과는 달리 저를 비롯한 선도부의 응원 주도하에 응원가와 율동들이 잘 들어맞았으며, 소극적인 친구들이 열정의 분위기에 영향을 받아 적극적으로 참여한 덕분에 학교 응원은 정말로 웅장하였으며, 상대방 응원가가 묻힐 정도로 컸었습니다. 응원 활동을 통해서 학급 친구들과 협동할 수 있는 시간을 가지고, 진솔한 설득력의 힘이 얼마나 강력한지 느낄 수 있었습니다.

위 학생은 학교 응원을 위해 준비하는 과정을 보여주고 있습니다. 본인이 전체를 위해 노력한 점이 잘 드러나 있습니다. 그 과정에서 친구들을 배려하는 점도 잘 나타나 있습니다. 하지만 너무 본위 위주의 활동만 나열하다 보니 협력 부분까지 드러날 수 있는 부분이 그렇지 못한 아쉬움이 있습니다. 차라리 응원 과정에서 본인이 문항에서 요구하는 항목이 잘 드러나는 사례를 좁혀 적었더라면 더 좋지 않았을까 하는 아쉬움이 남습니다. 하지만 이 문항의 아쉬움 때문에 불합격이 될 수는 없습니다. 오히려 인성적인 부분에서는 충분한 점수를 받을 수 있었을 것으로 판단됩니다.

학생의 '착함'이 표현되는 봉사!

2학년 때 한 명만 빠져도 여러 사람 몫을 소화하셔야 하는 급식 아주머니들을 보고 도움이 되고 싶어 급식 도우미 활동을 하였습니다. 도우미 활동 중 친구들이 개인 사정으로 빠지면서 배식에 차질이 생겼습니다. 저는 학급 회의에서 친구들에게 급식 도우미를 권유하였습니다. 이후 2명이 신청하여주었고 배식을 문제없이 진행할 수 있었습니다. 급식 아주머니들과 함께 배식하고 힘든 작업을 소화하는 과정에서 신뢰 관계를 쌓았습니다. 1학년 때는 밥을 더 먹고 싶어도 주지 않으시는 아주머니들을 대하는 데 어려움을 겪었지만 도우미를 하면서 같은 고충을 얘기하는 후배들에게 사정을 알리고 이해시키면서 서로 간의 중재에 힘쓰고 더 나아가 도우미들 간의 의견을 모아서 영양사 선생님께 인기 있는 메뉴가 나오는 날에는 양을 더 준비하고 안내문을 부착하자고 제안하였습니다. 이후 후배들의 고충이 많이 감소하였습니다. 1년 동안 급식 도우미를 하면서 성실함과 책임감을 배웠고 다른 집단이나 사람을 알고 싶으면 직접 체험해야 한다는 교훈도 얻을 수 있었습니다.

이후 3학년 때 멘토링 활동을 하였습니다. 3년 동안 수학이 약했지만 모르는 문제에 대해 질문하는 것이 어려웠습니다. 제가 어려워하는 문제라도 선생님은 너무 쉽게 풀어버리시기에 다시 질문하는 것도 부끄러웠습니다. 그러나 친구는 질문하는 것을 창피해하거나 주저하지 말라고 조언했고 수준에 맞는 문제집 선택도 도와주었습니다. 이후 수학에서 도움받았던 것처럼 한국사를 어려워하는 친구들에게 도움을 주고 싶었습니다. 뜻이 맞는 친구들과 모여 한국사 퀴즈나 토론을 통해 단순 암기가 아닌 한국사에 대한 관심을 이끌어내어 처음에는 부담스러워하던 친구들도 열정적으로 임해 만족스러운 결과를 거두게 되었습니다. 저는 이 활동을 통해서 약했던 부분을 능동적으로 공부하고 이를 통해 약점을 보완하는 경험을 하였으며 더 확장해서 좋아하는 분야를 친구들에게 가르쳐주면서 뿌듯함을 느꼈고 이 과정에서 우리 사회가 추구하는 나눔과 협력 정신임이 무엇인지 깨달았습니다.

교내 봉사와 멘토링으로 아이템을 잡았네요. 둘 중에 어떤 것을 더 핵심적인 이야기로 설정해야 할까요? 멘토링은 자소서에 80%의 확률로 등장합니다. 자기소개서는 입시이기에 흔하다는 이유만으로 '평가절하'됩니다. 그렇다면 학생이 해야 하는 선택은 교내봉사를 통해 학생의 배려심이나 공감 능력을 최대한 표현해 보는 것이겠지요.

개인적인 이야기를 솔직하게!

타인을 비하하는 말을 자주 하던 친구가 있었습니다. 서운함을 종종 표현하던 저는 마음의 상처가 커지기 시작했고 점점 그 친구를 멀리하게 되었습니다. 주변 친구들이 자신을 떠난다는 것을 느낀 그 친구는 말수가 적어졌고 그것을 지켜보는 저도 마음이 편하지는 않았습니다. 그래서 제가 느꼈던 서운한 점들을 솔직하게 친구에게 말했습니다. 밥도 같이 먹고 학업 고민도 털어놓으며 함께 보내는 시간이 많은 친한 친구였기에 평소 하고 싶었던 말을 직접적으로 하려고 하니 쉽지는 않았습니다. 그런데 오히려 친구는 제가 솔직히 얘기해주었기 때문에 자기 단점을 고칠 수 있는 계기가 되었다고 고마워했습니다. 예상 외의 반응에 놀랐고 신기하게도 저희는 전보다 더 가까워질 수 있었습니다. 진정한 인간관계는 상대의 개선 필요한 점을 말해주는 용기와 그것을 상대가 마음 상하지 않도록 이야기하는 능력이 필요하다는 것을 깨달았습니다. 또한 듣기 거북한 말이라도 자신을 위해 이야기를 해준 상대의 진실한 마음을 고마워해야 함을 배웠습니다. 특수교사가 되어서도 무조건 학생들을 돕고, 잘해주려고 하는 것이 좋은 교사라고는 할 수 없다는 새로운 교육철학도 세우게 되었습니다.

요즘 유행에 맞는 3번 예시라고 생각합니다. 구체성에서 조금 아쉽지만 이런 소소한 느낌의 3번 문항이, 뻔한 협력이나 배려 이야기보다 더 현실성 있게 다가오니까요. '나에겐 특별한 사건이 없었어'라고 좌절하지 말고, 잘 생각해보세요. 특히 여학생은 저런 경험이 있을 확률이 훨씬 높습니다. 남학생들은 깊은 생각 안 하고 속 편하게 학교생활을 하는 편이어서 더 어려운 것이 사실입니다.

솔직함이 최대의 무기!

3학년 때 반장 선거에 출마했고 조금 긴장되었지만 자신 있게 준비한 공약을 친구들에게 말해줬습니다. "저는 부족할 수 있지만, 많이 노력해서 믿음직한 반장이 될 것이며, 입시로 고생하는 친구들을 위해 조금이나마 즐거운 반 분위기를 만들 수 있게 노력해보겠습니다."라는 공약으로 선거에 나갔습니다. 그 공약의 진심이 통했는지 부반장에 당선되었습니다. 저는 누군가는 해야 하지만 남들이 하기 싫은 일을 하는 것이 학급 간부로서의 가장 큰 덕목이고, 솔선수범한다면 다른 친구들도 저를 따라 선행을 할 것으로 생각했습니다. 아침에 등교해서 휴대전화를 걷고 학교 일과가 끝나면 하교를 하거나 인터넷 강의를 듣는 친구들에게 휴대전화를 나누어주면서 친구들이 학업에 집중할 수 있도록 도왔습니다. 반 친구들이 인터넷 강의를 쾌적하고 편한 환경에서 들을 수 있도록 인터넷 강의실을 만들어줬으면 좋겠다고 해서, 그것이 실현될 수 있도록 전교 대의원회에 건의하기도 했습니다. 반 친구들이 급훈 중 일부를 '인생은 ***처럼'이라고 정해줄 정도로 저의 부반장 역할에 믿음을 보여준 것 같아서 만족스러운 3학년 생활을 보내고 있습니다.

3번 문항은 감성적이어야 한다고 설명해 드렸습니다. 그래서 더더욱 필요한 것이 솔직함입니다. 부끄러워하거나 쑥스러워하면 절대 안 됩니다. 특히, 특정 지역의 학생들이 다른 지역의 학생들보다 이런 경향이 심합니다. 지역색이라는 것이 엄연히 존재합니다. 자기소개서는 인생이 걸린 중요한 승부입니다. 솔직하고 또 솔직하게 써보세요. 그러면 재미있는 글이 나올 것입니다.

지방 사립대 미디어 관련 학과 최종 합격

그룹 안에서 의견 조율!

2학년 때 '영어 신문 동아리' 부편집장을 맡았습니다. 동아리 내에 있던 남는 시간을 무료하게 보내는 게 아까워 의미 있는 활동을 하자고 제안하였고, 모두 찬성했습니다. 하지만 무슨 활동을 할지 정하는데 갈등이 생겼습니다. 선생님께서는 수능형 영어지문 수업을 하시기를 원하셨고, 아이들은 TED를 통한 영어 수업을 원했습니다. 갈등은 쉽사리 좁혀지지 않았고, 급기야 아이들에게 선생님에 대한 불신 섞인 말이 나오기까지 했습니다. 저는 아이들에게 '화난 상태로 있지 말고 선생님을 설득해보자'고 제안하였습니다. 먼저 나서서 의견을 모으려는 모습을 보이자, 아이들도 하나둘씩 제 의견에 동조하였습니다. 그렇게 모두가 도와 'TED로 영어 공부하기'라는 PPT를 만들었습니다. 저희의 PPT발표를 들으신 선생님께서는 '이 방법이 이렇게나 도움이 되는 줄 몰랐다'며 적극적으로 수렴하겠다고 하셨습니다. 이러한 경험을 통해 감정을 앞세우는 것보다는 의견을 모아 납득이 가게끔 설득하여 가장 좋은 방안을 찾는 것이 갈등 조절에 효과적임을 깨달았습니다.

또래 교사제에서 멘토로 활동했을 때 저의 멘티는 노력한 만큼 성적이 나오지 않았습니다. 1학년 때 성적이 잘 나오지 않아 힘들어하던 제 모습을 보는 것 같아 너무 도와주고 싶었습니다. 그래서 제가 했던 것처럼 자신과 맞는 공부 방법을 찾으라고 조언하였고, 그 친구는 노력 끝에 단순 암기보단 시간이 좀 걸리더라도 스토리를 이해하는 방법이 자신에게 더 효율적인 것을 알게 되었습니다. 그래서 미적분1에 나오는 수학 공식들의 유도과정을 정리한 '공식유도 노트'를 만드는 것을 도와주었습니다. 또한 역사 과목에서 유독 헷갈리던 '예송논쟁'의 과정을 이야기하듯 풀어주며 설명하였습니다. 친구는 조언대로 열심히 공부하였고 결국 마지막 시험에서 수학과 한국사를 20점 이상 올렸습니다. 저는 제 일처럼 기뻤습니다. 공부법을 잘 활용하여 성적을 많이 올렸던 긍정적 경험을 토대로 친구에게 도움을 줄 수 있어서 더욱 뜻깊은 활동이었습니다.

동아리나 소규모 모임 안에서의 활동으로 '협력'과 '갈등 해결'을 표현하는 경우가 있습니다. 여기에서 제일 중요한 점은 '내가 의도적으로 어떻게 활동했나'입니다. 문제 해결을 위해 어떤 의견을 낸 정도로는 훌륭하다는 생각이 들지 않습니다. 요약해보면 '내가 이렇게 하자고 하니까 친구들이 그렇게 하자고 해서 문제가 해결됐다'라는 단순한 구조가 되어버리기 때문입니다. 다수의 친구를 설득하기 위하여 어떤 전략적인 움직임 취했는지 나타나야 합니다.

지방 거점 국립대 건축학과 최종 합격

본인 성격에 대한
이해와 반성 필요!

아버지께서 군인 출신이시고, 제가 형제 중 막내다 보니 감정이나 불만을 표현하기보다는 참고 이해하는 성격이 되었습니다. 마음을 다 표현하지 않아 가끔 억울한 일도 생겼지만 우직한 성격이 싫지 않았습니다. 하지만 생활이 바쁘고 스트레스가 많은 고등학교 생활을 하다 보니 변해야 할 필요가 있었습니다.

1학년부터 2년간 같은 반이었던 친구가 저와 놀기도 좋아하고 장난 걸기도 좋아했습니다. 귀찮았지만 나름 애정과 관심의 표현이어서 가능한 한 받아주었습니다. 3학년이 되어 다른 반이 된 이후에도 친구는 쉬는 시간마다 찾아와서 장난을 치고 같이 놀기를 원했습니다. 저는 그사이 학업에 재미를 많이 붙여서 쉬는 시간을 잠을 보충하거나 문제를 푸는 쪽으로 이용하려 했습니다. 시간이 가면서 제 마음속에는 짜증이 쌓이기 시작했습니다. 심리적으로 매우 힘들었지만 어떻게 해야 할지 몰라 당황스러웠습니다. 친하기도 하고 정색을 하고 말해본 적도 없었습니다. 어머니와 대화도 해보고 우연히 심리학책에서 관련된 이야기를 읽은 후 '현명하게 화내는 법을 배워야겠다'는 생각을 했습니다. 저를 위해서나 저를 상대하는 상대방을 위해서나 꼭 필요한 부분인 것 같았습니다.

처음 화를 내본다는 것은 정말 많은 용기가 필요했습니다. 표정 관리도 안 될 것 같고, 말을 어떻게 해야 할지도 막막했습니다. 이대로 상황을 악화시키면 더 안 좋은 관계로 갈 확률이 높기에 머릿속으로 여러 번 연습을 한 후에 저의 입장과 감정에 대해 강력히 이야기했습니다. '내가 이런 가정환경에서 자라서 싫은 티를 잘 못 낸다, 너의 행동이 정말 큰 피해를 주고 있다'는 이야기를 어색하지만 차분하게 말했습니다. 친구는 진심으로 미안해하며 전혀 그런 줄 몰랐다고 했습니다.

이 일을 겪으며 나의 많은 부분은 가정환경에 의해 형성되었다는 것도 새삼 깨닫고, 소통의 필요성도 절실히 느꼈습니다. 우직하고 수용적인 것도 좋지만 좋은 느낌도, 나쁜 감정도 잘 표현할 줄 아는 사람이 스스로 행복하고 주변도 편하게 해줄 수 있다는 것을 배웠습니다.

개인적으로 아주 선호하는 3번 문항 스타일입니다. 본인의 성격에 대한 이해와 분석, 그리고 내적 성숙이 그려져 있습니다. 그리고 대부분의 사람이 공감할 수 있는 내용이기도 합니다. 스트레스와 짜증도 현실적으로 그려져 있고요. 이 글을 보면서 '이 학생은 마음이 왜 이렇게 쪼잔해'라고 생각하는 평가자는 없을 것입니다. 본인에 대해서 이렇게 판단할 줄 아는 학생이라면 다른 사람을 대할 때에도 조심스럽게 행동할 것 같습니다. 혹시라도 문제 상황이 자소서를 쓰는 동안 진행 중이라면, 3번 문항 기재를 염두에 두고 더욱 우아하게 대처해 보는 것은 어떨까요. 하나 더! 주변의 부모님이나 친구 관계가 좋은 급우에게 해결 방안을 질문해보고 움직이는 것도 괜찮은 방법입니다.

3번 문항의 二大惡에 대하여!

1, 2학년 때 교내 반별 농구대회에 참가하였습니다. 2학년 때는 이 농구대회에서 팀원들과 함께 노력해서 우승을 차지했습니다. 이러한 계기로 말로 소통하면서가 아닌 몸짓으로 서로 소통하는 법을 배우게 되었습니다. 그리고 무엇보다 협력에 대해서 서로 배려와 신뢰를 바탕으로 이루어진다는 것과 다른 사람들과 서로의 부족한 점을 채워주면서 함께하면 큰일을 이룰 수 있다는 것을 배우게 되었습니다.

3번 문항에서 웬만해서는 피해야 하는 2가지 주제가 있습니다. 저는 "자소서의 2대 악"이라 부릅니다. 얼마나 느낌이 안 살길래 "악"이라는 별명까지 붙였을까요. 그 두 가지는 바로 남학생들의 '운동회'와 여학생들의 '합창대회'입니다. 본인들은 재미도 있었고, 동료애도 느끼고, 평생 가지고 갈 추억일 수 있겠지만, 자소서 내용으로는 너무 난해합니다. 매년 지원자들이 꾸준히 써왔기에 평가자는 지겹습니다. 그리고 주제의 특성상 그 경험을 같이 안 해본 사람은 공감이 거의 안 됩니다. 정말 너무너무 쓸 내용이 없어서 공백으로 내야 하는 경우 아니면 피하시길 추천해드립니다.

사례

문제 상황의 제시도 도움이 된다.

2학년 겨울방학 말에서 3학년 초까지가 학교생활 중 가장 험난한 과정이었다고 생각합니다. 시작은 반 안에서의 갈등이었지만 후에는 다른 학년과도 연결되어 학교폭력관리위원회가 열리기 직전까지 간 심각한 상황이었습니다. A라는 친구가 다수를 상대로 허위 소문, 뒷말 등을 해왔는데 그것이 알려지게 되고, 다수의 피해자가 A에게 따지고 든 것입니다. 물론 A가 처음에는 가해자였지만, 소수와 다수의 상대로는 피해자의 신분이었고 학교폭력의 문제로까지 이어졌습니다. 저 또한 다수에 속한 소문의 피해자였습니다. 그래서 저도 처음에는 감정적으로 그 친구를 대했습니다. 그렇지만 다수의 친구와 얘기해 보니 제 피해 정도는 그다지 크지 않다고 느껴졌고, 상황이 심각하게 돌아간다는 것을 느끼게 되었습니다. 그래서 저는 A라는 친구와 대화를 통해 해결하였고 A와 다수의 친구 중간에서 사건을 중재하는 역할을 했습니다. 예를 들면, A라는 친구와 얘기를 나눠서 그런 행동들을 고치는 데 도움을 주고 A에게서 진심 어린 사과를 이끌어내려고 했고, 다수의 친구의 상처받은 마음을 대화를 통해 공감하고 위로해주며 화를 누그러뜨리려고 노력했습니다. 그 결과 심각한 상황까지 가는 것을 막을 수 있었고 따로 자리를 마련하여 눈물의 화해를 이끌어낼 수 있었습니다. 이번 사건을 통해 영화나 드라마, 심지어 현실 속에서 감정적으로 욕하고 싸우는 장면들을 보면서 '이성적으로 생각해서 말로 해결하면 될 것이지'라고 말해왔던 것이 안일한 생각이었다는 것을 깨닫게 되었습니다. 그리고 진심 어린 대화의 힘이 그 어떤 물리적인 힘보다도 강하다는 것을 알게 되었습니다.

학생들은 진지한 문제나 사회적으로 논의될 정도로 큰 문제였던 경우는 자소서에 거론하기를 불편해합니다. 부담스럽고 해서 당연히 그럴 수 있습니다. 하지만 본인이 직접 겪은 일이라면, 그 때문에 많은 스트레스를 받고 시간을 투자해야 했다면 입시에라도 도움이 되어야 하는 게 아닐까요. 더불어 지원자가 꼭 주도적인 역할을 했을 필요는 없습니다. 지켜보며 느낀 바를 솔직하게 기술하고 내부적 갈등을 표현하여도 괜찮습니다.

진로와 관련된 봉사활동을 했다면 금상첨화!

친구에게 기초 미술 기법을 배우며 실력이 늘었던 저는 그때 느꼈었던 성취감과 행복감을 다른 사람들에게 알려주고 싶어 재능기부 봉사활동을 하기로 결심하였습니다. 진로가 비슷한 친구를 설득하여 함께하기로 한 저는 다양한 기관에 연락하였고, 매달 재능기부 봉사활동의 일환으로 요양병원 미술프로그램을 진행하게 되었습니다.

어르신들이 다양한 미술 경험을 하시고 미술 활동에 즐겼으면 하는 마음에 저희는 테마별, 질감별 다양한 미술 도구들과 재료를 이용해 미술 프로그램을 진행하고자 했습니다. 다양한 미술 활동을 하기에는 어르신들의 나이와 신체의 제약 등이 있었기에 저희는 프로그램 선정에 고민이 있었습니다. 서로 아이디어를 공유하며 막히는 부분에서는 인터넷 검색과 주변 분들에게 조언을 구했고, 일상생활을 주의 깊게 관찰하며 어르신들이 할 수 있으시고, 흥미를 가지실 것 같은 활동을 구성했습니다. 준비과정에서 주변을 섬세하고 다양한 관점에서 관찰하는 방법을 알고 평소에 잘 알지 못했던 미술 기법과 재료에 대해 알게 되었습니다. 그 후 '압화 꽃나무 만들기', '캔버스 액자 제작', '손도장 트리 만들기' 등의 미술 활동을 진행하였습니다. 손도장같이 번거로운 부분이나 그리기가 마음대로 되지 않는 부분에서는 어르신께서는 힘들어하시기도 하셨지만, 낯선 소재에 대해 호기심을 드러내시기도 하셨습니다. 이를 통해 연령층에 따른 미술 기법의 호불호를 알 수 있었습니다. 평소에 하지 않는 미술 활동을 체험하신 어르신들은 다행히 저희의 노력을 알아주시는 듯이 대부분의 프로그램을 즐거운 표정으로 임하셨고, 봉사활동이 끝나고 저희에게 재밌는 시간을 보내게 해주어서 고맙다는 말을 전해주셨습니다.

진로와 직접적으로 연관된 봉사활동을 하기는 쉽지 않습니다. 기회가 너무 드무니까요. 최근 들어 외부 봉사활동을 대학들이 덜 중요하게 판단하는 경향이 꾸준히 강화되고 있지만, 진로와 관련된 봉사는 여전히 평가자의 눈길을 사로잡습니다. 진로에 대한 애정과 심도 있는 이해, 꿈을 통한 사회적 기여까지 보여줄 수 있기 때문이지요. 이런 아이템이 있다면 1,000자를 모두 여기에 써야 합니다.

4. 대학별 자율 문항

대 학	문 항 내 용
서울대	고등학교 재학 기간(또는 최근 3년간) 읽었던 책 중 자신에게 가장 큰 영향을 준 책을 3권 이내로 선정하고 그 이유를 기술하여주십시오. ▶ '선정 이유'는 각 도서별로 띄어쓰기를 포함하여 500자 이내로 작성 ▶ '선정 이유'는 단순한 내용 요약이나 감상이 아니라 읽게 된 계기, 책에 대한 평가, 자신에게 준 영향을 중심으로 기술
연세대	해당 모집단위에 지원하게 된 동기와 지원하기 위해 노력한 과정을 구체적으로 기술하시오. (띄어쓰기 포함 1,500자 이내)
고려대	해당 모집단위에 지원동기를 포함하여 고려대학교가 지원자를 선발해야 하는 이유를 기술해주시기 바랍니다. (띄어쓰기 포함 1,000자 이내)
서강대	지원 전공을 선택한 이유와 대학 입학 후 학업 또는 진로계획에 대해 기술하기 바랍니다. (띄어쓰기 포함 1,000자 이내)
성균관대	다음 중 하나를 선택하여 기술해주시기 바랍니다. (띄어쓰기 포함 1,000자 이내) ▶ 본인의 성장환경 및 경험이 자신에게 미친 영향 ▶ 지원동기 및 진로를 위해 노력한 부분 ▶ 본인에게 영향을 미친 유 · 무형의 콘텐츠(인물, 책, 영화, 음악, 사진, 공연 등)

중앙대	해당 모집단위에 지원하게 된 동기와 지원하기 위해 노력한 과정을 구체적으로 기술해주시기 바랍니다. (띄어쓰기 포함 1,500자 이내)
경희대	해당 모집단위에 지원하게 된 동기와 지원하기 위해 노력한 과정을 구체적으로 기술해주시기 바랍니다. (띄어쓰기 포함 1,500자 이내)
한국외대	해당 모집단위에 지원하게 된 동기와 지원하기 위해 노력한 과정을 구체적으로 기술해주시기 바랍니다. (띄어쓰기 포함 1,000자 이내)
서울시립대	지원동기와 진로계획에 대해 구체적으로 기술해주시기 바랍니다(학부, 학과 인재상을 고려하여 작성). (띄어쓰기 포함 1,000자 이내)
부산대	지원학과를 선택하게 된 지원동기, 입학 후 학업계획, 졸업 후 진로계획을 모두 기술해주시기 바랍니다. (띄어쓰기 포함 1,500자 이내)
경북대	지원하게 된 동기와 입학 후 학업 및 진로계획에 대해 기술해주시기 바랍니다(띄어쓰기 포함 1,000자 이내).

문제는 미묘하게 다르지만, 질문은 하나입니다. "왜 우리 학교, 우리 학과에 왔니?" 지원동기와 구체적인 꿈, 그리고 그게 미래 사회의 사람들에게 어떻게 도움이 되는지 등을 기술해야 합니다. 꿈(목표)은 최대한 구체적이어야 합니다. 학생이 그 분야에 관심이 많고 오랜 기간 고민해왔다면 꿈이 구체적일까요, 추상적일까요? 목표의 구체성은 지원자의 전공에 대한 진지함을 보여주는 것입니다. 그러니까 그 분야에서 현재 진행되고 있는 연구에는 어떤 것들이 있는지 정도는 알고 있어야 하겠습니다. 예를 들어드리자면, '미래의 운송수단에 대해서 연구하고 싶다'보다는 '소형 호버크라프트에 대해서 연구하고 싶다'가 훨씬 학생을 돋보이게 합니다. 그리고 그 분야가 미래 사회에 어떤 긍정적인 역할을 할 수 있는지 고민해보고 표현해주어야겠죠. '내가 하고 싶으니까 할 거다'라고 해봐도 평가자는 당연히 아무 감흥이 없습니다. 본인이 할 일의 가치를 인지하고 있는 모습을 통해서 뽑아주면 와서 진짜 열심히 공부할 것 같다는 인식을 심어주어야 합니다.

강 선생님

작성 포인트

이 선생님

4번은 1, 2, 3번과는 조금 다른 영역입니다. 1, 2, 3번이 실제한 사실을 바탕으로 팩트 중심의 글이라면 4번은 자기 생각이나 의도 등 자신을 다르게 보여줄 수 있는 항목입니다. 지원동기나 향후 계획 등이 중심인 학교들이 대부분입니다. 4번 항목에서는 종합전형의 취지가 가장 잘 드러나는 부분이기도 합니다. 단순하게 대학을 진학하는 의미가 아니라 '왜 지원대학을 가고 싶은가'와 '진학 후 어떤 노력을 할 것인가?'에 대한 고민이 묻어 있어야 합니다. 단순 합격이 목표가 아니라 자신의 인생에 대한 진로와 결정의 과정과 그 진정성을 묻는 질문이기 때문에 평소에 희망 진로에 대한 자기 생각과 미래 직업의 의미까지 확장해서 생각해야 합니다. 결국 고등학교 입학 후 항상 하는 고민을 정리하는 것이므로 대학에 설치된 학과와 커리큘럼 그리고 졸업 후의 진로 등에 대한 많은 자료를 통해서 구체적으로 작성하는 것이 좋습니다.

홍 선생님

자기소개서 4번은 대학별 자율 문항입니다. 서울대학교를 제외하면 크게 지원동기, 학업계획, 진로계획 3분야로 나눌 수 있습니다. (서울대는 독서 문항) 지원동기 작성 시 많은 활동을 하지 않은 학생들은 앞 내용과 중복이 되어도 되냐는 질문을 많이 합니다. 그 대답은 "Yes"입니다. 단 활동은 같되, 의미는 달라야겠죠. 그리고 꿈은 추상적인 것보다는 뚜렷한 것이 좋습니다. 그리고 전공과 관련된 학업계획은 대학 커리큘럼이 아닌 지원자의 진로를 위한 자신만의 계획을 적는 것이 좋습니다. 학업계획 및 진로계획도 보여줄 사례가 적은 지원자들은 앞에서 사용한 사례의 다른 면을 활용하여 적는다면 수월하게 작성할 수 있을 것입니다. 그리고 대학, 학과 홈페이지를 찾아보고, 직업명을 검색해서 자신만의 진로 계획을 보여주는 것이 좋습니다.

5-2 학생 원본 vs 선생님 첨삭본

**첨삭 지도 1 :
수도권 사립대 의류 계열 최종 합격
- 지원동기**

첨삭 지도 전

모르는 사람들을 처음 만날 때 첫인상이 중요하게 여겨진다고 생각합니다. 그러한 첫인상들은 사람의 인상과 모습, 그리고 태도로 80% 판단이 되고 이야기를 통해 그 사람들에 대해 알고 난 후에도 인상은 거의 바뀌지 않습니다. 어느 나라보다 첫인상이 중요하다고 여기는 우리나라에서 요즘 10대, 20대의 사람들은 첫인상을 보고 판단하는 것 즉 '외모지상주의'라고 흔히 부릅니다. 그래서 우리나라 사람들이 유행을 중요시 생각합니다. 하지만 저는 유행도 좋지만 자기만의 개성을 표출할 수 있으면 그 어느 첫인상보다 더 임팩트 있게 사람들에게 좋게 남을 수 있다고 생각합니다. 자기의 성격과 스타일에 맞게 옷을 정하면 자기의 단점을 가려주고 장점을 더 표출할 것이라고 믿기 때문입니다. 저의 부모님께서도 무엇보다 저가 원하는 것을 막힘없이 해주시고 도와주셔서 저의 장점을 잘 알고 표현함으로써 학교 선생님, 친구들로부터 개성이 뛰어나다고 듣는 것 같습니다. 이렇게 개성을 만드는 계기는 미술 전시회를 많이 접하고 예술 문화재를 많이 접해보니 또래 아이들보다 더욱 성숙하게 저의 재능의 길을 찾은 것 같습니다. 개성이 정말 뛰어난 외국에서는 남들의 시선과 상관없이 짧은 옷이든 통이 큰 옷이든 개성이 뛰어난 모습이 멋져 보였기 때문입니다. 이로써 저는 어릴 때부터 나의 모습을 뽐낼 수 있었던 건 옷이라고 생각하였고 그날의 옷에 따라 기분이 달라지는 느낌을 확실히 받았기 때문에 많은 잡지와 패션쇼를 찾아보며 어떤 사람의 유형이나 사람의 몸매에 따라 옷이 도움을 줄까하는 것을 정리하여 스케치북을 만들어갔습니다. 저가 의류에 관심을 두어서 지원하게 되었습니다.

첨삭 지도 TIP

위 학생은 자신의 꿈이 분명한데 성적 등이 자신이 스스로 정한 기준치에 못 미친다고 판단하여 잠시 진로를 틀려고 했지만, 학생부를 전체적으로 분석하고 학생과 상담을 하면서 가진 좋은 요소와 경험이 많음을 활용하여 글을 작성하는데 활용하도록 하였음. 미술이나 영상 매체 등에 관심이 많아서 전공 관련 적합성의 요소를 강화하고, 평소 수집한 자료를 활용하여 초안을 작성하게 한 후 의류나 사람의 이미지가 가진 첫인상의 중요성에 대한 인식의 중요성을 부각하는 방식으로 작성함. 현대인의 자신 표현 방식의 방법과 어필에 대한 부분을 통하여 공감대를 형성하는 방향으로 지도하여 좋은 결과를 얻음.

첨삭 지도 후

낯선 사람들을 처음 만날 때 느끼는 첫인상의 의미를 중요하게 생각했습니다. 그러한 첫인상은 사람의 생김새나 외모 그리고 그 사람만의 독특한 태도 등으로 판단할 수 있다고 생각했습니다. 또한 첫인상은 사람에 대한 고유한 이미지를 굳히는 것이라고 믿게 되었습니다. 다른 어느 나라보다 첫인상을 중요하게 우리 문화에서 최근 10대와 20대의 사람들은 첫인상을 통해서 가끔 '외모지상주의'라고 하는 것 같습니다. 그래서 유행의 주기가 짧고 빠른 변화를 갈구하는 것 같습니다. 저는 유행에 대한 개념을 '자기만의 개성의 또 다른 표현과 표출'이라고 규정하고 싶습니다. 그리고 자기를 표현하는 다양한 방법 중에서 자신만의 스타일이 중요하다고 믿습니다. 어떤 첫인상보다 더 임팩트 있게 사람들에게 자신을 드러낼 수 있는 것이라고 생각합니다. 자신만의 개성을 만들어서 스스로 표현할 수 드는 계기를 해외 체험과 미술 전시회를 다니면서 확립하게 되었습니다. 모든 사람이 자신만의 고유성을 간직하고 그 속에서 조화를 이루는 것이 필요하다는 생각으로 의류 디자인을 공부하겠다는 계획을 세웠습니다.

첨삭 지도 2 :
수도권 사립대 산림 관련 학과 최종 합격
- 지원동기

첨삭 지도 전

농업생명과학대학에서 하는 캠프에 참여하게 되었습니다. 농대 캠프에서 현미경 사용법 익히는 법도 배우고 현미경으로 곰팡이, 혈구, 염색체, 기공, 뿌리털도 관찰을 하였습니다. 실험이 끝나고 실험 내용을 토대로 퀴즈 대결을 하였습니다. 실험을 하면서 저는 식물에 대해 연구하는 것이 참 재미있고 앞으로도 연구하고 싶다는 생각이 들었습니다. 그리고 우리 조교선생님은 서울대 조경학과 학생이었는데 점심시간에 서울대 중앙도서관 옥상에 있는 공원을 구경시켜주었습니다. 저는 그 옥상 공원에 한눈에 반하게 되었습니다. 삭막한 도심의 옥상에 이렇게 멋진 공원을 만들어 사람들에게 휴식처를 줄 수 있다는 사실이 너무 감동을 주었습니다. 그래서 저는 꽃과 나무를 가꾸어 도시 환경을 변화시켜 사람들의 마음에 휴식을 주는 도시 환경 디자이너인 조경사가 되고 싶다는 생각이 들었습니다. 조경사로 진로를 정하면서 산림조경학과에 진학하여 산림 분야와 조경 분야에 대해 집중적으로 공부하고 싶다는 생각을 하게 되었습니다.

첨삭 지도 TIP

위 학생은 매우 차분한 성격에 적성검사에서도 자연 친화적인 면이 강하게 발달하여 있어서 전공 선택은 무난한 것으로 판단. 또한 자신이 하고 싶은 식물에 대한 관찰과 섬세함이 잘 드러나도록 하였고, 부모님의 영향으로 인문환경과 자연환경의 조화에 대한 인식이 높았음. 교과 성적이 아주 뛰어난 편은 아니었지만 동아리 및 봉사활동과 보고서 대회 등에서 일관성을 갖고 산림이나 식물에 대한 얘기를 충분히 드러나게 구성하고, 대학 캠프에서의 경험을 토대로 발전적인 방향으로 성장했다는 부분에 포인트를 두고서 작성하도록 지도하여 좋은 결과를 얻음.

저는 어릴 때부터 나무와 식물이 좋았습니다. 그래서 부모님께 입버릇처럼 '어른이 되면 산에서 나무 키우며 살고 싶어요.'라고 말했다고 합니다. 그러다 유튜브에서 전영우 교수님의 '숲은 현대문명을 치유하는 병원이다.'라는 강의를 보게 되었습니다. '숲이 살아 있는 병원이며 훌륭한 현대 문명병의 묘약이다.'라는 이야기를 듣고 저는 숲과 나무에 대해 더 많은 관심을 가지게 되었습니다. 그리고 '숲이 희망이다'란 책을 읽고 숲의 존재가 인간의 사회성뿐만 아니라 심리나 정서까지도 영향을 미친다는 것을 알고 산림 치유에도 관심을 가지게 되었습니다. 고 때 서울대 농대 캠프에 참여하여 농대 캠프에서 서울대 중앙도서관 옥상에 옥상정원을 만들고 있다는 이야기를 듣는 순간 저는 미래의 꿈을 확신할 수 있었습니다. 도시 한가운데 녹색공간을 만들어 사람들이 쉴 수 있는 휴식처를 만들어주는 도시 환경 디자이너인 조경사가 되고 싶다는 생각을 하게 되어 숲과 산림 치유 조경학을 함께 배울 수 있는 ○○과에 지원하게 되었습니다.

첨삭 지도 전

저는 중학교 때부터 충분한 지식뿐만 아니라 남을 돌볼 수 있는 따뜻한 봉사 정신도 함께 지니고 있어야 하는 보건 계열에 매력을 느꼈습니다. 그렇게 저는 자연스레 보건 계열로 진학하려고 했습니다. 저의 진로와 진로에 대한 궁금증을 해소하기 위해 분의 병원을 방문하였고, 그 병원에 계시는 임상 병리 사님과 대화를 나누었습니다. 저는 여태까지 환자를 치료하기 위해서 의사와 간호사만이 중요한 역할을 수행한다고 생각했었습니다. 하지만 그것은 아닙니다. 병원을 방문하는 사람들의 목적은 자신의 병명을 알기 위해 오는 것이고 자세하고, 정확한 병명을 알아보기 위해 검사하는 임상병리사가 꼭 필요하다고 느꼈습니다.

첨삭 지도 TIP

위 학생은 보건의료 계열 학과를 정말 가고 싶어 하는 경우였지만 학교에서 보건이나 의료 관련 교과목의 개설 등은 거의 없었고, 교과목의 심화 과정도 별로 없었음. 이에 평소에 병리사나 간호사 등을 만나면서 파악한 내용과 가족 이야기를 잘 구성해서 자신의 진로를 명확하게 밝히는 방법을 사용하고, 의료보건에 대한 자신의 평소 갖춘 지식과 정보를 최대한 활용하도록 지도. 가족 이야기는 일반화하기 어려운 측면이 있지만, 보건계열의 동기와 관련된 부분에서 확실한 임팩트를 줄 수 있는 소재로 활용.

첨삭 지도 후

질병에 관한 자료를 보고 공부를 하면서 암의 종료가 위암, 대장암, 간암 등등으로 다양하다는 것을 알게 되었고 TV에서 암 말기 판정을 받고 의사가 마음의 준비를 해야 할 것이라고 죽음을 암시할 때 오열하는 가족들을 보고 암의 무서움에 대해 조금씩 배웠고 혹시 우리 가족 중에서 저러면 어쩌나 무섭기도 했습니다. 또한 그 암들이 생길 확률이 높아지는 요인 중에 술, 담배가 포함되는 것을 알게 되었습니다. 암을 치료하는 것은 매우 힘들고 항암치료를 한다고 무조건 나아지는 것도 보장할 수 없다는 것을 알았기 때문에 생각으로 혹시나 폐암이나 간암에 걸린 것이 아닐까 하는 걱정이 되기 시작했습니다. 아버지가 혹시나 암에 걸렸으면 어쩌지 무섭기도 했지만 내가 할 수 있는 일은 무엇일까 생각해보니 암이 나아지기를 바라는 것뿐이고 아무것도 할 수 없다는 것에 무력감을 느꼈습니다. 그래서 내가 암과 같은 불치병들의 치료법을 만들면 혹시나 아버지 말고도 가족 중에서 불치병에 걸리게 되면 내가 나서서 직접적인 도움을 줄 수 있기 때문에 불치병을 치료하는 생명공학자가 되고 싶다고 생각하게 되었습니다.

첨삭 지도 4 :
지방 국립대 상경 계열 – 노력과 향후 계획

첨삭 지도 전

저는 경제학과에 입학하여 학업에도 힘쓸뿐더러 남을 위한 봉사활동에도 열심히 참가하고 싶습니다. 고등학교 때 저는 제가 남을 위해 할 수 있는 일이 무엇이 있을까? 를 고민하며 여러 봉사활동을 찾아봤습니다. 저는 제가 자신 있는 과목인 수학을 가르치면 좋겠다고 생각했습니다. 하지만 학생들을 가르칠 수 있는 자격이 대학생 이상부터 선발을 하여 저는 다음을 기약해야 했습니다. 그래서 제가 대학생이 된다면 학업에도 충실히 할 뿐만 아니라 집안 형편이 어려워 사교육을 받기 힘든 친구들을 위해 멘토링 봉사를 하고 싶습니다. 그리고 저는 인터넷 경제 사이트를 구독하면서 거시경제학에 관심이 많은 저를 발견했습니다. 경제학과에 들어와서 더 다양한 분야의 경제학에 대해 배워 한쪽에만 집중하는 것이 아니라 여러 분야에 해박한 경제학도가 되고 싶습니다. 그리고 경영학을 부전공으로 하여 기업 실무에 관한 공부도 하고 싶습니다. 이렇게 쌓은 지식을 바탕으로 공인회계사 시험을 준비하여 회계사가 되고싶습니다. 공정한 재무제표를 작성하여 기업의 투명성과 사회경제의 투명성에 기여하고 싶습니다. 그리고 제가 회계사가 된다면 영세한 기업에 대한 회계 상담도 무료로 해주고 싶습니다. 이렇게 삶을 윤택하게 하고 남에게 도움을 주기 위해서 저는 저 자신이 경제에 대한 수준 높은 지식을 갖고 있어야 한다고 생각합니다. 그래서 저는 대학을 졸업 후 대학원에 진학하여 더 전문적인 경제 공부를 하고 싶습니다.

첨삭 지도 TIP

상경계열에 관한 향후 계획과 포부는 상대적으로 학생이 한 활동보다는 미래에 대한 이야기가 많아서 평소에 전공에 관한 꾸준한 탐색 노력이 전제되어야 함을 강조. 다행히 위 학생의 경우는 자주 만나면서 전공에 대한 이야기를 나누고, 신문이나 인터넷 자료를 잘 활용하여 자신의 진로를 명확하게 보여주도록 함. 또한 경제와 경영관련 학과가 돈을 벌기 위한 것이 아니라 학문적 접근을 위한 특징, 대학의 커리큘럼, 상경계열 진학 후의 진로 등에 대한 많은 조사를 스스로 하게 하여 전공에 대한 이해도를 높인 후에 작성하도록 지도하여 좋은 결과를 얻음.

첨삭 지도 후

경제학에 관한 공부를 위해서 경제 과목을 선택했으나 인원 부족으로 폐강되는 일이 있었습니다. 하지만 그 일이 저의 경제학도를 희망하는 꿈을 꺾을 수는 없었습니다. 사회 교과 선생님의 도움과 독서 인터넷 영상 등을 통해서 계속 경제 공부를 할 수 있었습니다. 그리고 동아리 활동에서 지역사회를 위해서 제가 할 수 있는 일을 찾다가 크라우드 펀딩이나 지역 화폐 운동 등의 지역을 기반으로 하는 경제 활동에 대한 내용도 파악할 수 있었습니다. 좀 더 체계적이고 현실에서 일어나는 일을 알기 위해서 경제 잡지를 구독하여 읽었고, 매일 아침 경제 뉴스를 거르지 않고 시청하였습니다. 책을 읽고 자료를 정리하는 과정에서 배운 공동번영이라는 아이디어에 착안해서 학생회 임원이 되어서 아나바다, 교복구매 등 학교에서 할 수 있는 경제활동의 영역을 찾아서 실천했습니다. 경제가 분배의 정의라는 표현을 조금이나마 이해할 수 있었고 구성원의 자발적인 노력과 실천 의지가 전체를 바꿀 수 있다는 확신도 들었습니다. 저는 많은 사람이 경제와 사회의 운영에 필요한 기본적인 지식을 알고 있으면 좀 더 좋은 사회가 된다는 믿음을 확인하고 싶습니다. 그리고 그 꿈을 숙명여자대학교를 통해서 전문적인 지식을 습득하고 올바른 인성을 갖추어서 졸업 후 사회에서 꼭 필요로 하는 경제 연구원이 될 것입니다.

첨삭 지도 5 :
지방 사립대 상경 계열 - 노력과 향후 계획

첨삭 지도 전

어렸을 때부터 뉴스를 항상 보아서 경제가 어떻게 흘러가는지를 잘 보고 활용하라는 아빠의 말에 중학교 때는 신문수집을 했었다. 사업은 안전한 직업이 아니라는 말을 자주 들었는데 자신이 능력이 있고 아는 것이 많으며 사람들을 잘 통솔한 경제를 잘 내려다볼 수 있으면 안전한 사업보다 더 나아가서 사람들의 흔히 말하는 성공의 기준인 돈을 많이 버는 사람이 될 수 있다는 생각을 보여주고 싶다. 나는 대학에서의 학업 계획은 큰 것도 아니라 학교 수업을 제대로 잘 듣고 정확하게 인지하여서 주위 사람들에게도 가르쳐 주고 싶다. 돈만 있으면 사업을 한다는 소리를 들었는데 돈이 없이도 할 수 있다는 것을 가르쳐 주고 싶고 주말엔 남에게 친절을 베풀고 힘이 될 수 있는 봉사를 매주 하고 싶다.

첨삭 지도 TIP

위 학생의 경우는 경제에 대한 개념을 부의 창출이나 자신의 주변에 있었던 특수한 경험 등을 다소 왜곡되게 갖고 있어서 경영, 경제에 대한 개념을 재정립하도록 하여 경제의 공부가 개인의 영달이나 돈을 버는 것이 아니라 사회를 이해하고 그 속에서 경제의 역할을 찾도록 사전 조언을 함. 또한 사회에 대한 이해를 경제문제와 접목하느 과정으로 이해하도록 하고, 경제문제 해결을 위한 개인의 뛰어난 업적이나 노력보다는 시스템에 대한 이해와 그 속에서 개인의 역할의 의미를 부여하도록 지도하여 좋은 결과를 얻음.

경제라는 과목에 관심도 많았고, 공부하면서 저의 적성에도 일치하는 것을 알 수 있었습니다. 하지만 학교에서 배우는 과정에서 경제를 선택하는 것은 불가능했고 경제 과목의 신청자도 없어서 선생님과 동영상 자료 등을 이용해서 경제에 관한 공부를 하였습니다. 경제를 공부하면서 외국어 공부의 필요성을 많이 느끼게 되어서 영어 공부를 영화나 동영상을 활용해서 실용적인 목적에 맞추어 공부하였습니다. 입학 후에는 전공과목 공부를 열심히 하면서 사회학이나 정치학 등의 공부를 병행하고 싶습니다. 최근 양극화의 문제와 사회적 분열이 단순한 경제문제만으로 발생하는 것이 아니라고 생각해서 경제를 위한 주변 학문도 열심히 할 것입니다. 그리고 영어 외에 독일어와 일본어에 관한 공부를 할 것입니다. 경제뿐만 아니라 문화나 선진국의 좋은 시스템을 도입하기 위한 과정에서 번역본이 아닌 제가 직접 자료를 읽고 정리하고 싶습니다. 주말과 방학을 맞이해서는 평소에 하던 봉사활동의 시간을 좀 더 늘려서 소외되고 힘들어하는 아이들과 많은 시간을 보낼 계획입니다. 졸업 후에는 좀 더 전문적인 공부를 위해서 대학원 진학을 목표로 하고 있습니다. 대학원에서 세계공황을 극복하기 위한 정부와 경제단체의 노력을 중심으로 한 금융 분야를 집중해서 연구하고 싶습니다. 현대의 자본주의에서 금융은 곧 다른 산업들과 밀접하게 관련된 선진국형 산업의 핵심이라고 판단하기 때문입니다. 그리고 그 꿈을 ○○대학교에서 배우고 공부하는 과정을 통해서 실현하고 싶습니다.

첨삭 지도 6 :
지방 국립대 수리과학부 - 계획

첨삭 지도 전

저는 대학 입학 후 우선 수학에 관해 공부하면서 지식을 쌓을 것입니다. 그리고 경영학을 복수로 전공할 것입니다. 이는 제 꿈인 프로젝트 때문입니다. 저만의 프로젝트를 진행하는 것이 저의 꿈입니다. 이 프로젝트의 이름은 아직 정하지 않았지만, 결론부터 말하자면 학원을 차리는 것입니다. 제가 세우려는 이 학원은 다른 영리 목적의 사교육 학원들과는 전혀 다릅니다. 우선 이 학원은 비영리적인 학원입니다. 학생들에게서 일체의 돈을 받지 않고 재력가들과 기업의 후원을 받아 유지될 예정입니다. 이 학원은 '지식의 무상 사회 환원 프로젝트'입니다. 이 학원의 선생님들은 내가 이 세상을 살다 떠나기 전에 내가 사회로부터 받은 지식을 다시 돌려줘야겠다고 생각이 드는, 그러니까 '뜻있는' 사람들이 자원봉사를 하는 방향으로 생각하고 있습니다. 이 학원의 과목은 교과과정에 한정되어 있지 않습니다. 그러니까 꽃꽂이도 가르칠 수 있고, 스와질리히어도 가르칠 수 있다는 뜻입니다. 자원봉사를 하겠다는 사람의 신청을 받으면 일정 기간 동안 학생들이 지원할 수 있게 공고를 하고 일정 인원 이상의 학생들이 신청 기간 내에 수강 신청을 하면 공간을 빌려주는 형식을 생각하고 있습니다.

첨삭 지도 TIP

위 학생은 자신이 좋아하는 과목과 그렇지 않은 과목 사이의 편차가 심하고, 두뇌 회전이 빠른 친구로서 창의적이고 도전정신이 높은 경향을 보여주었음. 다소 황당할 수 있는 목표라고 깎아내리기 쉬운 소재와 생각이 있었지만, 학생다움의 장점과 미래 사회의 변화에 대한 긍정의 요소를 최대한 활용하도록 함. 기존의 사회질서와 공식에 자신을 맞추는 것이 아니라 공공선을 실현하거나 가치 있는 일을 할 수 있는 마인드를 통해서 도전하고 새로움을 만들어 내는 과정으로 자신의 미래의 꿈을 실현하고 싶은 욕구가 잘 드러나도록 하였음. 그리고 지식공유 공동체의 장점과 협력의 관계를 해야 하는 부분을 강화해서 청년의 도전 의식과 올바른 가치관 형성 부분을 어필하도록 하여 좋은 결과를 얻음.

첨삭 지도 후

대학 입학 후 우선 수학에 관해 공부하면서 지식을 쌓을 것입니다. 그리고 경영학을 복수 전공 할 것입니다. 이는 제 꿈인 프로젝트 때문입니다. 저만의 프로젝트를 진행하는 것이 저의 꿈입니다. 제가 구상하는 것은 '지식의 무상 사회 환원 프로젝트'입니다. 이 교육 기관은 내가 사회로부터 받은 지식을 다시 돌려줘야겠다고 생각이 드는, 그러니까 '뜻있는' 사람들이 자원봉사를 하는 방향으로 생각하고 있습니다. 이 기관의 과목은 교과과정에 한정되어 있지 않습니다. 그러니까 꽂꽂이도 가르칠 수 있고, 외국어도 가르칠 수 있다는 뜻입니다. 자원봉사를 하겠다는 사람의 신청을 받으면 일정 기간 학생들이 지원할 수 있게 공고를 하고 일정 인원 이상의 학생들이 신청 기간 내에 수강 신청을 하면 공간을 빌려주는 형식을 생각하고 있습니다. 처음 시작은 아마 교과과목 중심으로 중고등학생을 가르치게 될 것입니다. 우선 프로젝트를 진행하려면 돈이 필요하니 이 프로젝트가 있다는 사실을 알리고 후원을 받는 것이 급선무이기 때문에 사람들로부터 이목을 끌려면 그 방법이 최선이라고 생각됩니다. 교육이 국가와 민족을 위하는 가장 근본적인 핵심이라고 생각합니다. 제가 관심 있고 잘할 수 있는 수학을 연구하고 더욱 발전시켜서 교육을 통한 사회 환원을 실천하고 싶습니다.

지방 거점 국립대 정치외교학과 최종 합격
- 학업 계획, 진로 계획을 중심으로

학과 및 진로에 대해 구체적 관심을 보여라.

정치외교학과에서 기본적으로 배우는 정치학, 외교론, 경제학은 제가 평소 한 번쯤 다 배워봤으면 좋겠다고 생각한 과목들입니다. 이를 바탕으로 선택과목인 국제기구론 이나 인권과 시민사회와 같은 과목들을 수강한다면 평소 관심 있었던 부분들에 대한 궁금증을 많이 충족할 수 있을 것입니다. 그리고 소식지를 통해서 살펴본 정치외교학과만의 발표 대회인 학술제도 상당히 인상 깊었습니다. 발표력을 중요시하는 국제무대에 진출하기 위해서는 교수님들과 학우들 앞에서 제 생각을 발표하는 경험이 큰 도움이 될 것이라고 생각했습니다. 그래서 저 또한 국제기구와 인권에 대해 팀원들과 연구하여 그 내용을 사람들 앞에서 발표하고 싶다는 목표를 가지게 되었습니다. 영어 공부는 평소처럼 일상 속에서 실천하고, 더 나아가 자격증을 위한 공부에도 집중할 것입니다. 또한 제게는 유엔에서 지정한 6개의 공용어를 살아가면서 다 배울 것이라는 목표가 있는데, 대학생 때는 고등학교에서 배웠던 프랑스어 지식을 바탕으로 공부를 열심히 할 것입니다. 이처럼 1, 2학년 동안 학과에서 제가 좋아하는 공부를 성실하게 한 뒤, 3학년 때는 프랑스로 교환학생을 갈 계획을 가지고 있습니다. 기존에 공부해놨던 프랑스어를 직접 현장에서 사용해보는 기회를 가짐으로써 부족한 프랑스어를 보충하고, 프랑스 파리에 본부를 둔 OECD, UN-ESCO 등의 국제기구를 방문하여 국제기구의 실제 현장의 모습을 느끼고 싶습니다. 또한 교환학생을 온 다른 나라의 학생들과 본인들이 생각하는 각 나라의 정치에 대해서도 꼭 이야기해보고 싶습니다.

한국에 돌아오면 JPO 국제기구 초급전문가를 준비하며 직접 각 나라의 국제기구 채용 정보를 알아보는 등 본격적으로 취업을 위해 준비할 것입니다. 저는 국제기구 전문가가 되어 궁극적으로 세계시민의 인권 보호를 위해 앞장서고, 그들에게 긍정적인 에너지를 나눠줄 수 있는 세계적인 리더가 될 것입니다.

지원자는 학업계획 작성 시 최대한 진학하고자 하는 대학의 소식지를 찾을 만큼 관심이 많다는 것을 보여주면서 긍정적인 요인을 끌어 낼 수 있었습니다. 또한 진로계획 작성 시에도 정확하게 자신이 하고 싶은 분야를 드러내면서 진정성을 보여주고 있습니다. 학업 및 진로계획은 이미 한 것을 정리하는 것이 아니기에 최대한 구체적으로 보여주는 것이 긍정적인 요인이 될 수 있습니다.

꿈이 생기게 된 이유는
분명하게!

EBS 지식 채널의 '수학자 푸앵카레의 추측'이라는 짧은 동영상은 수학을 왜 공부하는지를 알게 해 주었습니다. 예전에는 수학 문제를 풀고, 성적을 올리는 것에만 관심이 있었습니다. 하지만 이 동영상을 보면서 수학적 상상력이 세상의 모든 것들을 만들어 내고, 우리가 주변에서 쉽게 접할 수 있는 모든 것이 수학적으로 해결될 수 있다는 것에 흥미를 느꼈습니다. 그 이후 저는 수학에 관련된 자료를 보던 중 '다섯 번째 공리를 부정하라! 비유클리드 기하학의 발견'이라는 글을 읽고, 자명한 진리인 공리가 어떻게 부정될 수 있는지 호기심이 생기기 시작했습니다. 유클리드 기하학의 다섯 번째 공리를 부정하면 모순이 생기는 것이 아니라 새로운 기하학이 생긴다는 것을 발견한 수학자들처럼 저도 세상의 수많은 원리를 수학으로 접근하여 해결하고 싶다는 생각을 하게 되었습니다. 답이 정해져 있는 문제를 푸는 것이 아니라 수학적 논리를 탐구하고 증명하는 과정에서 다양한 분야의 수학에 대해 더욱 심도 있게 공부하고 싶어 수학과에 지원하게 되었습니다.

지원동기는 자신이 지원하고자 하는 전공에 대한 관심이 어떻게 생기게 되었는지부터 적어야 합니다. 그뿐만 아니라 관련 분야에 관심을 보이고, 알아가는 과정까지 보여주면 더 좋습니다. 위 지원자는 이러한 방법으로 자신이 수학을 공부하고 싶은 이유를 확실히 밝혔습니다. 이렇게 지원동기를 잘 적었지만 교과 내신이 3점대 중반이었고, 특히 수학 교과가 다른 교과보다 더 좋음을 보여주지 못하였기에 합격하지 못한 것으로 판단할 수 있습니다.

지방 거점 국립대 중어중문학과 최종 합격 – 지원동기를 중심으로

어설프게 꾸며 쓴 글보단
솔직하게!

중국 문화 동아리에서 문화에 대한 학습과 관련 서적을 읽는 활동을 하면서 자연스레 중국어에 관한 관심이 높아졌습니다. '시와 사진으로 보는 중국 기행'이라는 책을 읽으며 중국의 문화를 알 수 있었고 중국의 역사는 배워도 정말 끝이 없다는 것을 느꼈습니다. 또한 중국 문화뿐만 아니라 중국어를 배우며 한글과는 다른 성조라는 것에 대해 흥미를 느끼게 되었고 야간 자율 학습 시간이나 방과 후에 중국 단어 성조 구별하기나 단어 암기 등을 하며 점차 중국어의 기초를 쌓았습니다. 이렇게 중국어를 공부하여 세계를 잇는 다리 역할을 할 수 있는 승무원이 될 것입니다. 글로벌화된 사회에서 제2 외국어는 필수라고 생각합니다. 그렇기에 문학을 통해 중국어를 더욱더 깊게 배우면 제 꿈에 더 빨리 다가갈 수 있어 좋겠다고 느껴져 중어중문학과에 지원하게 되었습니다.

> 지원자의 학생부는 승무원으로 모든 것이 맞춰져 있습니다. 그런데 지원하는 학과는 중어중문학과. 승무원으로서 중국어의 필요성을 강조하였습니다. 어설프게 전혀 생각하지 않았던 중문학을 소재로 꺼낸다면 더 이상한 자기소개서가 되었을 것입니다. 학생부와 연계하여 솔직하게 지원동기를 적는다면 부정적으로만 보이질 않을 것입니다.

지방 거점 국립대 컴퓨터공학과 서류 합격
- 학업 및 진로 계획 중심으로

교과 성적 2점대 후반이기에 합격 가능한 향후 계획!

저는 컴퓨터공학과 진학을 위해 지금까지 노력한 만큼 학과 공부를 가장 우선에 둘 것입니다. 학문적인 이론부터 전문적 기술과 응용까지 학과에서 제공하는 교과 과정을 충실하게 수행할 것입니다. 또 관련 업종에 종사할 때 의사소통과 협력이 업무 능력만큼 중요하기에 동아리 활동을 하며 대인관계와 커뮤니케이션 능력 개발에도 힘쓰겠습니다. 국가공인자격증, 국제 공인 인증 자격증 취득을 위해서도 노력할 것입니다. 그리고 건전한 즐거움을 위한 게임의 스토리를 위해 다양한 책을 읽으며 창의력을 키워 나갈 것입니다. 이후 더 나아가 제가 기본적인 코딩에 대해 배울 수 있었던 코드닷오알지라는 비영리 교육단체처럼 고도의 정보사회에서 소외되는 사람이 없는 사회도 만들어 보고 싶습니다.

위 자기소개서 학업 및 진로 계획을 읽어보면 매우 추상적인 계획이라는 것을 알 수 있습니다. 계획에 대해 전혀 생각하지 않은 모습이 보입니다. 컴퓨터 관련 무엇을 하고 싶은지, 그것을 위해 어떤 노력을 할 것인지도 잘 보이질 않습니다. 마지막 비영리 단체에서 활동을 해 보고 싶다고 했지만 연관된 계획성도 없습니다. 합격이 가능한 학과를 선택하여 지원하였기에 4번 문항의 내용이 부실하더라도 합격이 가능했다고 판단됩니다. 조금 더 진로에 연계된 학업 계획을 만들어 봅시다.

서울 사립대 심리계열 불합격 – 진로 계획을 위한 노력을 중심으로

나열은 금물! 노력한 사례가 구체적일수록 좋다.

저는 사회 속에서 사람의 사고와 행동을 연구하는 이 분야를 학부부터 시작하여 대학원까지 공부한 후 박사학위를 취득하고 싶습니다. 이후 한국인들의 심리를 실질적으로 조사하고 체계적으로 연구하는 OO연구소를 설립할 것입니다. 이 연구소에서 현대 한국 사회의 대표적인 심리 현상과 갈등, 편견을 조사하고 한국형 갈등 해소 프로그램을 만들어 현장에 보급하고 싶습니다.

 저는 이러한 바람을 가지고 심리학에 대한 이해를 높이려고 '가족의 발견', '위험한 호기심', '생각의 지도' 등 관련 도서를 읽었습니다. 또, 심리학 동아리를 만들어 활동했습니다. 자신을 잘 알아야 한다는 생각에 만다라 채색과 자기개방훈련을 하였습니다. 프로이트에 관한 책을 읽고 그의 이론을 정리한 PPT를 만들어 발표하기도 했습니다. 특히 저 스스로 주제를 정해 활동한 '정신질환에 대한 한국인의 사회 인식' 자료 조사는 제 진로에 확신을 더해주었습니다. 우리나라에는 아직도 서양 중심의 자료가 대부분이었습니다. 이를 통해 우리나라의 실정에 맞는 심리학 연구가 절실히 필요하다는 사실을 다시 한번 확인했습니다.

위 지원자의 불합격 요인은 두 가지로 보입니다. 하나는 교과 성적보다 높은 대학 지원입니다. 또 하나를 자기소개서에서 찾자면 경험 나열로 보입니다. 본인이 한 활동이나 책은 이미 학생부에 적혀 있습니다. 그런데 그것을 자기소개서에 다시 적을 필요가 없습니다. 책이면 책, 경험이면 경험 하나를 선택해 본인의 진로에 어떤 도움을 주었는지 구체적으로 보여주는 것이 설득력이 있을 것입니다.

자신만의 스토리로
지원동기를 작성하자.

중학교 때부터 '청소년 오케스트라'의 단원으로 활동하면서 봉사 연주를 통해 음악이 사람의 마음을 움직일 수 있고, 더 나아가 치료할 수 있다는 것을 알게 되었습니다. 복지관 정기연주회를 마친 후 한 할머니께서 나가시면서 '다음에도 또 와줬으면 좋겠네. 오랜만에 들으니까 좋다.'라는 말씀을 통해 연주가 다른 사람의 마음을 위로해주고 편안하게 해줄 수 있겠다는 생각을 했습니다. 그래서 음악으로 사람의 마음을 치료하는 '음악 치료학의 이해와 적용'이라는 책을 찾아 읽어봤습니다. 또 상담으로 베토벤을 치료하는 '베토벤 심리상담 보고서'를 읽으며 음악치료를 넘어 사람의 마음을 치료할 수 있는 심리치료에 대해서 알고 싶었습니다. 저 또한 개인주의로 힘들어하는 현대인들의 마음을 치유하는 심리상담사를 꿈꾸게 되었습니다. 그래서 심리학적 지식뿐만 아니라 과학적인 사고방식을 키우고 싶어 심리학과에 지원하게 되었습니다.

지원자는 자신만의 활동 안에서 꿈을 키워왔습니다. 그뿐 아니라 꿈을 키우는 과정에서 스스로 책을 읽어가며 꿈을 더 구체화합니다. 2점대 중반의 교과성적과 일괄된 활동으로 합격 가능한 지원을 하였고 자기소개서에서도 자신의 꿈의 동기도 잘 나타내었습니다. 그리고 심리를 통해 무엇을 하고 싶은지도 드러내면서 지원 동기가 확고하다는 것을 보여주었습니다.

사례

관련 핫이슈들의 나열도 좋은 방향!

고등학교 1학년 때 알파고와 이세돌 9단의 대국이 있었습니다. 대국이 끝나고 사람들과 매체들은 인공지능이 인류의 자리를 차지할 것이라고 불안해하였고 저 또한 미래에 대하여 막연한 두려움이 생겼습니다. 그때 영국의 러다이트 운동을 떠올렸고 AI가 사람을 대체하면서 인간보다 뛰어난 성과를 내고 이것이 인류의 발전으로 이어진다고 할지라도 인간이 인공지능에 자리를 내준다는 현실에 AI를 어떻게 볼지에 대해서 고민하였습니다. 이외에도 사회는 빠르게 변화하고 있었습니다. 평창 동계 올림픽 때 많은 외국인 선수들이 귀화하였지만, 올림픽이 끝난 후 일부는 한국 국적을 버리고 다른 나라로 떠났습니다. 이를 통해 국가라는 개념이 조금씩 와해되고 있다는 느낌을 받았고 이런 현상이 야기할 혼란에 대해 고민하기도 하였습니다. 이처럼 사람들은 빠르고 예측 불가능한 패러다임의 변천을 맞이하여 가치관의 혼란, 어디에서 무엇을 어떤 답을 찾아야 하는지 불안해하고 있습니다. 저는 과거의 중요한 역사적 변천사에서 현재를 반추

하고 미래에 대해 해답을 찾고 싶어 하는 지적 욕구 충족을 위해 사학을 전공하고자 하는 사람으로서 이에 대한 답을 역사에서 찾기로 결심하였고 국가와 인류에 비전을 제시하고 이끌어줄 수 있는 사학자가 되기로 결심하였습니다.

저의 이러한 열망과 지식에 대한 목마름을 **대학교 사학과에서 그 해답을 찾고자 합니다. 사학자가 되기 위해 필수가 되어야 할 역사 지식 습득에 최선을 다할 것이며 관심 분야인 "역사연구를 통한 AI 시대의 대안"과 사회 분야에 관심을 기울이며 인문학적 소양을 쌓도록 하겠습니다. 또한 제가 연구하고 싶어 하는 분야에 대한 심화학습을 위해 대학원에 진학해 서양의 근현대사 부분을 전공하고 싶습니다. 이를 통해 이전 세대가 격변기에 어떻게 대처하였는지를 배우고 이후 졸업해서는 과거 역사적 사실과 현재의 현상을 냉철한 시선으로 분석하고 미래 사회의 예측되는 문제점을 찾아 그 대안을 제시할 수 있는 연구를 하는 사학자가 되겠습니다.

내신 평점의 한계를 극복하지 못하고 서류 탈락한 자기소개서이긴 하지만, 아주 괜찮은 4번입니다. 역사적 사건들과 당시 우리나라의 이슈들을 적절하게 연결 지어 지원자의 관심을 표현해 주었습니다. 전공에 대한 지식과 더불어 현대 사회에 대한 깊이 있는 이해를 자랑하고 있습니다. 이렇게 당면한 문제들을 건드려주면, 읽기에 재미있기도 하고 글에 답답한 느낌이 들지 않는다는 장점도 있습니다. 컨설턴트의 도움 없이 이 정도의 적용은 힘들겠지만 각자의 분야를 검색해본다면 어느 정도는 아이디어를 짜낼 수 있을 것입니다.

지방 사립대 특수교육학과 최종 합격

대상에 대한 따뜻한 시선으로 전공 적합성을 표현하라!

저는 주체적으로 무엇인가를 하려는 사람들을 응원하고 싶습니다. 매 청소 시간마다 도움반 앞은 정성스레 걸레를 빨고 분리수거하는 친구들로 인해 분주합니다. 그 결과 도움반 앞 복도는 항상 깨끗합니다. 자신이 맡은 일을 열심히 하는 그들을 보며 주어진 일을 즐겁게 하는 마음가짐을 배웠습니다. 또한 장애인 체육대회 개회식에서 다양한 음색으로 애국가를 부르는 그들을 보고 감동을 하였습니다. 음정, 박자, 제대로 지켜서 예쁜 목소리로 부르지는 못했지만 다양한 장애를 가진 사람들이 최선을 다해서 한마음으로 부르는 노래는 제 마음을 따뜻하게 했습니다. 나이가 들수록 사람들이 서로의 눈치 살피기 바쁘고 무임승차하려는 경우가 많아진다는 것을 느꼈던 저는 열심히 노래 부르는 그들의 모습이 좋았습니다. 자신이 할 수 있는 일에 최선을 다하여 한 걸음씩 나아가는 아이들에게 작게나마 도움이 되는 특수교사가 되고 싶습니다.

다양한 예시 하나하나에서 지원자의 관심과 노력이 보입니다. 사명감 또한 잘 표현되어 있습니다. 진로와 관련하여 얼마나 많은 경험을 쌓았는지를 관찰자적 시점만으로도 전달되고 있네요. 바로 감성적 접근 덕분에 가능한 것입니다. 특히나 3번과 4번 문항에서는 이성적이고 논리적이어야 한다는 고정관념은 버려주시기 바랍니다.

지방 거점 국립대 건축학과 최종 합격

진로 선택 과정을 고민하라!

보통 아들들은 아버지의 성격을 많이 닮는다고 하지만 저는 진로에서도 많은 영향을 받았습니다. 어릴 때부터 아버지가 일하시던 현장에 자주 놀러 갔습니다. 인천, 화순, 보령, 해남 등을 혼자 버스를 탈 수 있는 나이부터 주말마다 찾아갔습니다. 현장은 엄청나게 큰 경우가 많았습니다. 해남의 경우는 간척지에 논을 만들고 있었고, 화순은 쓰레기 매립지, 보령은 다리 공사였던 것으로 기억합니다. 길게는 2년까지 일하시느라 주중에 못 뵙던 아버지를 만나고, 근처 맛집도 같이 다녔습니다. 그래서인지 제 기억 속에 건축 현장은 행복한 공간이었고 목표도 건축 쪽으로 자연스럽게 마음이 기울었습니다. 고등학생이 되어서는 좀 더 꿈을 구체화해야 했습니다. 건축학과와 건축공학과를 놓고 고민하게 되었습니다. 인터넷도 찾아보고, 아버지와 진지한 대화도 나눠보았습니다. 아버지께서는 다른 건 다 무시하고 가장 하고 싶은 것을 말해보라고 하셨습니다. 저는 아버지처럼 다양한 건설물을 경험해보고 싶다고 말씀드렸고, 아버지께서는 "앞으로 건설업이 어떻게 변할지 모르지만, 건축의 기본이 되는 철골구조나 철근콘크리트구조에 대해서 배우면 나처럼 여러 곳을 다니며 살 수 있을 것 같다"라는 해답을 주셨습니다. 이렇게 건축공학과를 선택하게 되었습니다.

> 진로선택의 고민 과정을 그대로 글로 나타내어도 훌륭한 4번이 가능합니다. 유사한 과들을 놓고 선택을 해야 했거나, 본인의 관심사를 어느 분야로 귀결시킬지 고민한 경험들은 사소하게라도 흔히 있습니다. 이러한 이야기를 풀어쓴다면 비교하고 고민하는 내용 자체가 구체적으로 느껴지고, 지원자의 노력을 확인할 수 있습니다. 대입 과정에서 학생이 경험했던 어려움은 모두 자소서의 좋은 거름이 됩니다.

사례 | **지방 사립대 미디어 관련 학과 최종 합격**

진로 관련 활동들을 정리해보자.

카피라이터로서 필요한 자질인 글쓰기 능력을 향상하기 위해 3년 동안 꾸준히 교내에 있는 다양한 글쓰기 대회를 나갔습니다. 처음 참가했을 때는 주제만 생각한 글을 썼다면, 그다음 참가했을 때는 주제와 관련된 여러 글을 읽으며 더 많은 배경지식을 쌓고, 더 안정감 있는 문장력으로 스스로 더 발전된 모습을 확인할 수 있었습니다. 다양한 글쓰기 대회 참가 경험은 제가 생각을 표현하는 능력이나 상대방의 생각을 읽는 능력을 기를 수 있게 해주었습니다.

학업 외에 광고에 대해 더 알아보기 위해, 흥미로운 광고들을 모아 스크랩을 하는 형식으로 '저만의 광고 스크랩북'을 만들었습니다. 처음에는 이**과 같은 유명한 광고인의 잘 알려진 광고를 스크랩했습니다. 원래 알고 있던 광고라 해도, 몰랐던 그 광고의 기법이나 카피 등 더 자세히 알게 되었습니다. 점차 국내 광고에서 벗어나 국외 광고도 조사하면서 제가 몰랐던 창의적인 광고 사례들을 알 수 있었습니다. '모방은 창조의 어머니'라는 말이 있듯이 여러 광고 사례들을 보며 특정 광고의 아이디어를 빌려 다른 광고를 변형시켜 새롭게 만들어 보기도 했습니다.

진로 관련 활동들을 다양하게 한 경우에는 4번에서 다시 정리하여 주는 것도 좋은 방법입니다. 시간의 순서대로 나열하여 수준이 점점 향상되었음을 표현해주어야 합니다. 큰 흐름을 보여주기 위하여 앞 문항에서 등장했던 주제들이 다시 거론되는 것은 괜찮지만, 중복하여 설명하면 안 됩니다.

지원 대학에 대한 관심을 표현하자!

그래서 저는 연구자로서의 역량을 키우기 위해 **대학교 사학과의 커리큘럼 중 '역사 자료 해석' '한국사 사료 읽기' 등의 과목을 통해 역사 연구의 기초를 쌓을 것이며 '한일관계사', '영화로 보는 서양 문화사' 등을 수강해 문헌을 통해 한국에 국한되지 않은 다양한 세계의 관계 속에서 시대의 환경과 특징을 탐구할 것입니다. 또, 유물을 분석하고 연구하는 능력을 갖추기 위해 고고학 관련 과목들에 관심을 가질 것입니다. **대학교의 커리큘럼을 따른다면 역사뿐만 아니라 다양한 분야와 접목해 역사를 바라보는 관점을 가질 수 있을 것입니다.

아무리 뻔한 칭찬도 듣는 사람의 기분을 좋게 만들 듯이, 대학에 대한 응시자의 관심은 평가자가 호감을 유발하게 합니다. 특별한 것이 없음에도, '그래도 우리 대학에 관심이 있고, 정성이 있네'라고 생각합니다. 4번 문항에서 쓸 내용이 부족한 경우에 300자 정도를 채워 넣기에 무난한 방법이기도 합니다.

최신 연구 발표 내용 제시로
차별화하라!

향후 진로 계획은 대기오염에 관해서 연구하는 연구원이 되어서 미세먼지를 발생시키는 물질이나 행동들을 찾아서 줄일 수 있게 만드는 일을 하거나, 미세먼지가 인체의 건강에 미치는 다양한 영향을 알아보고 싶습니다. 특히 미세한 혈관을 통해서 뇌혈관까지 이동해서 피해를 주는 초미세먼지에 관해서 연구함으로써 치매와 같은 뇌 질환에 끼치는 영향을 알고 예방과 치료하는 방법을 고안하여 미세먼지에 대해서 건강을 지키는 일을 하고 싶습니다. 왜냐하면, 뇌에 대한 건강이 살아가는 중간에 중요하고 그중 치매 같은 병이 현대사회에 오면서 더 많이 발생하고, 이것이 생기면 생활하기 힘들어지기 때문입니다. 그리고 다른 진로로는 기상청에 들어가서 우리나라의 미세먼지에 대해 예측을 하는 일을 하여 미리 미세먼지에 대해서 국가 전체적으로 빠르게 대비를 할 수 있게 하여 피해를 줄이는 일을 하는 등 미래 사회에 의미 있는 일을 하면서 더 깨끗하고 건강한 나라를 만들고 싶습니다.

미세먼지는 많은 지원자가 다루는 주제일 것입니다. 차별화하기 위해서 다시 막 발표된 연구 결과들을 추가했습니다. 평가자도 아직 접하지 못한 정보였다면 효과가 더 좋겠지요. 사람들이 생각하는 바는 대부분 비슷합니다. 그래서 스스로 쓴 학생들의 자소서를 보면 너무나 비슷한 경우가 많습니다. 특정 과의 지원자들의 자소서를 수십 개 읽다 보면 어떻게 될까요. 비슷하면 바로 안 좋은 평가를 하게 될 수밖에 없습니다. 최신 과학 정보로 그러한 위험성을 줄여주는 방법입니다.

사례

지방 사립대 광고 관련 학과 최종 합격

2번 문항처럼 사용하기!

저는 항상 영어로 원어민과 대화하거나 다양한 의견을 나누는 것이 좋았고 한국어처럼 편하게 접하고 싶었습니다. 그래서 저는 일반적인 교과 동아리가 아닌 '영어 회화 자율동아리'를 개설했습니다. 초반에는 관용적인 영어 회화 표현을 중심으로, 후반에는 인종차별·성소수자·장애인차별 등 사회적 문제에 대한 자신의 생각을 영어로 표현하는 영어 에세이 쓰기 활동을 했습니다. 말하기 향상을 위해서 시작한 다양한 영어 회화 표현은 낯설지만 친구들과 함께해서 즐겁고 재미있었습니다. 'watch your language'와 같이 직역하면 무슨 말인지 알 수 없는 표현들을 알아 가는데 뿌듯함도 느꼈습니다. 하지만, 그런 자신감을 가지고 영어 에세이를 쓰기 시작할 때는 좌절 그 자체였습니다. 적어도 10년 동안 해온 영어 공부가 다 허투루 느껴졌습니다. 한글로는 다 구상되었지만, 영어로 적으려니 단어와 문장의 짜임새에서 걸려 진도가 나가지 않는 것이었습니다. 그렇지만, 활동은 활동이기에 힘들지만 적어보려고 애썼고, 신기하게도 후반부에 접어들어서는 제 생각이 막힘없이 술술 써졌습니다. 이에 '내가 많이 노력했구나.'라는 생각과 함께 영어에 대한 자신감을 가지게 되었습니다. 이를 토대로, 앞으로는 어떠한 언어를 배우더라도 일단 부딪혀보고 그 언어에 많이 접하도록 노력해야겠다는 생각을 가지게 되었습니다.

무난하고 안전한 방법입니다. 전공 적합성이 중요하다고 해도 자기소개서 1번과 2번 문항을 모두 지원 학과와 연관된 것으로만 하면 답답해 보일 수 있습니다. 더 훌륭해 보이는 것들을 앞쪽으로 뽑으시고, 버리기에는 억울하다 하는 주제들은 4번에 배치해주세요. 다른 이야기들도 해주어야 하기에 활동 내용은 4번 문항 글자 수의 60% 이내가 적당합니다.

지방 국립대 생명학과 최종 합격

사례

자유롭게 포부를 밝혀보자!

그래서 야생동물 전문가가 되기 위해 본교에 지원했습니다. 생명과학부 생물학전공의 교과과정을 알아보니 동식물과 유전에 대해 전문적으로 배우기 때문에 다른 과에 비해 진로와 어울린다고 생각해 지원했습니다. 유전학, 생태학, 동물학 등을 전공해 동물의 습성과 생태계를 연구하고 멸종된 동물을 복원하고 싶습니다. 야생동물 전문가가 되어 이루고 싶은 일들이 있는데, 첫 번째는 고등학교 때 생각해낸 로드킬방지물의 현실화입니다. 야생동물을 보호하기 위해서는 사고를 예방하는 것이 중요하다고 생각하기 때문에 생명불빛을 설치함으로써 사고를 예방해 야생동물을 보호하고 싶습니다.

4번 문항은 자소서 중 가장 자유로운 문항입니다. 그렇기에 미래에 대한 본인의 주관적 예측이나 앞으로의 포부가 자신 있게 표현되어도 어색하게 느껴지지 않습니다. 평가자도 어느 정도 동의할 수 있는 내용이라면 '적극적이고 씩씩하다'라고 평가받을 수 있을 것입니다. 미래에 대한 포부는 1번 문항이나 4번 문항에서 한 번은 꼭 제시되는 편이 좋습니다.

vi.
자기소개서
실전 작성 연습

● ● ● ● ● ● ● ● ● ●

실전으로 배우는
자기소개서

고등학교 재학 기간 중 학업에 기울인 노력과 학습 경험을 통해, 배우고 느낀 점을 중심으로 기술해주시기 바랍니다. (띄어쓰기 포함 1,000자 이내)

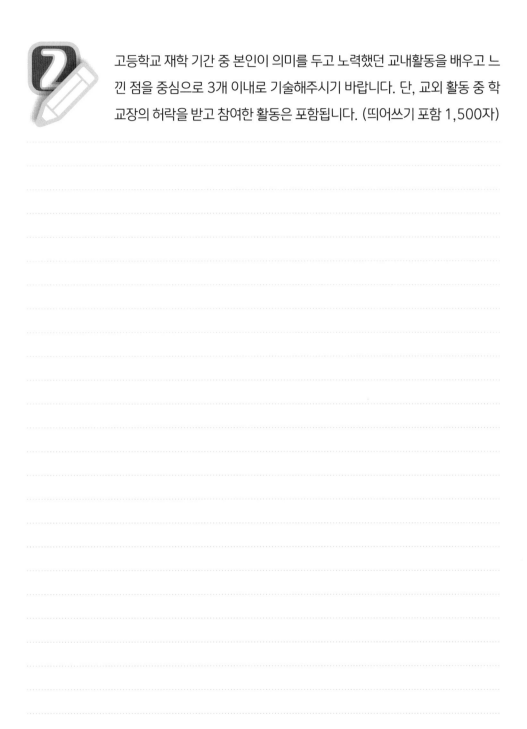

고등학교 재학 기간 중 본인이 의미를 두고 노력했던 교내활동을 배우고 느낀 점을 중심으로 3개 이내로 기술해주시기 바랍니다. 단, 교외 활동 중 학교장의 허락을 받고 참여한 활동은 포함됩니다. (띄어쓰기 포함 1,500자)

3 학교 생활 중 배려, 나눔, 협력, 갈등 관리 등을 실천한 사례를 들고, 그 과정을 통해 배우고 느낀 점을 기술해주시기 바랍니다. (띄어쓰기 포함 1,000자 이내)

[부산대학교 예시] 지원학과를 선택하게 된 지원동기, 입학 후 학업계획, 졸업 후 진로계획을 모두 기술해주시기 바랍니다. (띄어쓰기 포함 1,500자 이내)

[별첨] 완성된 자기소개서 엿보기

[학생 A]

1. 고등학교 재학 기간 중 학업에 기울인 노력과 학습 경험에 대해 배우고 느낀 점을 중심으로 기술하세요 (띄어쓰기 포함 1,000자 이내).

나중에 후회가 남지 않을까? 저의 고등학생 생활은 이 물음 하나로 이루어져 있습니다. "후회 없도록"이라는 좌우명을 세운 것은 한 번뿐인 학창시절을 알차고 즐겁게 보내고 싶었기 때문입니다. 그래서 어떤 활동이든 아쉬움이 남지 않도록 최선을 다했고 특히 학업에서 역경을 헤쳐나가고, 목표를 이루며, 새로운 도전을 하는 데에 큰 원동력이 되었습니다. 공부할 때 항상 고정된 틀에 끼워 맞추려 하는 수학적 사고방식이 저를 힘들게 하였습니다. 이 때문에 포괄적일 수밖에 없는 사회과목에서 용어의 사전적 의미만을 고집하거나, 영어를 한국어의 틀 안에서 바라보는 경우가 생겼습니다. 그래서 친구들과 하브루타라는 토론 학습방식으로 사고의 유연성을 키워나갔습니다. 이는 두루뭉술하게 생각하는 법을 배우고 인문학에는 수학과는 다른 모호함이라는 특성이 있음을 깨닫게 해

준 알찬 시간이었다고 생각합니다. 학업과 활동, 이 두 목표를 이루기 위해 자기관리를 철저히 하게 되었습니다. 매일 아침 일기를 썼고 저만의 학습이행률 표로 하루 공부량을 체크하였습니다. 다양한 교내활동에 적극적으로 참여하면서 좋은 성적도 받을 수 있었던 것은 이들을 통한 꾸준한 자기성찰과 계획 덕분입니다. 갖가지 추억을 기록하면서 노력하는 과정이 즐거웠던 것은 물론이고, 어떤 일도 도전하면 된다는 자신감과 함께 새로운 일을 이뤄냈다는 성취감도 얻을 수 있었습니다. 시골이라는 제약을 벗어나 전국의 친구들을 사귀고자 카이스트 온라인 프로그램에 도전하였습니다. 제올라이트와 MOF 같은 새로운 것들을 탐구하는 것도 흥미로웠지만 대강당에서 발표했던 것도 설레는 경험이었습니다. 보고서를 작성할 때 관련 논문들을 참고하다 보니, 전문적인 연구 과정이 궁금해져 '라이소자임의 마우스 살모넬라증에 대한 항균 및 치료 효과'라는 주제로 R&E에도 도전하였습니다. 연구주제 설정 과정에서 많은 시간이 소요된다는 것에도 놀랐지만, 학교에서 배웠던 지식들이 전문적인 연구에 꼭 필요한 기본지식에 해당함을 알게 되어 고등학교 공부의 중요성을 깨닫게 되었습니다.

2. 고등학교 재학 기간 중 본인이 의미를 두고 노력했던 교내활동을 배우고 느낀 점을 중심으로 3개 이내로 기술하세요(띄어쓰기 포함 1,500자 이내).

낯선 사람과 얘기하는 것에 대한 막연한 두려움이 있었던 저에게 수학 체험전에 참가하는 것은 일생일대의 큰 도전이었습니다. 능숙하게 사람들을 이끌며 체험을 시켜주는 부스 운영은 학생들이 해낼 수 있는 수준이 아니라고 스스로 단정 짓고 있었기 때문입니다. 그렇기에 다른 부스와는 다른 길을 개척해나갔던 것도 이 도전에 후회 없도록 부딪쳐보기 위해서였습니다. 팀원들끼리 체험을 준비해나가던 중, 대부분의 부스가 원리는 간과한 채 화려한 결과물만 체험시켜준다는 것을 알게 되었습니다. 이는 수학의 본질에 어긋난다는 모순을 깨닫고 기본원리도 직접 탐구해볼 수 있도록 콘티를 짜기로 했습니다. 이에 '칠교 퍼즐을 통한 흥미 유발- 작도학습지 두 장을 통한 기본원리탐구- 듀드니 삼각형을 통한 응용'과 같이 3단계로 나눈 뒤 연령대별로 구체화했습니다. 행사 당일이 되자, 체험 시간이 길고 비교적 어렵다는 점에서 학생들이 좋아해 줄까 하는 불안감도 있었지만, 이번엔 어떤 학생들이 찾아줄까 하는 기대도 컸습니다. 다행히 스스로 원리를 알아가며 재미있어하는 학생들이 많았고, 열정적으로 호응해

주는 최고의 학생들을 만날 때면 얼마나 기뻤는지 모릅니다. 그 덕에 과학대전에도 참가할 기회가 찾아왔고, 이런 큰 규모의 큰 행사에 참여하는, 상상해보지도 못했던 일들이 이뤄지면서 이번 도전이 성공했음을 깨달았습니다. 두 번의 부스 운영을 통해 많은 학생을 만나면서 상대방의 표정을 읽는 법을 배웠고, 낯선 사람을 대하는 것에 대한 자신감도 생겼습니다. 처음으로 용기 내 두려워하던 나와 싸웠던 이번 경험은 도전하는 것의 힘을 깨닫게 해주었으며, 큰 무대를 향한 포부와 자신감의 측면에서 저를 완전히 바꿔놓은 사건이었습니다. 음악은 언제나 제 마음의 안식처가 되어주었습니다. 어릴 때 관악부의 작은북을 맡은 것을 계기로 특히 악기를 좋아하게 되면서 중학교, 고등학교 밴드부활동을 하며 다양한 악기를 다뤘습니다. 따로 밤에 야외무대나 지역문화축제의 오프닝 공연에 나가 관중의 환호성을 받아보는 것도 좋았지만, 쉴 틈 없는 학교생활 속에 틈틈이 시간을 내어 연습하던 과정도 정말 즐거웠습니다. 그래서 부장이 되었을 때 부원들이 잘하지 못하더라도 '음악은 즐기는 것이다'라는 철학을 가지고 부담 없이 동아리를 즐길 수 있도록 이끌어나갔습니다. 시험의 압박이나 공부의 스트레스를 받을 때면 저녁 시간에 혼자 부실에 들어가 악보 없이 피아노를 치곤 했는데, 피아노로 지금의 마음을 표현하거나 행복했던 심정을 떠올리며 연주하다 보면 어느새 다시 밝아진 저의 모습으로 돌아올 수 있었습니다. 나중에는 제 마음에 쏙 드는 '아침 색깔'이라는 피아노곡을 직접 작곡하였고, 행복한 마음만을 한데 모은 이 곡은 언제나 지친 마음을 달래주는 소중한 친구가 되었습니다. 그렇게 3년 동안 음악과 함께 해오면서 음악의 이런 포근함이 주는 효과에 놀랐던 적이 많았습니다. 나중에 기회가 된다면 환자들의 불안한 심정을 안정시켜줄 필요가 있는 병동이나 심리치료 같은 곳에 음악을 한번 적용해보고 싶습니다.

3. 학교생활 중 배려, 나눔, 협력, 갈등관리 등을 실천한 사례를 들고, 그 과정을 통해 배우고 느낀 점을 기술하세요(띄어쓰기 포함 1,000자 이내).

봉사활동을 꾸준히 다녔습니다. 결핵실, 미생물실, 병리실에서 인큐베이터 청소나 슬라이드 정리 같은 활동을 했고, 그러면서 틈이 날 때면 병원의 내를 관찰하곤 했습니다. 로비에서 열리는 다양한 체험행사를 보면서 병원도 이미지나 서비스를 중시하는 3차산업이라는 것을 알게 되고, 또 채혈실의 자동화 기계와 외래 도착 확인 기계들을 보면서 정보통신기술의 발전이 병원 시스템을 바꾸고 있다는 생각도 들었습니다. 하지만 그보다도 특히 아픔을 호소하는 환자들이나 이들의 곁을 지키는 보호자들의 표정을 볼 때면, 사람이 가장 절실해지는 때는 바로 자신이나 사랑하는 사람이 아플 때라는 것을 느낄 수 있었습니다. 제가 사는 지역으로 무료진찰 봉사활동을 나갔을 때도 노인분들의 진찰 현장을 보면서 더욱 그 절실함을 실감 나게 느낄 수 있었습니다. 그러나 할머니들을 한분 한분 모셔가며 진찰을 돕다 보니, 도움이 절박한 순간인 만큼 그들에게 가장 좋은 힘이 되어 줄 수 있다는 것을 깨달았습니다. 의사 선생님과 상담을 하고 기쁘게 약을 받아가시는 할머니들의 모습을 보면서, 저도 사람들이 하고 싶었던 일을 계속할 수 있도록 만들어주고 싶다는 생각이 들었습니다. 시골에 살면서 이웃들의 열악한 의료환경을 몰랐다는 것에 대해 반성을 하면서, 앞으로 의사가 되면 낙후지역을 다니며 이들의 힘이 되어주어야겠다는 다짐을 하게 되었습니다. 사회생활뿐만 아니라 환자와의 소통에서도 필요하다고 생각했던 의사소통 능력을 기르고, 평소 잘 몰랐던 분야에 대해 알고 싶어 친구들과 토론동아리를 만들어 활동했습니다. 저는 차장으로서

부장을 도와 합숙을 기획하고 토론과정을 조정하는 등 핵심적인 역할을 맡아서 했으나, 그 과정에서 부장의 입지까지 차지해 동아리 운영 초반 부장과의 갈등이 있었습니다. 저는 잘못을 인정하며 서로에 대한 이해를 이끌어냈고, 서로의 위치에 맞게 부장의 역할과 책사의 역할을 확실히 나누면서 그 뒤로 효율적인 동아리 운영을 해나갈 수 있었습니다.

4. 자율 문항(띄어쓰기 포함 1,000자 이내)

시골에서 자전거로 넓은 논길을 달리며 옆 마을을 탐방해보거나 친구들과 산을 헤집고 다녔던 모험들은 저에겐 완전히 새로운 세상이었으며, 덕분에 호기심과 도전정신, 그리고 열정으로 가득 차게 되었습니다. 초등학교 때 관악부에 들어가 예술의 전당에서 공연할 수 있었던 것부터 중학교 때 독서에 관심이 생겨 출전했던 독서감상문 대회에 입상했던 것, 과학의 날에 전자과학, 탐구실험, 탐구토론으로 참가하여 다양한 경험을 할 수 있었던 것도 모두 이 덕분이었습니다. 대중 앞에서 발표를 해보면서 큰 무대에서도 자신감이 생겼고 또 팀을 자주 이끌다 보니 리더십도 길러졌습니다. 이는 결국 지금의 좌우명까지 이어졌으며 자신감으로 넘치는 다재다능한 저를 만들어주었습니다.

하지만 사실, 저는 3살부터 10년 가까이 중이염을 앓아, 자주 병원에 가야만 했습니다. 하고 싶은 것은 많았는데 이를 막는 저의 건강이 매번 야속했습니다. 그리고 주위에 부상으로 경기에 뛰지 못하게 된 친구들을 볼 때면 사고나 질병 때문에 이들의 꿈이 무너지고 있다는 것을 깨달았습니다. 저는 그들이 맘껏 꿈을 펼칠 수 있도록 해주고 싶다는 생각을 하기 시작했고, 의사로서의 꿈을 키워나갔습니다. 그러다가 한 의사가 쓴 "만약은 없다"라는 수필집에서, 생사의 갈림길에서 응급처치로 환자를 살려내어 다시 삶을 살아갈 수 있게 만드는 그의 모습에 푹 빠지게 되었습니다.

그때부터 생명이나 질병과 관련된 일을 할 수 있는 생명탐구 동아리에서 다양한 생물들을 해부했으며, '내 집 한옥 속의 사이클로이드'나 '메밀꽃 필 무렵 뒷이야기 쓰기', 해외 경험을 살린 '선진국의 복지병' 등 생활 속 주제를 찾아 친구들과 탐구하곤 했습니다. 또 지역사회에 헌신하고 소통하는 의사가 될 수 있도록 장애인 학급 도우미로서 보육 시설에서 아이들을 가르치기도 했습니다. 이들도 마음만은 우리와 같은 십대라는 것을 느끼게 해 준 소중한 경험이 된 것 같습니다.

[학생 B]

1. 고등학교 재학 기간 중 학업에 기울인 노력과 학습 경험을 통해, 배우고 느낀 점을 중심으로 기술해 주시기 바랍니다(띄어쓰기 포함 1,000자 이내).

수학동아리 활동을 하면서 다양한 수학 문제들을 그래프, 도형, 차트 등을 그릴 수 있는 프로그램을 활용하여 심층적이고 다각적인 접근을 할 수 있었습니다. 동아리 활동 시간에 제가 평소에 궁금해하던 수학 문제들을 직접 그래프나 도형으로 그리면서 궁금점을 해소해가며 깊이를 더해 갔습니다. 기하와 벡터 시간 때 배운 삼수선의 정리가 잘 이해가 가지 않았습니다. 그래서 동아리에서 프로그램을 이용해 직접 예시를 그려가면서 공부하며 풀이 방향성을 잡은 뒤, 직접 증명에 도전하여 이해하기 어려웠던 삼수선의 정리를 비로소 터득할 수 있었습니다. 그 이외에도 제가 책이나 인터넷에서 읽었던 수학 문제들도 도전했습니다. 프랙털 도형의 종류인 시어핀스키의 삼각형을 그리고 그 넓이의 극한값을 구해보기도 하였으며, 리만 합의 개념을 응용하여 이중적분의 원리를 삼차원 공간에 구현해보기도 하였습니다. 이를 통해 수학에 대한 이해가 한층 더 깊어졌으며, 수학을 좀 더 탐구하고 싶다는 생각을 가지게 되었습니다. 또 오일러의 식에 대해 탐구하면서 수학이 서로 떨어져 있는 것이 아닌, 연결되어있다는 것을 깨달을 수 있었습니다. 저는 '수학홀릭 – 페르마의 마지막 정리'에서 오일러의 식을 처음으로 접하면서 도대체 어디에서 왔으며 어디에 활용될 수 있을지 의구심이 들었습니다. 식을 증명하는 과정에서, 지수함수와 삼각함수의 범위가 실수에서 복소수로 확장될 수 있다는 것을 알게 되었습니다. 그리고 인터넷에서 조사를 하는 과정에, 복소수가 가진 주기성이 전기공학에서의 주파수로 나타나기 때문에, 오일러의 공식이 필수적으로 사용된다는 것을 알게 되었습니다. 하나의 식에서 다양한 수학적인 확장이 일어나는 것을 직접 눈으로 볼 수 있었습니다. 오일러의 식 탐구 과정을 비롯한 다양한 수학적 풀이를 다양하게 접근하면서 다시 한번 수학의 매력을 느낄 수 있었고, 지적 호기심과 탐구심을 충족시키기 위해, 앞으로도 계속 수학을 깊고 넓게 탐구해나갈 것이라고 다짐했습니다.

2. 고등학교 재학 기간 중 본인이 의미를 두고 노력했던 교내 활동을 배우고 느낀 점을 중심으로 3개 이내로 기술해주시기 바랍니다. 단, 교외활동 중 학교장의 허락을 받고 참여한 활동은 포함됩니다(띄어쓰기

현대 진화론을 모델로 하는 시뮬레이터를 직접 제작하여 소논문을 작성하였습니다. 주제를 고민하던 중 제가 취미로 만들어놓은 게임을 약간 손보면 당시 관심이 있던 진화론 시뮬레이터로 만들 수 있겠다는 생각이 들었습니다. 캐릭터를 조종하는 것에서, 인공지능을 지닌 캐릭터를 관찰하도록 바꾸면 충분히 가능하다고 생각했습니다. 먼저 주제를 현대 종합설로 한정하고, 종과 환경 간의 관계에 주목하여 자료를 수집하였습니다. 이 정보를 바탕으로 프로그램을 설계했습니다. 하지만 제 실력보다 더 높은 수준의 프로그래밍을 해야 했기 때문에, 프로그램으로 구현하는 데 많은 고초를 겪었습니다. 그래서 저는 인터넷 프로그래밍 카페에 가입하여 필요한 정보를 찾아가며 실력을 보충해나갔습니다. 이런 노력 끝에, 프로그램을 완성할 수 있었습니다. 실행 결과, 생존에 유리한 방향으로 진화한 종이 자연선택을 받아 우점종이 될 것이라는 저의 가설과 일치하였습니다. 이번 탐구 실험을 하는 과정에서, 시뮬레이션 실험만이 실제로 하기 힘든 실험을 제한된 조건 하에서 수행할 수 있다는 차별성에 큰 매력을 느꼈습니다. 이어서 시뮬레이션이 실제 실험을 할 때 소비될 많은 시간과 물자를 절약할 수 있을 것이라 생각하였습니다. 시뮬레이션의 유용성과 경제성에 깊은 인상을 받아, 대학에 진학하여 관련 분야에 폭넓은 공부를 하고 싶어졌습니다. 대학에서 더 엄밀하고 체계적인 시뮬레이터를 만드는 국내 최고의 시뮬레이션 전문가가 되어, 과학의 발전에 기여하는 마음을 가지게 되었습니다.

화학 동아리에서 대폭발 핵합성에 관한 실험 보고서를 작성하는 과정에서 실험 설계의 중요성을 깨달았습니다. 동아리에서 학기 말이 되어 실적 보고서를 작성하게 되었습니다. 교과서에서 우주 대폭발 때 생성된 양성자와 중성자의 비율 차이가 현대 우주의 수소와 헬륨의 존재비를 결정하였다는 내용을 발견하고, 양성자와 중성자의 비율을 직접 조절할 수 있는 시뮬레이터를 제작하여 보고서를 작성하기로 하였습니다. 자료 수집 과정에서, 교과서에 있는 내용으로 프로그램을 설계하고 제작하였습니다. 하지만 막상 실행해보니, 결과 값이 기존에 알려진 값과 많은 차이를 보였습니다. 무엇이 잘못되었는지 알아보기 위해 버그가 있는지 검토해봤지만 큰 오류를 발견할 수 없었습니다. 그래서 대폭발 핵합성 이론에 대해 다시 조사하였습니다. 인터넷 백과사전에서 전문적인 내용을 검색해봤더니, 교과서와는 다른 핵합성 경로들이 있다는 것을 알게 되었습니다. 그래서 2차 실험은 철저한 조사를 바탕으로 진행하였습니다. 재실험 결과는 실제 값과 유사한 수치가 나왔습니다. 저는 이번 실험을 통해 큰 교훈을 배웠습니다. 먼저 탐구 실험에서는 철저한 사전 조사가 필수적이라는 것을 깨달았습니다. 빈약한 정보는 실험에 큰 오류를 불러올 수 있기 때문입니다. 그리고 만약 실험에 오류가 발생했더라도 포기하지 말고, 피드백을 통해 재설계하는 방법의 중요성을 알게 되었습니다. 앞으로도 실험과 연구를 하면서 이 경험을 타산지석 삼아 실수 없이 정확한 실험을 수행하기 위해 노력할 것입니다.

3. 학교생활 중 배려, 나눔, 협력, 갈등 관리 등을 실천한 사례를 들고, 그 과정을 통해 배우고 느낀 점을 기술해 주시기 바랍니다(띄어쓰기 포함 1,000자 이내).

저는 같은 반이었던 '저와 조금 다른 친구'의 도우미 활동을 하면서, '장애우는 무조건 남의 도움을 받아야 한다.'는 저의 편견을 깰 수 있었고, 배려의 진정한 의미를 찾을 수 있었습니다. 1, 2학년 연속해서 같은 반이 된 특수교육을 받는 장애우 친구가 있었습니다. 2학년 진학 후 친하게 지내던 친구들이 타 반으로 배정을 받은 뒤, 학습과 교우관계에 어려움을 겪고 있었습니다. 저는 담임선생님께 그 친구의 도우미가 되겠다고 자진했습니다. 그때까지도 저는 도우미로서 힘든 친구를 위해 무조건 도움을 주어야 한다고 생각해 매일 함께 밥을 먹고, 이야기를 나누며, 그리고 그가 잘 모르겠다고 한 문제를 도와주었습니다.

그런데 여름 방학식 며칠 전, 그 친구가 무거운 책 정리를 하는 것을 보고 도와주려고 하였습니다. 처음에 안 그래도 된다고 하였지만, 저는 무조건 계속 도와주려고 했습니다. 그러자 그는 "나도 할 수 있는데." 라고 말을 했습니다. 그 순간 저 스스로가 가지고 있던 생각이 너무 부끄러워졌습니다. 지금까지 저는 몸이 불편하니깐 혼자서 일을 제대로 할 수 없다는 생각으로 무조건 도와야 한다는 생각을 가지고 있었습니다. 그러면서 일방적 배려는 오히려 상대방에게 상처를 줄 수 있다는 생각도 하게 되었습니다. 저는 사과하고 이후 그를 믿고 그가 할 수 있도록 옆에서 지켜보며 동등한 입장으로 그를 대하기 시작했습니다. 처음에는 솔직히 걱정되었지만, 저의 우려와는 다르게 그는 스스로 일을 멋지게 해내는 모습을 보였습니다. 이후 제가 가지고 있는 편견이 얼마나 잘못되었는가를 생각하게 되었습니다. 또 장애우도 스스로 할 수 있다는 것과, 그리고 스스로 해내고 싶은 의지가 있다는 것을 깨달았습니다. 이후 항상 그 친구를 믿어주었고, 친구는 점점 용기를 얻어갔습니다. 이후 그 친구는 저의 응원에 힘을 내어 체육활동까지 참여하며 자신의 의지를 보여주었습니다. 저는 친구가 가르쳐 준 배려란 자기중심이 아닌 타자 중심으로 이뤄져야 하는 교훈을 간직하며 살아갈 것입니다.

4. 자율 문항(띄어쓰기 포함 1,000자 이내)

저는 교내 소논문을 작성하는 과정에서 시뮬레이션 전문가의 꿈을 가졌으며, '개념 잡는 비주얼 양자역학책'을 읽고 양자역학 수준의 화학결합 시뮬레이션을 제작해 융합기술의 발전과 인류복지에 기여한다는 목표를 세웠습니다. OO대학교는 저의 목표를 이루기 위한 첫걸음을 내디딜 최고의 대학교라고 생각합니다. OO대학교 컴퓨터학과는 창의적 사고력과 글로벌 경쟁력을 갖춘 인재를 양성합니다. 그리고 제4차 산업혁명에 맞추어 인공지능, 빅데이터, IoT 등의 핵심기술도 가르칩니다. 저는 제4차 산업혁명 시대에서 미래기술 간의 다리를 놓아주는 시뮬레이션 전문가가 되고

자 하기에, 이 선택은 제게 최적의 교육환경을 제공해줄 것이라 자신합니다.

본교에 진학하기 위해 여러 방면에서 깊고 넓은 공부를 해왔습니다. 먼저 글로벌 경쟁력을 갖춘 SW 인재를 양성하는 컴퓨터학과에 발맞춤 하고자, 영어 실력을 쌓기 위해 노력해왔습니다. 영어를 읽고 쓰는 것만큼 듣고 말하기를 중요하게 생각하여, 영어 원어민 인터뷰에 참여했습니다. 1학년 처음 원어민과의 대화가 낯설고 긴장됐지만, 점차 익숙해하는 저를 발견하면서 뿌듯했습니다. 두 번째로는 프로그래밍을 독학했습니다. 인터넷 프로그래밍 카페에 가입해 예제를 찾고 응용하는 방식으로 익혀갔습니다. 학교 일정에 치여 바빴지만, 틈틈이 배운 것을 활용해 탄막슈팅게임 등 저만의 게임을 만들기도 하였습니다. 그리고 저는 항상 도전하는 자세를 갖기 위해 노력했습니다. 일례로 학교에서 수강하지 않은 물리를 '방과 후 학교 과학실험 프로그램'에 참여하여 공부했습니다. 그곳에서 배운 유도전류에 흥미를 느껴, 물리실에 남아 간이 금속탐지기를 만들고 이를 발표했습니다. 이 경험들을 밑바탕으로 지속적인 개발에 몰두하여 양자역학 수준의 화학결합 시뮬레이션을 제작을 할 수 있을 것이라고 확신합니다.

다양성과 화합의 정신을 바탕으로 미래의 가치를 창출하는 본교에서 저를 갈고닦아, 인류의 미래복지에 공헌하는 최고의 시뮬레이션 전문가가 될 것입니다.

[학생 C]

1. 고등학교 재학 기간 중 학업에 기울인 노력과 학습경험을 통해, 배우고 느낀 점을 중심으로 기술해주시기 바랍니다(띄어쓰기 포함 1,000자 이내).

평소 전공 생명 관련 호기심으로 각종 대학의 전공 체험 행사에 참여하여 좋은 경험을 통해 수학과 과학이 중요하다는 것을 다시 생각해보는 계기가 되었습니다. 수학과 과학 수업에 집중하여 수업을 받는 경우에도, 이해되지 않는 부분에 대해서는 선생님께 질문하여 해결하려고 노력하였습니다. 특히 수업 외에도 교과서를 통한 예습을 하는 방법을 선택했습니다. 그러나 예습을 할 때 혼자 공부하기에는 어떤 방법으로 해야할지 몰라 많은 어려움이 있었습니다. 그러던 중 친구의 추천으로 서로 부족한 부분을 채울 수 있는 프로그램인 '토끼와 거북이'(멘토 멘티)에 참여하게 되었습니다. 야간 자율학습 시간에 친구에게는 제가 가장 자신 있는 과목인 중국어를 알려주고 친구에게 과학 과목의 예습 하는 방법과 예습 중 이해하지 못한 부분이나 문제가 잘 풀리지 않는 부분을 물어보고 배우기로 했습니다. 처음에는 과학 과목에 대한 기초가 잡혀 있지 않아 친구의 설명을 이해하는 데 어려움이 있었습니다. 특히 친구는 설명을 듣다가 모르는 부분이 생기면 초, 중학교 교재에서 공부를 해보는 방법과 백지에 교과서 내용을 정리하는 것을 제안했습니다. 또한 시험 기간에는 문제집을 풀고 모르는 것을 물어보는 형태로 공부를 했습니다. 이런 '토끼와 거북이' 과정을 통해 과학 과목의 기초를 다질 수 있었고 예습을 통해 조금씩 이해를 하고 수업 시간에 집중력과 자신감이 생겼습니다. 그 결과 전체 4개의 과목인 생명과학, 지구과학, 화학, 물리에서 각각 6등급에서 4등급으로 올릴 수 있었습니다. 그 후 다른 과목에도 자신감이 생겼습니다. 이런 경험을 바탕으로 조금 더 적극적으로 3학년 때 영어 스터디를 만들 수 있었습니다. 매일 단어 20개씩 외우고 서로 물어보며 검사를 했습니다. 그 결과 멘토멘티와 스터디를 하기 전에는 소극적이며 선생님이 질문하면 눈을 피하기만 했지만, 활동을 한 후 조금 더 수업에 적극적으로 참여하게 되었고 선생님이 질문할 때에도 당당하게 대답할 수 있게 되었습니다.

2. 고등학교 재학 기간 중 본인이 의미를 두고 노력했던 교내활동을 배우고 느낀 점을 중심으로 3개 이내로 기술해주시기 바랍니다. 단, 교외활동 중 학교장의 허락을 받고 참여한 활동은 포함됩니다(띄어쓰기 포함 1,500자 이내).

학교생활 중 진로와 관련된 영어신문을 읽으면서 전공 체험을 하였습니다. 2학년 때 새로운 전공 체험을 하고 싶던 중 선생님의 권유로 전공이 비슷한 친구들과 소모임을 만들어 "SG 과제연구"에 참여하였습니다. '환경 생명 공학 분야와 효소 관련 연구'와 '친환경 식품' 보고서를 작성하였고 보고서의 완성도를 높이기 위해 전공 관련 대학교의 홈페이지를 방문하여 교수님과 이메일을 통해 피드백을 받아 보고서를 완성할 수 있었습니다. 보고서 작성할 때에 주제에서 연구할 부분을 더 상세하게 결정한 뒤 환경 공학이 무엇인지, 효소가 무엇인지, 환경 공학에 효소가 미치는 영향에 대해 3가지 항목별로 조사를 하고 조원들이 모여 조사한 내용을 설명하고 토의 후 보고서를 작성하였습니다. 보고서 양식이 생소해서 선생님을 도움을 받았지만, 보고서가 완성되어 뿌듯했습니다. 그러나 주제에 관한 실험을 할 수 없었고, 공개되어 있는 자료에만 의존해서 보고서를 써야 했던 것이 아쉬웠습니다.

2학년 겨울 방학 때 전공이 비슷한 식품영양학과, 동물자원학과, 산림학과 친구들 5명이 각자 전공에 대한 이해를 높이기 위해 자율동아리 '먹거리 X파일'을 개설하였습니다. 처음에는 서로 무엇부터 해야 할지 몰라 고민을 하다 각자 희망하는 전공 학과 관련 책을 읽고 자료를 준비해서 겨울 방학 기간 중 매주 수요일 오전 자습 후에 비어 있는 교실에서 발표하였습니다. 처음에 발표할 때는 서로 어색하고 부끄러워서 순서를 정해 발표를 하였고 궁금한 점에 대해서는 질문을 통해 해결했습니다. 학기 중에는 토의 할 시간과 장소가 마땅치 않아 고민하던 중 매달 전교생에게 나누어 주는 급식 표 뒷면에 전공 학과 소개 글을 적어보자는 의견이 나왔습니다. 그 후 영양사 선생님께 직접 우리 동아리의 계획을 설명한 후 허락을 받았습니다. 친구들이 흥미 있어 할 주제를 정하는 데 고민을 하다가 대학과 학과에 관심이 많다는 것을 알게 된 후 각자 희망하는 학과를 소개하는 글을 작성하기로 했습니다. 저는 축산학과와 동물자원학과를 소개하는 글을 작성하기 위해 각 대학교의 홈페이지 및 전화를 해서 학과 정보를 얻어 작성하였습니다. 시간과 노력이 많이 필요했지만 급식 표에 소개된 내용을 보고 뿌듯함을 느끼게 되었습니다. 이 일을 계기로 매달 급식 표에 그달의 주제를 정해서 글을 써보자는 의견이 나왔습니다. 그중 축산과 육류 관련 글쓰기를 담당했습니다. 글쓰기 조사를 하면서 기사를 찾고 뉴스를 보면서 자료를 모으고 정리하는 것이 재미가 있었고 정보를 공유한다는 것에 뿌듯함을 느꼈습니다.

3. 학교생활 중 배려, 나눔, 협력, 갈등 관리 등을 실천한 사례를 들고, 그 과정을 통해 배우고 느낀 점을 기술해주시기 바랍니다(띄어쓰기 포함 1,000자 이내).

사람에 의해서 상처받고 버려진 유기견에 대해 알고 안타까웠습니다. 사람에 의해 버려진 쓰레기에 아파하는 동물을 보면서 무엇을 할 수 있을까 고민을 하던 중 학교 뒤편 주차장에서 재활용 분류를 하고 있는 선배들의 모습을 보고 나도 환경을 보호하기 위해 작은 힘이라도 보태어야겠다고 생각하는 계기가 되었습니다. 그래서 1학년 때 환경도우미에 지원했고 1,2학년 2년 동안 활동을 했습니다. 환경도우미는 주로 학교 행사나 평일 청소 시간에 각반 재활용을 모아서 분리수거를 하는 일이었습니다. 환경도우미를 하면서 각반 재활용 담당하는 친구들과 갈등이 있었습니다. 처음에는 그 친구들이 재활용을 제대로 해오지 않아 화가 났었습니다. 그 친구 중 한 친구가 유독 심해서 왜 계속 재활용을 제대로 안해 오는지를 물으면서 화를 냈습니다. 그러자 그 친구는 귀찮아서가 아닌 재활용에 대해 잘 모르고 있었던 것이었습니다. 그 말을 들은 뒤 저 역시 처음에는 재활용에 대해 잘 몰랐기 때문에 선배님들과 재활용을 해보면서 배웠던 것이 생각났습니다. 이 사건을 계기로 무작정 화를 내기 보다는 상대방의 이야기를 먼저 들었어야 했다는 생각을 하게 되었습니다. 친구가 실수하면 기분이 상하지 않게 잘못된 것에 대해 고쳐주자는 생각을 하게 되었습니다. 그 후 친구들이 실수를 할 때 재활용의 필요성에 관해 설명을 해주었고 점점 친구들이 변하는 모습을 발견할 수 있었습니다. 특히 재활용 분류를 하면서 고민을 많이 한 부분은 짜서 먹는 아이스크림 쓰레기가 플라스틱인지 비닐인지 부원들과 고민을 하였습니다. 고민하던 중 아이스크림 바닥에 마크 표시로 분류되어 있는 것을 알게 되었고 분류하는 시간을 절약하게 되었습니다. 환경도우미 활동을 하면서 겨울에는 춥고 여름에는 악취가 강해서 재활용을 하는데 많이 힘들었습니다. 하지만 환경을 위해 누군가는 해야 하는 일이고 환경을 살리기 위해 하기로 마음먹었기 때문에 제가 할 수 있는 2년 동안 환경도우미를 끝까지 하였습니다. 환경도우미 활동 기간 부원들과 어려움도 있었지만 재활용을 깨끗하게 분류하고 마무리되었을 때 친구들이 조금씩 변화한 모습을 보여줄 때 보람을 느낄 수 있었습니다. 그 결과 환경을 살리고 쓰레기봉투 소비를 줄여 비용을 줄이는 결과가 나왔습니다.

4. 자율 문항(띄어쓰기 포함 1,500자 이내)

중학교 때 막연하게 동물을 좋아했습니다. 고등학교에 입학한 후 담임선생님과의 첫 상담 이후 동물 관련 직업을 하고 싶다는 것이 확실해졌습니다. 진로와 관련된 체험을 하고 싶어서 동물보호소 봉사활동을 하였습니다. 동물보호소에 꾸준히 봉사활동을 다니면서 처음에는 바닥 닦는 것 외에는 할 수 있는 것이 없었습니다. 그 후 계속해서 봉사활동을 다니면서 동물의 대변을 치우고 청소하는 법, 사료를 알맞은 양을 주는 법, 대형견들을 사료를 주고 놀아주는 법을 배우게 되었습니다. 봉사활동을 3년간 해온 결과 지금은 동물보호소에서 하는 기본적인 일 대부분을 할 수 있게 되었습니다. 이렇게 동물들에게 도움이 될 수 있다는 것을 몸으로 느낄 수 있었습니다. 더 많은 동물들에게 도움이 되고 싶어졌습니다. 봉사활동을 하면서 저에게 많은 가르침을 주신 분이 계셨는데 그분은 반려동물 관리사 일을 하셨던 분이어서 더 쉽게 반려동물 관리사라는 직업에 다가갈 수 있었습니다. 반려동물관리사에 대해 알아보고 관련 학과를 알아보다 동물생명자원학과를 알게 되었습니다. 동물생명자원학과에 대해 알아보던 중 입학하게 되면 초지학, 번식학, 영양학, 축산가공학 등을 배운다는 사실을 알게 되었습니다. 그중 영양학 이라는 학문을 검색을 해보니 영양학 중 사육학이라는 학문이 저의 마음에 들어왔습니다. 동물생명자원학과 에 입학해서 공부하게 된다면 고등학교에서 할 수 없었던 고차원적인 실험을 해보고 싶고 이론으로만 개념을 숙지하는 것이 아닌 실습을 통해 몸으로 익히고 싶습니다. 또한 대학교에 다니면서 방학을 이용해 관련 자격증을 취득하고 지속적인 동물보호소 봉사활동을 하고 해외 봉사활동을 하면서 외국의 동물을 대하는 것과 발생한 문제에 대처하는 방법들을 보면서 공부하고 싶습니다. 대학교를 졸업 후 대학교에서 배웠던 지식을 바탕으로 농장이나 동물원에 취직해서 처음부터 차근차근 배우면서 일을 익히고 동물 각각에 맞는 환경을 조성해주고 필요로 하는 것을 도와주며 동물들의 야생에서의 본능을 잃어버리지 않게 도와주는 사육사가 되고 싶습니다. 우리나라 최고의 사육사가 아닌 제가 돌보고 있는 동물들에게 최고의 사육사가 되고 싶습니다.